Markt Rußland
Wirtschaftsgesetzgebung – Systematischer Überblick

Markt Rußland

Wirtschaftsgesetzgebung – Systematischer Überblick

Herausgegeben von
Prof. Dr. sc. jur. Lothar Rüster

unter Mitarbeit von:
Prof. Ernest Ametistow, Doktor der Rechtswissenschaften
Dr. sc. jur. Hans Bär
Prof. Michail Braginski, Doktor der Rechtswissenschaften
Dr. jur. Elke Möller
Dr. jur. Axel Ottinger
Olga Simenkowa, Kandidatin der Rechtswissenschaft
Ludmila Trachtengerz, Kandidatin der Rechtswissenschaft

Rudolf Haufe Verlag
Freiburg · Berlin

Gesamtredation: Prof. Dr. Lothar Rüster

Sachregister: Birgit Pöge

Redaktionsschluß: 31. März 1993

Die Deutsche Bibliothek − CIP-Einheitsaufnahme

Markt Russland : Wirtschaftsgesetzgebung / hrsg. von Lothar Rüster. −
Freiburg (Breisgau) ; Berlin : Haufe, 1993
NE: Ruster, Lothar [Hrsg.]
 Systematischer Überblick / unter Mitarb. von Arnest Ametistov . . . − 1993
 ISBN 3-448-02904-1
 NE: Ametistov, Ernest M.

ISBN 3-448-02904-1   Bestell-Nr. 60.24

© Rudolf Haufe Verlag GmbH & Co. KG,
Freiburg · Berlin 1993
Alle Rechte, auch die des auszugsweisen Nachdrucks, der fotomechanischen Wiedergabe (einschließlich Mikrokopie) sowie der Auswertung durch Datenbanken oder ähnliche Einrichtungen, vorbehalten.
Umschlagentwurf: Michael Wiesinger, Freiburg i. Br.
Satz: Satzstudio MediaSoft Berlin
Druck: F. X. Stückle, Ettenheim

Inhaltsverzeichnis

Einleitung	7
Abkürzungsverzeichnis	16
1. Unternehmensrecht	19
Unternehmen allgemein	21
Aktiengesellschaften und Gesellschaften mit beschränkter Haftung (GmbH)	32
Unternehmen mit ausländischen Investitionen	38
2. Eigentumsrecht	43
Allgemeines Eigentumsrecht	45
Eigentumsformen	49
3. Bodenrecht	57
Zweckgebundenes Grundstückseigentum und seine Subjekte	60
Verfahren zur Begründung von Grundstückseigentum	64
Bodennutzung und Pacht	67
Bodengebühren	68
Pflichten der Bodeneigentümer, -besitzer, -nutzer und -pächter und Schutz ihrer Rechte	68
4. Privatisierung	71
5. Wissenschaftlich-technischer Rechtsschutz	85
Patentrecht	87
Gebrauchsmusterrecht	93
Geschmacksmusterrecht	94
Warenzeichenrecht	95
Ursprungsbezeichnungen	98
6. Vertragsrecht	101
Allgemeines Vertragsrecht	105
Kaufvertrag	112
Liefervertrag	112
Ex- und Importverträge	113
Verbraucherschutz (Produkthaftung)	115
Lieferungen für den staatlichen Bedarf	117
Anwendung ausländischen Rechts	119

Inhaltsverzeichnis

7. Steuerrecht — 121
Allgemeines Steuerrecht — 123
Gewinnsteuer der Unternehmen — 128
Einkommensteuer der Unternehmen — 130
Mehrwertsteuer — 133
Akzisen (Verbrauchsteuern) — 135
Vermögensteuer der Unternehmen — 136
Besteuerung von Einkünften aus Versicherungstätigkeit — 137
Besteuerung von Bankeinkommen — 138
Besteuerung von Wertpapiergeschäften — 139
Einkommensteuer natürlicher Personen — 141
Grundsteuer — 142
Staatliche Gebühren — 143
Übrige Steuern und Gebühren — 144

8. Bank-, Börsen- und Wertpapierrecht — 145
Bankrecht — 147
Börsen — 152
Wertpapiere — 155

9. Investitionsrecht/Auslandsinvestitionen — 159
Allgemeines Investitionsrecht — 162
Auslandsinvestitionen — 164

10. Außenwirtschaftsrecht — 169

11. Devisenrecht — 179
Teilnehmer am Devisenverkehr — 182
Rechtsregime der Bankkonten — 184
Abwicklung des Zahlungsverkehrs auf dem Gebiet der Russischen Föderation — 186
Zahlungs- und Verrechnungsbeziehungen im Außenhandel — 190
Rechtsregime der Nutzung von Auslandskrediten auf dem Gebiet der Russischen Föderation — 192
Devisenkontrolle — 192

12. Arbeitsrecht — 195

13. Entscheidung von Wirtschaftsstreitigkeiten — 209
Ständige Schiedsgerichte — 211
Ad-hoc-Schiedsgerichte — 213
Arbitragegerichte (Wirtschaftsgerichte) — 214

Sachregister — 223

Verzeichnis der in „Markt Rußland. Wirtschaftsgesetzgebung – Textsammlung" veröffentlichten Rechtsakte — 233

Einleitung

Rußlands Wirtschaft durchläuft einen historisch einmaligen Reformprozeß, dessen oberstes Ziel die Einführung der Marktwirtschaft ist. Wenn wir von „Markt Rußland" sprechen, dann nur in dem Sinne, daß ein marktwirtschaftliches System im Entstehen begriffen ist. Der Übergang von der zentralen Planwirtschaft zu marktwirtschaftlichen Verhältnissen erweist sich als außerordentlich kompliziert und schwierig. Dennoch kann kein Zweifel daran bestehen, daß Rußland mit seinen 150 Millionen Einwohnern, riesigen Landflächen und reichen Bodenschätzen einer der bedeutendsten Zukunftsmärkte der Welt ist. Der grundlegende Umbau der Wirtschaftsstruktur, der enorme Investitionsbedarf in allen Bereichen der Volkswirtschaft und die Integration des bisher binnenwirtschaftlich orientierten Landes in die Weltwirtschaftsbeziehungen versprechen eine dynamische Wirtschaftsentwicklung, deren Dimensionen und Auswirkungen schwerlich überschätzt werden können. Die momentane politische und ökonomische Krisensituation darf nicht darüber hinwegtäuschen, daß der russische Markt große Chancen bietet. Geschäfte auf einem spontanen, in vielerlei Hinsicht noch ungeordneten Markt sind zweifellos mit besonderen Risiken behaftet. Anderseits eröffnet das frühzeitige Engagement auf einem solchen Markt auch besondere Gewinnaussichten und wirtschaftliche Expansionsmöglichkeiten.

Die ersten Schritte in die Marktwirtschaft hat Rußland in den vergangenen zwei Jahren im Zuge einer als radikal bezeichneten Wirtschaftsreform bereits getan: Das über Jahrzehnte herrschende direktive Planungssystem ist beseitigt, die Wirtschaftsunternehmen haben weitgehende Entscheidungsfreiheit erhalten. Nach vielen Schwankungen und Halbheiten wurde der Weg der Privatisierung der Wirtschaft und der Zulassung des Privateigentums beschritten. Der schmerzhafte, aber prinzipiell unvermeidbare Schnitt der Freigabe der Preise ist vollzogen. Das absolute Außenhandelsmonopol wurde aufgehoben und die Außenwirtschaftstätigkeit – wenn auch mit erheblichen Einschränkungen – liberalisiert. Die als Grundsatz proklamierte Konvertibilität des Rubels ist in der Praxis allerdings noch nicht erreicht.

Damit sind die elementarsten Voraussetzungen für den Aufbau eines marktwirtschaftlichen Systems geschaffen worden. Die dazu erforderlichen wirtschaftspolitischen Maßnahmen waren und sind mit negativen sozialen Folgen und politischen Konflikten verbunden. Trotz dieser Schwierigkeiten und Probleme hat sich die Bevölkerung Rußlands mehrheitlich für den marktwirtschaftlichen Kurs entschieden – ein Zurück zu dem alten Wirtschaftssystem ist bereits ausgeschlossen. Bei den Auseinandersetzungen um die Wirtschaftspolitik des Landes geht es trotz aller äußeren Dramatik im Grunde genommen nur darum, den Übergang zur Marktwirtschaft so sozial wie möglich zu gestalten und mit rechtsstaatlichen Mitteln zu sichern – über das Ziel, die Marktwirtschaft einzuführen, besteht breiter gesellschaftlicher Konsens.

In dem marktwirtschaftlichen Transformationsprozeß Rußlands kommt dem

Einleitung

Recht, insbesondere der Wirtschaftsgesetzgebung, eine bedeutende Rolle zu. Anders als unter den Bedingungen der Planwirtschaft, in der Planungsakte und administrative Anweisungen die Hauptinstrumente der Wirtschaftsleitung waren, nimmt nunmehr das Recht in Gestalt rechtlicher Garantien und allgemeiner Rechtsnormen den ersten Platz bei der Regulierung der Wirtschaft ein. Es schafft die ordnungspolitischen Rahmenbedingungen für die Wirtschaftstätigkeit und garantiert den Wirtschaftssubjekten stabile Rechtsgrundlagen, insbesondere hinsichtlich der Eigentumsstrukturen und Unternehmensformen. Das bedeutet den radikalen Bruch mit dem bisherigen sowjetischen Rechtssystem, das überwiegend aus internen Verwaltungsvorschriften, Beschlüssen und Instruktionen des Ministerrates, der Ministerien und Ämter bestand. Es umfaßte auf dem Gebiet der Wirtschaft schätzungsweise 20 000 Normativakte, die vor allem der direkten Ressourcenverteilung und Produktionslenkung durch einen hierarchischen, aufgeblähten bürokratischen Apparat dienten. Gesetzesform hatten nur einige Dutzend Rechtsakte, deren Inhalt bis auf wenige Ausnahmen entweder nur allgemeiner Art war oder der durch nachfolgende Verwaltungsakte ausgehöhlt wurde.

In den zwei Jahren von Ende 1990 bis Ende 1992 sind an die Stelle der fast unübersehbaren Zahl von Wirtschaftsverwaltungsvorschriften, die ohne ausdrückliche Außerkraftsetzung überwiegend gegenstandslos geworden sind, grundlegende Wirtschaftsgesetze getreten, die auf die Entwicklung des privaten Unternehmertums, privatwirtschaftlicher Eigentumsstrukturen, freier Wettbewerbsmärkte und die Öffnung gegenüber der Weltwirtschaft gerichtet sind. Den Kern des neuen Wirtschaftsrechtssystems bilden folgende Gesetze:
– das Unternehmensgesetz vom 25. 12. 1990
– das Eigentumsgesetz vom 24. 12. 1990
– die Gesetze über die Bodenreform und die Bauernwirtschaften vom 22. 11. 1990 sowie das Bodengesetzbuch vom 25. 4. 1991
– das Privatisierungsgesetz vom 3. 7. 1991
– die Steuergesetze von Ende 1991
– die Bankgesetze vom 2. 12. 1990
– die Gesetze über die Investitionstätigkeit und die Auslandsinvestitionen vom 26. 6. bzw. 4. 7. 1991
– der Präsidentenerlaß über die Liberalisierung der Außenwirtschaftstätigkeit vom 15. 11. 1991
– das Devisengesetz vom 9. 10. 1992.

Trotz der umfangreichen gesetzgeberischen Tätigkeit des Obersten Sowjets und des Präsidenten der Russischen Föderation weist das bisher geschaffene Wirtschaftsrechtssystem noch beträchtliche Lücken auf, bestehen nicht wenige Widersprüche zwischen und auch innerhalb einzelner Gesetzgebungsakte. Es mangelt vor allem an der praktischen Durchsetzung der Rechtsnormen in Verwaltung und Wirtschaft. Dennoch darf die Bedeutung der Wirtschaftsgesetzgebung nicht unterschätzt werden. Diskrepanzen zwischen Rechtsnormen und Rechtswirklichkeit gibt es auch in anderen, schon lange existierenden Rechtssystemen. Mögen sie im heutigen Rußland auch besonders groß sein, so dürfen sie keineswegs zur Negierung der bestehenden Rechtsvorschriften verleiten, seien sie auch noch so unvollkommen. Das würde dem in der russischen Gesellschaft latent vorhandenen Rechtsnihilismus nur Vorschub leisten. Vielmehr ist

Einleitung

auf die exakte Einhaltung der Rechtsnormen zu achten, um die für den Übergang zur Marktwirtschaft unerläßliche Rechtssicherheit und Rechtskultur zu fördern. Betrachtet man das neue Wirtschaftsrechtssystem der Russischen Föderation unter generalisierenden Aspekten, so lassen sich folgende Grundstrukturen und Entwicklungstendenzen erkennen:

1. Im Mittelpunkt steht das *Unternehmensrecht*, um das sich das Eigentumsrecht, das Steuerrecht, das Außenwirtschaftsrecht und andere Rechtsgebiete gruppieren. Es schützt die wirtschaftliche Selbständigkeit der juristisch unabhängigen Unternehmen. Wenn gegenwärtig in der Praxis auch noch die Staatsunternehmen dominieren, das Unternehmensrecht ist eindeutig auf privatrechtliche Unternehmensformen orientiert. Dabei wird die Rechtsform der Aktiengesellschaft favorisiert: Neue Unternehmen werden vorwiegend in dieser Rechtsform gegründet, und die Staatsunternehmen werden in Vorbereitung auf ihre Privatisierung in Aktiengesellschaften umgebildet.

2. Den radikalsten Einschnitt hat das *Eigentumsrecht* erfahren. Wenngleich das staatliche Eigentum gegenwärtig noch die praktisch häufigste Eigentumsform ist, hat das Eigentumsrecht mit der absoluten Herrschaft des Staatseigentums gebrochen. Der monolithische Charakter des Staatseigentums ist beseitigt, seine einzelnen Objekte wurden den verschiedenen staatlichen Ebenen bzw. Entscheidungsträgern (Föderation, Republiken, Gebiete, Kommunen) als deren Eigentum zugeordnet. Der größte Teil des auf diese Weise aufgeteilten staatlichen Eigentums wurde den staatlichen und kommunalen Unternehmen mit dem Recht der „vollen Wirtschaftsführung" übertragen, das den Unternehmen die für eine normale Wirtschaftstätigkeit erforderlichen Verfügungsbefugnisse über ihr Vermögen einräumt. Im Zuge der Privatisierung wird das Staatseigentum als Voraussetzung für die Entstehung von Privateigentum und eines privaten Unternehmertums in Eigentum juristischer Personen transformiert.

3. Die *Privatisierung* ist die unabdingbare Voraussetzung für die Entwicklung marktwirtschaftlicher Verhältnisse. Sie ist das Mittel zur Bildung einer Schicht von Privateigentümern, die Träger der Marktwirtschaft sind. Nur auf dieser Grundlage lassen sich die Monopolstellung der großen Staatsbetriebe brechen und das Konkurrenzprinzip als bestimmendes Element der Marktwirtschaft durchsetzen. Eine umfangreiche Gesetzgebung hat den institutionellen und prozeduralen Mechanismus der Privatisierung geschaffen. Die Umwandlung des Staatseigentums in Aktienkapital wurde als Hauptform der Privatisierung statuiert, die Ausgabe von kostenlosen Privatisierungsschecks (Vouchers) ermöglicht die breite Teilnahme der Bevölkerung am Erwerb von Aktien privatisierter Unternehmen. Den Arbeitskollektiven wurden bedeutende Vorzugsrechte bei der Privatisierung ihrer Unternehmen gewährt. Mit Hilfe von Vorbehaltsrechten staatlicher Organe oder Treuhänder am Aktienkapital der privatisierten Unternehmen in Form eines Aktienkontrollpakets oder einer „Goldenen Aktie" mit Vetorecht hat sich der Staat für die Übergangszeit von zunächst drei Jahren in wichtigen Schlüsselbereichen der Wirtschaft, insbesondere in der Erdöl-, Erdgas- und Energieindustrie, den entscheidenden Einfluß auf die Struktur- und Investitionspolitik gesichert. Die Privatisierungsgesetzgebung gewährleistet grundsätzlich die **Teilnahme ausländischer Investoren an der Privatisierung**, wenn auch mit Einschränkungen.

Einleitung

4. Die *Bodengesetzgebung* ist auf die Entwicklung selbständiger und rentabler Bauernwirtschaften gerichtet, geht jedoch von dem langfristigen Nebeneinanderbestehen privater und kollektivwirtschaftlicher Unternehmensformen aus. Das staatliche Monopol am Bodeneigentum ist zwar beseitigt und das private Eigentum an Grund und Boden in einer Reihe von Fällen bereits zugelassen, dennoch ist eine freie Verfügung über Grundstücke – bis auf wenige Ausnahmefälle – grundsätzlich noch nicht möglich. Im Zuge der weiteren Reformpolitik kann aber mit der generellen Zulassung von Privateigentum an Grund und Boden gerechnet werden. **Das dürfte sich** dann mit der einen oder anderen Einschränkung **auch auf Ausländer erstrecken**, die bisher grundsätzlich vom Eigentumserwerb an Grundstücken – außer im Zusammenhang mit der Privatisierung von Industrieunternehmen – ausgeschlossen sind.

5. Die Herausbildung privatrechtlicher Unternehmens- und Eigentumsformen wird von einem vollkommen neu geschaffenen *Bank-, Börsen- und Wertpapierrecht* flankiert. Es lehnt sich eng an westliche Vorbilder an, ist aber für das praktische Wirtschaftsleben noch wenig produktiv. Erstmals wurden kommerzielle Banken, Waren- und Wertpapierbörsen zugelassen. Ein von ihnen getragener Kapital- und Wertpapiermarkt befindet sich jedoch erst in der Anfangsphase seiner Entwicklung.

6. Einen besonderen Komplex der russischen Wirtschaftsgesetzgebung bildet das *Investitionsrecht*. Neben den allgemeinen Regulierungs- und Kontrollvorschriften für die Investitionstätigkeit enthält es besondere Förderungs- und Schutzmechanismen, aber auch Beschränkungen für **ausländische Investitionen**. Vergünstigungen werden ausländischen Investoren bei der Bildung und dem Betreiben von **Joint-ventures**, rein **ausländischen Unternehmen**, auf der Grundlage von **Konzessionen** sowie innerhalb von **Wirtschaftsfreizonen** eingeräumt. Besondere Bedeutung für ausländische Investoren haben Steuerermäßigungen sowie Außenwirtschafts- und Devisenvorrechte, die jedoch gegenüber ihrem ursprünglichen Umfang eingeschränkt wurden. Die **international üblichen Investitionsschutzgarantien** vor Enteignung und anderen staatlichen Eingriffen in den Bestand der Investitionsobjekte werden gewährt.

7. Das *Außenwirtschafts- und Devisenrecht* wird trotz aller Liberalisierungsabsichten angesichts des Handels- und Devisendefizits des Landes durch einschneidende staatliche Restriktionen geprägt. Hauptinstrumente sind der obligatorische Verkauf eines Teils des Deviseneinerlöses an den Staat, eine straffe Valutakontrolle und hohe Exportzolltarife. Mit der Einführung eines besonderen Regimes für den Export sog. strategisch wichtiger Rohstoffe wurde praktisch die Ausfuhr des größten Teils der russischen Exportwaren wieder in den Händen der staatlichen Außenhandelsunternehmen konzentriert, um dem Staat den direkten Zugriff auf die Deviseneinerlöse zur Finanzierung des Imports wichtiger Güter für die Versorgung der Bevölkerung und der Volkswirtschaft zu sichern.

8. Im Zuge der Wirtschaftsreform wurde praktisch ein gänzlich neues *Steuerrecht* geschaffen, dem beim Übergang vom plan- zum marktwirtschaftlichen System eine Schlüsselfunktion beigemessen wird. Es weist die in marktwirtschaftlichen Systemen üblichen Steuerarten und -verfahren auf, ist jedoch nicht genügend stabil. Das zeigt sich in häufigen und kurzfristigen Gesetzesänderungen. Seine wirtschaftsregulierende Effizienz muß unter den Bedingungen der Hyperin-

Einleitung

flation und der enormen Defizite der öffentlichen Haushalte gegenwärtig noch als gering eingeschätzt werden.

9. Größere Kontinuität und Stabilität als den bisher genannten Regelungsmaterien ist – traditionsgemäß – dem *Vertragsrecht*, dem *wissenschaftlich-technischen Rechtsschutz*, dem *Arbeitsrecht* und dem *Recht zur Entscheidung von Wirtschaftsstreitigkeiten* eigen, obschon auch an diesen Rechtsgebieten z. T. bedeutende neue Gesetzgebungsakte zu vermerken sind. Für das Vertragsrecht sind insbesondere die noch als Unionsgesetz verabschiedeten, aber bereits auf der Grundlage eines Beschlusses des Obersten Sowjets der Russischen Föderation in Kraft getretenen Zivilrechtsgrundlagen zu nennen, die im Unterschied zum Zivilgesetzbuch von 1964 weitgehend marktwirtschaftlichen Ansprüchen genügen. Zum Schutz des gewerblichen Eigentums sind neue Patent- und Warenzeichengesetze in Kraft gesetzt worden, die mit den **internationalen Rechtsschutzabkommen** übereinstimmen und somit dem in der Welt üblichen Standard des wissenschaftlich-technischen Rechtsschutzes gerecht werden. Das Wirtschaftsgerichtsverfassungs- und Wirtschaftsprozeßrecht wird durch umfassende neue Kodifikationen repräsentiert, die einen rechtsstaatlichen Kriterien entsprechenden prozessualen Rechtsschutz gewährleisten. Das Arbeitsrecht ist dagegen noch stark den früheren sowjetischen Rechtsgrundlagen verhaftet und bedarf trotz der umfangreichen Revision einzelner Bestimmungen einer Neukodifikation auf dem Niveau marktwirtschaftlicher Erfordernisse. Das neue russische Wirtschaftsrechtssystem weist somit trotz zweifellos vorhandener Fortschritte in der Gesetzgebung noch beträchtliche Regelungsdefizite und Mängel in der Rechtsanwendung auf. Diese können offensichtlich nur langfristig in Übereinstimmung mit dem Reifegrad der marktwirtschaftlichen Verhältnisse überwunden werden. Hierzu ist u. a. eine entwickelte Rechtsprechung der Wirtschaftsgerichte erforderlich, die – auch unter dem Einfluß der aktiven Tätigkeit des Verfassungsgerichts und der ordentlichen Gerichte – erste Schritte in diese Richtung gehen.

Die Wirtschaftsgesetzgebung Rußlands hat sich im wesentlichen erst seit Ende 1990 herausgebildet. Davor hat es eine selbständige russische Gesetzgebung – nicht nur auf diesem Gebiet – faktisch nicht gegeben. Alle entscheidenden Fragen der Wirtschaftsgesetzgebung wurden auf Unionsebene entschieden. In Anbetracht der Dominanz der Unionsgesetzgebung ist es nicht verwunderlich, daß trotz des gegenteiligen politischen Willens nicht alle Rechtsnormen der UdSSR auf einmal außer Kraft gesetzt werden können. Zunächst hatten die ursprünglichen Gründerstaaten der Gemeinschaft Unabhängiger Staaten (GUS) – Belarus, Rußland und die Ukraine – im Gründungsabkommen vom 8. 12. 1991 rigoros erklärt, daß die Anwendung von Rechtsnormen der ehemaligen UdSSR auf ihrem Territorium nicht zulässig ist. Aber bereits im Beschluß des Obersten Sowjets Rußlands über die Zustimmung zum Gründungsabkommen der GUS vom 12. 12. 1991 wurde diese Erklärung dahingehend eingeschränkt, daß die Rechtsnormen der UdSSR bis zur Annahme eigener russischer Gesetze insoweit Anwendung finden, als sie nicht der Verfassung und der Gesetzgebung der RSFSR widersprechen.

Soweit bisher noch keine neuen Gesetzgebungsakte der Russischen Föderation angenommen wurden, muß also mit der Möglichkeit der Anwendung von Rechtsnormen der UdSSR gerechnet werden. Dies betrifft z. B. die Zivilrechts-

Einleitung

grundlagen der UdSSR und der Unionsrepubliken vom 31. 5. 1991, die auf Beschluß des Obersten Sowjets der Russischen Föderation vom 14. 7. 1992 insoweit angewandt werden, als sie nicht der Verfassung und den nach der Souveränitätserklärung Rußlands vom 12. 6. 1990 angenommenen Gesetzgebungsakten der Russischen Föderation widersprechen.

Die Struktur der Rechtsetzungsorgane und -akte Rußlands ist in zwei Richtungen ziemlich kompliziert: einmal in regionaler Hinsicht, da Rußland ein föderativer Staat ist, und zum anderen hinsichtlich der Hierarchie der Gesetzgebung auf Föderationsebene.

Nach dem Föderationsvertrag vom 31. 3. 1992, der den föderativen Aufbau des russischen Staates und die föderativen Beziehungen in seinem Rahmen regelt, und der Verfassung der Russischen Föderation, die den Inhalt des Föderationsvertrags durch die Verfassungsänderung vom 21. 4. 1992 in sich aufgenommen hat, sind die Kompetenzen zwischen der Föderation und den ihr angehörenden Subjekten in ausschließliche der Föderation und in gemeinsame der Föderation und der Republiken bzw. der autonomen Gebiete und Bezirke bzw. der anderen (nichtautonomen) Gebiete und Bezirke sowie der Städte Moskau und St. Petersburg geteilt. In diesem Rahmen können die genannten Subjekte der Föderation jeweils eigene rechtliche Regelungen treffen.

Zur ausschließlichen Kompetenz der Föderation auf dem Gebiet der Wirtschaft gehören die Rechtsgrundlagen des einheitlichen Marktes, die Finanz-, Valuta-, Kredit- und Zollregelungen, die Geldemission, die Grundlagen der Preispolitik, die Wirtschaftsorgane und Banken der Föderation, die Steuern, Abgaben und der Haushalt sowie die Außenwirtschaftsbeziehungen der Föderation.

Die gemeinsame Kompetenz der Föderation und der Republiken umfaßt hinsichtlich der wirtschaftlich relevanten Fragen die Aufteilung des staatlichen Eigentums, die allgemeinen Grundsätze der Besteuerung und der Abgabenerhebung, das Bodenrecht, die rechtliche Regelung des geistigen Eigentums und die Gerichtsverfassung, die auch die Arbitragegerichte (Wirtschaftsgerichte) betrifft.

Die gemeinsame Kompetenz der Föderation und der anderen (autonomen und nichtautonomen) Föderationssubjekte ist begrenzter. Sie beschränkt sich auf die Aufteilung des staatlichen Eigentums, die allgemeinen Grundsätze der Besteuerung auf dem jeweiligen Territorium und das Bodenrecht.

In den Fragen, die zur ausschließlichen Kompetenz der Föderation gehören, nehmen die föderativen Gesetzgebungsorgane Gesetze und Beschlüsse an; in den zur gemeinsamen Kompetenz von Föderation und Föderationssubjekten gehörenden Fragen erlassen sie Grundlagen der Gesetzgebung, in deren Rahmen die Föderationssubjekte ihre jeweiligen eigenen rechtlichen Regelungen treffen. Diese Kompetenzabgrenzung wird in der Praxis nicht immer eingehalten. So haben die Föderationsorgane z. B. zur Aufteilung des staatlichen Eigentums und zum Bodenrecht über Grundlagen der Gesetzgebung hinausgehende Rechtsakte in Form von Gesetzen und Beschlüssen des Obersten Sowjets erlassen, ohne die gemeinsame Kompetenz von Föderation und Föderationssubjekten zu beachten.

In der Struktur der obersten Staatsorgane der Russischen Föderation stehen offenbar in Kürze größere Veränderungen bevor. Gegenwärtig steht an ihrer Spitze noch der Kongreß der Volksdeputierten, der nach der zur Zeit geltenden Verfassung die Gesetzgebungskompetenz zu den wichtigsten Fragen des

Einleitung

Staatslebens besitzt. Auf der Grundlage seiner Gesetze und Beschlüsse verwirklicht der vom Kongreß der Volksdeputierten gewählte Oberste Sowjet der Föderation die laufende gesetzgeberische Tätigkeit, die in den Jahren 1990–1992 außerordentlich umfangreich war. Nach dem Reglement des Obersten Sowjets werden die in der Regel in zwei Lesungen behandelten Gesetze dem Präsidenten zur Unterzeichnung und Verkündung zugeleitet. Der Präsident hat das Recht, die bereits beschlossenen Gesetze mit eigenen Änderungs- und Ergänzungsvorschlägen an den Obersten Sowjet zur nochmaligen Behandlung zurückzuverweisen. Davon macht er nach der bisherigen Praxis häufig Gebrauch. Der Oberste Sowjet verabschiedet dann das betreffende Gesetz meist in der vom Präsidenten vorgeschlagenen Fassung. Nicht selten werden aber auch Vorschläge des Präsidenten abgelehnt. Das macht langwierige Abstimmungen erforderlich und verzögert die Verabschiedung von Gesetzen.

Rechtskraft erlangen die Gesetze der Russischen Föderation erst nach Unterzeichnung und Verkündung durch den Präsidenten im offiziellen Gesetzblatt der Föderation – den „Vedomosti S" esda narodnych deputatov Rossijskoj Federacii i Verchovnogo Soveta Rossijskoj Federacii" (VSND RF) – oder in der offiziösen Tageszeitung des Obersten Sowjets – der „Rossijskaja gazeta".

Der Präsident der Russischen Föderation hat außer dem Recht der Gesetzesinitiative auch die Möglichkeit, eigene Rechtsakte in Form von Erlassen (Ukazy, im Deutschen häufig auch als Dekrete bezeichnet) und Verfügungen anzunehmen. Diese dürfen nicht der Verfassung und den Gesetzen der Föderation widersprechen. Die Erlasse besitzen – obwohl nicht ausdrücklich in der Verfassung formuliert – quasi Gesetzeskraft. In der Zeit vom 1. 11. 1991 bis 1. 12. 1992 durfte der Präsident auf der Grundlage von Sondervollmachten, die ihm der Kongreß der Volksdeputierten zur Durchführung der Wirtschaftsreform erteilt hatte, sogar Erlasse annehmen, die sich im Widerspruch zu den geltenden Gesetzen der Russischen Föderation befanden. Der Oberste Sowjet hatte in diesen Fällen ein Widerspruchsrecht, von dem er innerhalb von sieben Tagen Gebrauch machen mußte, anderenfalls erlangten die Erlasse Rechtskraft. Erhob der Oberste Sowjet Widerspruch, mußte er den betreffenden Erlaß innerhalb von zehn Tagen als Gesetzentwurf behandeln. Auf der Grundlage der genannten Sondervollmachten sind eine Vielzahl von Erlassen entstanden, die wichtige Prozesse des Übergangs zur Marktwirtschaft in Gang setzten, z. B. die Privatisierung. Diese Erlasse sind zum größten Teil weiterhin gültig und bilden ein bedeutendes Element des neuen russischen Wirtschaftsrechtssystems. Ähnlich den Gesetzen erlangen die Erlasse und Verfügungen mit ihrer Unterzeichnung und Verkündung durch den Präsidenten Rechtskraft. Bis zum 31. 12. 1992 waren die VSND RF neben dem seit 1. 7. 1992 erscheinenden Publikationsorgan des Präsidenten und der Regierung – der „Sobranie aktov Prezidenta i Pravitel'stva Rossijskoj Federacii" (SAPP) – offizielles Verkündigungsblatt der Präsidentenerlasse, seit 1. 1. 1993 nur noch das letztere sowie die „Rossijskaja gazeta".

Die Gesetze der Russischen Föderation treten in der Regel zehn Tage, die Erlasse des Präsidenten in der Regel sieben Tage nach ihrer Verkündung in Kraft, es sei denn, es wurde ein anderer Zeitpunkt des Inkrafttretens festgelegt. Grundlegende gesetzgeberische Akte werden oft langfristig zu einem konkreten Zeitpunkt, zum 1. Tag eines Monats, Quartals oder Jahres, in Kraft gesetzt.

Gesetze der Russischen Föderation und Erlasse ihres Präsidenten werden häu-

Einleitung

fig in anderen als den offiziellen Publikationsorganen veröffentlicht. Bei der Bezugnahme auf solche inoffiziellen Quellen ist Vorsicht geboten, da die Presseorgane aus Gründen der Aktualität Gesetzgebungsakte oftmals nicht in ihrer endgültigen, Rechtskraft besitzenden Fassung publizieren. Das betrifft vor allem Gesetze, die erst in erster Lesung angenommen wurden oder nach ihrer Annahme in zweiter Lesung auf Grund der Intervention des Präsidenten noch erhebliche Veränderungen erfahren können.

Neben den Gesetzen der Föderation, den Beschlüssen des Volksdeputiertenkongresses und des Obersten Sowjets sowie den Erlassen und Verfügungen des Präsidenten spielen auf Föderationsebene auch Verordnungen und Beschlüsse des Ministerrates – der Regierung der Russischen Föderation, Verfügungen der Ministerien und Ämter sowie Instruktionen der Zentralbank eine bedeutende Rolle. Verordnungen und Beschlüsse des Ministerrates treten im Unterschied zu Gesetzen und Erlassen in der Regel bereits am Tage ihrer Verkündung in Kraft.

Insgesamt besteht das Wirtschaftsrechtssystem der Russischen Föderation aus einem vielfältigen Geflecht von Rechtsakten verschiedener Ebenen und Ressorts. Das aus diesem Grunde ohnehin komplizierte Rechtssystem wird noch dadurch schwerer überschaubar, daß rechtliche Regelungen fortgeschrieben werden, ohne daß gegenstandslos gewordene Rechtsvorschriften immer ausdrücklich aufgehoben werden.

Zu beachten sind auch die Rechtsakte der Republiken, der (autonomen und nichtautonomen) Gebiete und Bezirke sowie der Kommunen, die häufig im Rahmen der allgemeinen Gesetzgebung über Gestaltungsmöglichkeiten verfügen, die für den Einzelfall durchaus beachtlich sind. Dies gilt gegenwärtig z. B. in besonderem Maße für den Grundstücksverkehr, Steuervorrechte u. a. mit der praktischen Unternehmenstätigkeit direkt verbundene Fragen.

In dem vorliegenden Buch wird Wirtschaftsgesetzgebung in einem breiten Sinne verstanden. Ausgehend von den praktischen Bedürfnissen der Wirtschaftszusammenarbeit mit Rußland wurden die rechtlichen Regelungen ausgewählt und kommentiert, die für die *Tätigkeit der Unternehmen* – unabhängig von ihrer rechtssystematischen Einordnung – von Bedeutung sind. Besondere Aufmerksamkeit wurde dabei der Rechtslage der **ausländischen Unternehmen** gewidmet, die sich als Geschäftspartner russischer Unternehmen in den Außenwirtschaftsbeziehungen und vor allem als Investoren in Rußland selbst engagieren.

Von der Unternehmensgründung über die Bodennutzung, die Vertragsgestaltung, das Steuerrecht und die Arbeitsverhältnisse bis hin zur Beilegung von Wirtschaftsstreitigkeiten werden die für sie relevanten Gesetzgebungsakte analysiert und erläutert.

Der hier gebotene systematische Überblick über die Wirtschaftsgesetzgebung Rußlands steht im inhaltlichen Zusammenhang mit dem Buch „*Markt Rußland. Wirtschaftsgesetzgebung – Textsammlung*", das ebenfalls im *Rudolf Haufe Verlag Freiburg · Berlin* erschienen ist. Insofern wird auf die in diesem Buch enthaltenen Gesetzestexte verwiesen.

Der Zusammenhang zwischen beiden Bänden wird durch Verweise deutlich gemacht. Die in Klammern angegebenen zweistelligen, durch einen Punkt getrennten Ziffern verweisen auf die in der Textsammlung abgedruckten Gesetzestexte (z. B.: 1.1 = Unternehmensgesetz; 7.6 = Mehrwertsteuergesetz). Soweit für um-

Einleitung

fangreiche, häufig zitierte Rechtsakte Abkürzungen gebildet wurden, werden auch diese verwendet (z. B. UG = Unternehmensgesetz; AIG = Auslandsinvestitionsgesetz; MWStG = Mehrwertsteuergesetz), insbesondere beim Zitieren einzelner Rechtsvorschriften (z. B. Art. 1 UG; Art. 6 MWStG).
Auf Textstellen im Rahmen des vorliegenden Buches wird mit Randnummern (Rdn.) verwiesen. Bei Verweisen innerhalb des jeweiligen Abschnitts wird nur die Randnummer selbst (z. B. Rdn. 22) angegeben; wird auf einen anderen Abschnitt (Gruppe) verwiesen, wird der Randnummer die Ziffer des betreffenden Abschnitts mit dem Zusatz „Gruppe" vorangestellt (z. B. vgl. Gruppe 1, Rdn. 5 = Abschnitt Unternehmensrecht, Randnummer 5).
Die Wirtschaftsgesetzgebung Rußlands wird auch künftig einer dynamischen Entwicklung unterworfen sein. Mit dem Rudolf Haufe Verlag besteht Übereinstimmung, daß der Herausgeber Änderungen und wichtige Neuregelungen in Zusammenarbeit mit den Autoren in einem vierteljährlich erscheinenden Newsletter „Markt Rußland – aktuell" dokumentieren wird.

Berlin, im Mai 1993

Prof. Dr. Lothar Rüster

Abkürzungsverzeichnis

AGB	Arbeitsgesetzbuch der Russischen Föderation
AGG	Gesetz der RSFSR über das Arbitragegericht
AGO	Ordnung über Aktiengesellschaften
AIG	Gesetz der RSFSR über Auslandsinvestitionen in der RSFSR
AkzG	Gesetz der Russischen Föderation über Akzisen
APO	Arbitrageprozeßordnung der Russischen Föderation
BankStG	Gesetz der Russischen Föderation über die Besteuerung der Einkünfte der Banken
BGB	Bürgerliches Gesetzbuch
BGBl.	Bundesgesetzblatt
EG	Gesetz der RSFSR über das Eigentum in der RSFSR
EGBGB	Einführungsgesetz zum Bürgerlichen Gesetzbuch
EinkStnPG	Gesetz der Russischen Föderation über die Einkommensteuer von natürlichen Personen
EinkStUG	Gesetz der RSFSR über die Einkommensteuer der Unternehmen
FWZ	Freie Wirtschaftszone
GebührG	Gesetz der Russischen Föderation über die staatliche Gebühr
GewinnStG	Gesetz der Russischen Föderation über die Gewinnsteuer der Unternehmen und Organisationen
GmbH	Gesellschaft mit beschränkter Haftung
GUS	Gemeinschaft Unabhängiger Staaten
GZB	Gesetz der RSFSR über die Zentralbank der RSFSR (Bank Rußlands)
HaushOrdG	Gesetz der RSFSR über die Grundlagen der Haushaltsordnung und des Haushaltsprozesses in der RSFSR
IBRD	Internationale Bank für Wiederaufbau und Entwicklung
IDA	Internationale Entwicklungsassoziaton
IG	Gesetz der RSFSR über die Investitionstätigkeit in der RSFSR
InvStKrG	Gesetz der Russischen Föderation über den Investitionssteuerkredit
IWF	Internationaler Währungsfonds
KollG	Gesetz der Russischen Föderation über Kollektivverträge und Kollektivvereinbarungen
LFWZ	Freie Wirtschaftszone der Stadt Leningrad (jetzt: St. Petersburg)
MFO	Verrechnungsverkehr zwischen den Bankfilialen
MWStG	Gesetz der Russischen Föderation über die Mehrwertsteuer
OHG	Offene Handelsgesellschaft
OPERU	Abteilung für Bankoperationen
Rdn.	Randnummer
RF	Russische Föderation

Abkürzungsverzeichnis

Rossijskij rynok	Rossijskij rynok. Sbornik normativnych aktov, Rossijskoe pravo, Moskva 1993 – Russischer Markt. Sammlung von Normativakten, Russisches Recht, Moskau 1993
SAPP RF	Sobranie aktov Prezidenta i Pravitel'stva Rossijskoj Federacii – Sammlung der Akte des Präsidenten und der Regierung der Russischen Föderation
SKAP	Staatliches Komitee der Russischen Föderation für Antimonopolpolitik und Unterstützung neuer Wirtschaftsstrukturen
SPP RF	Sobranie Postanovlenij Pravitel'stva Rossijskoj Federacii – Sammlung der Verordnungen der Regierung der Russischen Föderation
SPP RSFSR	Sobranie Postanovlenij Pravitel'stva RSFSR – Sammlung der Verordnungen der Regierung der RSFSR
SPP SSSR	Sobranie Postanovlenij Pravitel'stva SSSR – Sammlung der Verordnungen der Regierung der UdSSR
StDienstG	Gesetz der RSFSR über den Staatlichen Steuerdienst der RSFSR
StSystG	Gesetz der Russischen Föderation über die Grundlagen des Steuersystems in der Russischen Föderation
UG	Gesetz der RSFSR über Unternehmen und Unternehmenstätigkeit
VermögStUG	Gesetz der Russischen Föderation über die Vermögensteuer der Unternehmen
VersStG	Gesetz der Russischen Föderation über die Besteuerung von Einkünften aus Versicherungstätigkeit
VO	Verordnung
VSG	Gesetz der Russischen Föderation über den Verbraucherschutz
VSND RF	Vedomosti S"ezda narodnych deputatov Rossijskoj Federacii i Verchovnogo Soveta Rossijskoj Federacii – Mitteilungen des Volksdeputiertenkongresses der Russischen Föderation und des Obersten Sowjets der Russischen Föderation
VSND RSFSR	Vedomosti S"ezda narodnych deputatov RSFSR i Verchovnogo Soveta RSFSR – Mitteilungen des Volksdeputiertenkongresses der RSFSR und des Obersten Sowjets der RSFSR
VSND SSSR	Vedomosti S"ezda narodnych deputatov SSSR i Verchovnogo Soveta SSSR – Mitteilungen des Volksdeputiertenkongresses der UdSSR und des Obersten Sowjets der UdSSR
VVS RSFSR	Vedomosti Verchovnogo Soveta RSFSR – Mitteilungen des Obersten Sowjets der RSFSR
VVS SSSR	Vedomosti Verchovnogo Soveta SSSR – Mitteilungen des Obersten Sowjets der UdSSR
WIPO	Weltorganisation für geistiges Eigentum
ZGB	Zivilgesetzbuch der RSFSR
ZPO	Zivilprozeßordnung
ZRG	Grundlagen der Zivilgesetzgebung der UdSSR und der Republiken

1. Unternehmensrecht

von Prof. Dr. sc. jur. Lothar Rüster

Unternehmen allgemein	21
Unternehmensbegriff	21
Unternehmer	22
Unternehmensformen	23
Unternehmenszusammenschlüsse	24
Rechtsstellung der Unternehmen	25
Tätigkeitsbereiche	26
Planung	27
Preisgestaltung	27
Finanzen	28
Außenwirtschaft	28
Arbeitsverhältnisse	28
Unternehmensleitung	28
Mitwirkung der Arbeitskollektive	29
Unternehmensgründung	29
Gründungsdokumente	30
Registrierung	30
Reorganisation und Liquidation	30
Unternehmenskonkurs	31
Aktiengesellschaften und Gesellschaften mit beschränkter Haftung (GmbH)	32
Begriff der Aktiengesellschaft	32
„Offene" und „geschlossene" Aktiengesellschaften	33
Gründung	33
Registrierung	34
Grundkapital	34
Aktien	35
Obligationen	35
Gewinnverwendung, Dividende	36
Rechnungslegung	36
Organisationsstruktur	36
Hauptversammlung	37
Direktorenrat	37
Vorstand	38
Reorganisation	38
Liquidation	38
Unternehmen mit ausländischen Investitionen	38
Bildung von Unternehmen mit ausländischen Investitionen	39
Tätigkeitsbereiche	40

1.

Gründungsdokumente 40
Bewertung und Umrechnung der Einlagen 41
Registrierung 41
Vergünstigungen 42

1.

Das russische Unternehmensrecht hat sowohl für die Privatisierung der staatlichen Betriebe als auch für die Schaffung realer Wettbewerbsmärkte entscheidende Bedeutung. Unternehmensrechtliche Gesetzgebungsakte gehörten deshalb zum ersten Paket grundlegender Wirtschaftsgesetze, mit dem Ende 1990 in Rußland die radikale Wirtschaftsreform eingeleitet wurde.
Das russische Unternehmensrecht ist praktisch dreigeteilt. Es umfaßt:
- das *allgemeine Unternehmensrecht*, das in generalisierter Form für alle Unternehmen, gleich welcher Art und rechtlichen Gestalt, gilt. Es wird durch das **Gesetz vom 25. 12. 1990 über Unternehmen und Unternehmenstätigkeit** (Unternehmensgesetz – UG; vgl. 1.1) repräsentiert;
- *spezielle Rechtsvorschriften für einzelne Unternehmenstypen*, gegenwärtig beschränkt auf Aktiengesellschaften und Gesellschaften mit beschränkter Haftung (GmbH), zusammengefaßt in der **Ordnung vom 25. 12. 1990 über Aktiengesellschaften** (Aktiengesellschaftsordnung – AGO; vgl. 1.4);
- **spezielle Rechtsvorschriften für Unternehmen mit ausländischen Investitionen**, enthalten im **Gesetz vom 4. 7. 1991 über Auslandsinvestitionen** (Auslandsinvestitionsgesetz – AIG, Kap. III und IV; vgl. 9.2).

Diese – westlichen Rechtssystemen unbekannte – Aufspaltung des Unternehmensrechts spiegelt die gegenwärtige Situation in der Unternehmensstruktur der russischen Wirtschaft real wider: Noch dominieren staatliche Betriebe, die jedoch im Zuge der Privatisierung (vgl. Gruppe 4) in privatrechtliche Unternehmensformen, vor allem Aktiengesellschaften, transformiert werden. Für Unternehmen **mit ausländischer Kapitalbeteiligung**, auch wenn sie grundsätzlich von dem für russische Unternehmen geltenden Recht erfaßt werden, sind noch Sonderbestimmungen mit teils kontrollierendem, teils begünstigendem Charakter erforderlich.
Mit fortschreitender Wirtschaftsreform und weiterer Öffnung der russischen Wirtschaft nach außen wird die Bedeutung sowohl des allgemeinen Unternehmensrechts als auch der speziellen Rechtsvorschriften für ausländische Unternehmen zugunsten des in Marktwirtschaftssystemen typischen Gesellschaftsrechts für Kapital- und Personengesellschaften zurücktreten.

Unternehmen allgemein

Unternehmensbegriff

In deutlicher Abgrenzung zum sowjetischen Wirtschaftsorganisationsrecht, das die Eigenschaft und rechtliche Stellung einer Wirtschaftsorganisation eng an den jeweiligen Typ sozialistischen (staatlichen oder genossenschaftlichen) Eigentums band und auf Privateigentum beruhende Wirtschaftsunternehmen grundsätzlich ausschloß, *hat das russische Unternehmensgesetz einen allgemeinen Unternehmensbegriff eingeführt, der unabhängig von der Eigentumsstruktur alle Unternehmen umfaßt.* Es definiert das Unternehmen als „selbständiges Wirtschaftssubjekt", dessen Tätigkeit die Produktion von Erzeugnissen, Werk- oder Dienstleistungen zum Gegenstand hat und dessen Zweck in der Gewinnerzielung und in der Befriedigung gesellschaftlicher Bedürfnisse besteht (Art. 4 Abs. 1 UG).

1

1.

Ein Unternehmen kann als Individualbetrieb, Familienunternehmen, Personengesellschaft oder in Form einer juristischen Person betrieben werden. Damit hat sich ein *pluralistisches Unternehmenskonzept* durchgesetzt, das den Weg für eine auf Privatinitiative beruhende, wettbewerbsfördernde Unternehmensstruktur frei macht.

Unternehmer

2 Dem Unternehmer – im Unternehmensgesetz als Subjekt des „Unternehmertums" bzw. der „Unternehmenstätigkeit" bezeichnet, das eine auf der Grundlage des eigenen Risikos und vermögensrechtlicher Verantwortung beruhende und auf Gewinnerzielung gerichtete selbständige Wirtschaftstätigkeit ausübt – wird ausdrücklich das Recht verbürgt, Unternehmen zu gründen, zu erwerben und umzuwandeln und auf dieser Grundlage eine Unternehmenstätigkeit aufzunehmen und auszuüben sowie die dazu erforderlichen finanziellen Mittel und Vermögenswerte zu erwerben oder auf einer anderen Rechtsgrundlage (Kredit, Miete usw.) heranzuziehen (Art. 16 UG).

Als Unternehmer sind sowohl Bürger der Russischen Föderation als **auch ausländische Bürger und Staatenlose zugelassen** (Art. 2 UG). Davon ausgenommen sind Bürger der Russischen Föderation, die als *Angestellte des Staatsapparates tätig* sind. Ihnen ist durch Erlaß des Präsidenten *Unternehmenstätigkeit jeglicher Art – auch durch einen Vertreter – untersagt*. Ebenfalls untersagt ist ihnen, selbst oder durch einen Vertreter an der Leitung von Aktiengesellschaften, GmbH oder anderen Wirtschaftssubjekten teilzunehmen. Dieses Verbot erstreckt sich im vollen Umfang auch auf Unternehmen mit ausländischen Investitionen (vgl. VSND RF, Nr. 17/1992, Pos. 923). Die Anerkennung als Unternehmer wird mit der staatlichen Registrierung erworben, die für jede Unternehmenstätigkeit vorgeschrieben ist, wobei eine Unternehmenstätigkeit ohne Beschäftigung von Arbeitnehmern als individuelle Arbeitstätigkeit und eine solche mit Arbeitnehmern als Unternehmen registriert wird. Eine Unternehmenstätigkeit ohne Registrierung ist nicht gestattet.

3 **Ausländer (natürliche und juristische Personen) können als Unternehmer im Sinne des russischen Unternehmensgesetzes in verschiedenen Formen tätig werden,** und zwar als:
– Teilhaber neu gegründeter gemeinsamer Unternehmen (Joint-ventures) mit russischen Partnern;
– Inhaber eigener (100%ig ausländischer) Unternehmen mit Sitz in Rußland;
– Erwerber bestehender russischer Unternehmen, darunter auch staatlicher und kommunaler, als teilweises oder vollständiges Eigentum (vgl. Rdn. 37).

In all diesen Fällen erstreckt sich die Geltung des allgemeinen russischen Unternehmensrechts, insbesondere des Unternehmensgesetzes (UG), auch auf ausländische Unternehmer. Es gilt für sie aber nur in Verbindung mit dem Gesetz über Auslandsinvestitionen (vgl. 9.2), *das gegenüber dem Unternehmensgesetz vorrangige Rechtskraft besitzt*. Findet die Unternehmenstätigkeit des Ausländers in einer Wirtschaftsfreizone statt, gelten darüber hinaus noch die dafür erlassenen Sondervorschriften (vgl. 9.3 – 6).

Unternehmensformen

Das Unternehmensgesetz unterscheidet folgende Unternehmensformen (Art. 6–12 UG):
- das staatliche Unternehmen;
- das kommunale Unternehmen;
- das individuelle (Familien-) Privatunternehmen;
- die offene Handelsgesellschaft;
- die gemischte (stille) Gesellschaft;
- die Gesellschaft mit beschränkter Haftung (geschlossene Aktiengesellschaft);
- die offene Aktiengesellschaft.

Das Unternehmensgesetz beschränkt sich darauf, diese verschiedenen Unternehmensformen zu definieren, ihre Vermögensgrundlage zu kennzeichnen und ihre Haftungsgrundsätze zu fixieren. Die detaillierte Regelung der einzelnen Unternehmensformen ist speziellen Rechtsvorschriften vorbehalten, die bisher jedoch nur für Aktiengesellschaften und GmbH erlassen wurden (AGO). Russische Unternehmerverbände und juristische Experten fordern weitere gesellschaftsrechtliche Spezialvorschriften, insbesondere für die offene Handelsgesellschaft und die Kommanditgesellschaft, entweder als einzelne Gesetzgebungsakte für jeden Gesellschaftstyp oder in Form einer geschlossenen gesellschaftsrechtlichen Regelung für alle Unternehmensformen.

Eine spezielle rechtliche Regelung für die – heute noch dominierenden – staatlichen Unternehmen ist dagegen nicht zu erwarten, da ihre Transformation in Aktiengesellschaften im Zuge der Privatisierung grundsätzlich beschlossen ist (vgl. Erlaß des Präsidenten der Russischen Föderation Nr. 721 vom 1. 7. 1992, VSND RF, Nr. 28/1992, Pos. 1657).

Die Reihenfolge, in der die Unternehmensformen im Unternehmensgesetz aufgezählt sind, entspricht einerseits (mit ihrem Beginn) dem realen Gewicht der Unternehmensformen in der russischen Wirtschaft und bringt andererseits (dem Ende zu) die gesellschaftsrechtliche Perspektive der russischen Unternehmen zum Ausdruck. Sie bedeutet in juristischer Hinsicht keine Rangfolge, da das Unternehmensgesetz konsequent von der Gleichstellung aller Unternehmensformen hinsichtlich ihrer subjektiven Rechte ausgeht. Das ist für russische Verhältnisse eine grundsätzliche Neuerung, weil so mit der bisherigen privilegierten Stellung der Staatsbetriebe gebrochen wurde.

Bestimmte wirtschaftliche Vergünstigungen erhalten – bei prinzipieller Rechtsgleichheit – Unternehmen, die für den Übergang Rußlands zur Marktwirtschaft von besonderer Bedeutung sind. Dazu gehören vor allem die sog. *Kleinunternehmen*, die bei einer durchschnittlichen Belegschaftsstärke von 200 Beschäftigten in der Industrie (bzw. 100 in der Wissenschaft, 50 in anderen Bereichen der produktiven, 15 der nichtproduktiven Sphäre) Gewinnsteuerermäßigung sowie Sonderabschreibungssätze erhalten (vgl. 1.2). Diese Vergünstigungen werden übrigens unabhängig von der Unternehmensform gewährt, können also auch von staatlichen und kommunalen Unternehmen dieser Größenordnung in Anspruch genommen werden. Grundsätzlich können sie auch für **Unternehmen mit ausländischer Kapitalbeteiligung** in Frage kommen („Kleinunternehmen... auf der Grundlage... gemischter Eigentumsformen"; Verordnung zur Unterstützung und Entwicklung von Kleinbetrieben, Ziff. 2). Im konkreten Fall werden aber wohl die

1.

weitergehenden Vergünstigungen für Unternehmen mit ausländischen Investitionen in Anspruch genommen werden (vgl. Rdn. 36f.).
Ausländer können grundsätzlich in allen Unternehmensformen unternehmerisch tätig werden. Praktisch bedeutsam sind für sie die bei der Gründung gemeinsamer Unternehmen (Joint-ventures) vorzugsweise zur Anwendung gelangenden Rechtsformen, d. h. die Aktiengesellschaft und die GmbH. Für andere gesellschaftsrechtliche Formen (OHG, Kommanditgesellschaft, stille Gesellschaft) fehlen noch die speziellen Rechtsvorschriften.
Bei Interesse an einer direkten Beteiligung an einem staatlichen oder kommunalen Unternehmen, die prinzipiell zulässig ist, empfiehlt sich wegen der damit verbundenen steuerlichen und sonstigen wirtschaftlichen Vergünstigungen auch In diesem Falle die Gründung eines Joint-ventures in der Rechtsform einer Aktiengesellschaft oder GmbH. Dies ist auch unter dem Aspekt der erweiterten Mitbestimmung der Beschäftigten in staatlichen und kommunalen Unternehmen (vgl. Gruppe 12) **zu bedenken.**

Unternehmenszusammenschlüsse

5 Die Vereinigung von Unternehmen (Unternehmenszusammenschlüsse zu Konzernen, Assoziationen usw.) ist grundsätzlich erlaubt, jedoch nur unter Beachtung der Freiwilligkeit, der Einhaltung der Antimonopolgesetzgebung (vgl. Gesetz der RSFSR vom 22. 3. 1991 über den Wettbewerb und die Einschränkung monopolistischer Tätigkeit auf den Warenmärkten – VSND RSFSR, Nr. 16/1991, Pos. 499; geändert: VSND RSFSR, Nr. 47/1991, Pos. 1595) und auf vertraglicher Grundlage (Art. 13 UG). Unternehmenszusammenschlüsse bedürfen der vorherigen Zustimmung des Antimonopolkomitees und werden von diesem registriert (nach einer vom Antimonopolkomitee der Russischen Föderation bestätigten Ordnung vom 2. 7. 1991; vgl. Rossijskij rynok, S. 381).
Die Unternehmenszusammenschlüssen angehörenden Unternehmen behalten ihre wirtschaftliche und juristische Selbständigkeit. Die Beziehungen zwischen den Vereinigungen und den Unternehmen sind auf der Grundlage von Verträgen zu gestalten; eine direkte Weisungsbefugnis der Verbandsorgane gegenüber den Unternehmen ist ausgeschlossen.
Gestützt auf diese Grundsätze, hat der Oberste Sowjet Rußlands Versuche unterbunden, „von oben" Konzerne zu gründen, die praktisch die administrativen Strukturen der *Hauptverwaltungen („glavki")* weiterführen sollten, die in der sowjetischen Wirtschaftsleitung dominierten (vgl. 1.3). Allen Konzernen ist ausdrücklich untersagt worden, „Machtbefugnisse" gegenüber den ihnen angehörenden Unternehmen auszuüben, d. h. Reorganisationsmaßnahmen durchzuführen, Leiter einzusetzen bzw. abzuberufen und verbindliche Weisungen zu erteilen. Nach dem Präsidentenerlaß Nr. 721 vom 1. 7. 1992 werden die Unternehmenszusammenschlüsse von staatlichen Betrieben (Vereinigungen, Konzerne u. ä.) grundsätzlich in Aktiengesellschaften umgebildet (vgl. VSND RF, Nr. 28/1992, Pos. 1657).

1.

Rechtsstellung der Unternehmen

Den Kern der vom Gesetz geschützten Rechtsstellung bildet die *wirtschaftliche* 6
Selbständigkeit des Unternehmens, die ihren Ausdruck vor allem in der Freiheit wirtschaftlicher Entscheidungen und in der Verfügungsbefugnis über die wirtschaftlichen Ergebnisse (Erzeugnisse, Werk- und Dienstleistungen) sowie über die aus der Wirtschaftstätigkeit (nach Abzug der Steuern und Abgaben) erzielten Gewinne findet.
Jeder Unternehmer – als Träger des Unternehmens – hat u. a. das Recht, das Produktionsprofil seines Unternehmens zu bestimmen, seine Lieferanten und Abnehmer auszuwählen, die Preise für seine Erzeugnisse im Rahmen der gesetzlichen Preisvorschriften festzulegen, Außenwirtschaftstätigkeit auszuüben, Arbeitnehmer einzustellen und zu entlassen, an wirtschaftlichen Vereinigungen und Unternehmerverbänden teilzunehmen (Art. 16 UG).
Die gesetzliche Verankerung dieser aus der Sicht der Marktwirtschaft mit entsprechender Unternehmensstruktur mehr oder weniger selbstverständlichen Unternehmerrechte ist nur daraus zu erklären, daß die Tätigkeit der Betriebe in der ehemaligen UdSSR bis vor kurzem auf der Grundlage der zentralen Planung und Leitung streng behördlich reglementiert war. Vor diesem historischen Hintergrund macht das Festschreiben der elementaren Bestandteile unternehmerischer Freiheit auch als Rechtsschutz gegen noch virulente Relikte bürokratischer Willkür durchaus Sinn.
Die *Pflichten des Unternehmers* bestehen vor allem in der Wahrung der Arbeits- 7
und Sozialrechte der Arbeitnehmer und der Einhaltung der Steuer-und sonstigen Zahlungsverpflichtungen gegenüber dem Staatshaushalt (Art. 17 UG). Die Verantwortlichkeit (Haftung) des Unternehmers aus seiner Tätigkeit ist in einem umfassenden Sinne bestimmt. Sie erstreckt sich sowohl auf zivilrechtliche Tatbestände (Nichterfüllung vertraglicher Verpflichtungen, Vermögenshaftung) als auch auf öffentlich-rechtliche Normverletzungen (des Umweltschutzes, der Antimonopolgesetzgebung; Art. 18 UG).
Die *staatlichen Garantien der Unternehmenstätigkeit* umfassen das Recht der 8
Unternehmenstätigkeit, die Befugnis zur Gründung von Unternehmen und den dazu erforderlichen Vermögenserwerb (Art. 20 Abs. 1 UG).
Direkte Schutzwirkung für die Unternehmer hat das an die Staatsorgane adressierte Verbot, die Registrierung eines Unternehmens aus Gründen der Unzweckmäßigkeit zu verweigern. Damit ist den Staatsorganen das Recht genommen, die wirtschaftlichen Gründe einer Unternehmensbildung zu überprüfen.
Der Staat muß den Unternehmen gleichen Zugang zum Markt, zu den materiellen, Arbeitskräfte- und sonstigen Ressourcen sowie den Schutz vor Diskriminierung und ungesetzlicher Beschlagnahme garantieren.
Eingriffe des Staates in die Tätigkeit der Unternehmen sind nur im Rahmen der Gesetze und durch die dazu befugten Organe zulässig (Art. 20 Abs. 2 UG). Hierbei handelt es sich um die in jedem Staat üblichen Aufsichts- und Kontrollrechte der fachlich kompetenten Behörden zur Durchsetzung öffentlicher Interessen (z. B. Umweltschutz, Arbeitsschutz, Steuerinspektion). Gegen unrechtmäßige Handlungen staatlicher Organe können die Unternehmen vor den ordentlichen oder Arbitragegerichten auf Unterlassung und Schadenersatz klagen.

1.

Tätigkeitsbereiche

9 Grundsätzlich dürfen die Unternehmen in allen Bereichen der Volkswirtschaft tätig sein und jede beliebige Art wirtschaftlicher Tätigkeit ausüben, mit Ausnahme gesetzlich verbotener oder solcher Tätigkeiten, die ausschließlich staatlichen Unternehmen vorbehalten sind (Art. 21 Abs. 1–3 UG). Das Unternehmensgesetz (Art. 21 Abs. 3) nennt keine verbotenen, sondern führt lediglich die den staatlichen Unternehmen vorbehaltenen Erzeugnisse bzw. Produktionsarten auf, zum Beispiel:
– Waffen, Munition, militärische Ausrüstungen;
– Narkotika, Giftstoffe;
– Verarbeitung von Edelmetallen;
– Alkoholika.
Zusätzlich hierzu wurde durch Erlaß des Präsidenten der Russischen Föderation (Nr. 179 vom 22. 2. 1992, VSND RF Nr. 10/1992, Pos. 492) eine Reihe von Erzeugnissen, Werk- und Dienstleistungen festgelegt, die – ohne als verboten oder als den staatlichen Unternehmen vorbehalten bezeichnet zu werden – „vom freien Handel ausgeschlossen" sind. Dazu gehören u. a. Edelmetalle, Edelsteine und Erzeugnisse daraus, Uran, Röntgengeräte, Äthylalkohol und Arzneimittel. Sie dürfen nur nach einer von der Regierung festgelegten besonderen Ordnung und unter strenger staatlicher Kontrolle vertrieben werden.
Einer strengen staatlichen Reglementierung und Kontrolle unterliegt die Gewinnung und Verarbeitung von Edelmetallen und -steinen (vgl. Erlaß des Präsidenten der RSFSR Nr. 214 vom 15. 11. 1991; VSND RSFSR, Nr. 47, Pos. 1613; Verordnung der Regierung der Russischen Föderation Nr. 10 vom 4. 1. 1992; Rossijskij rynok, S. 393).
Die Beförderung von Personen und der Transport von Gütern auf der Straße wird durch ein spezielles Lizenzsystem staatlich reguliert, das für alle Unternehmen unabhängig von ihrer Eigentumsform gilt, d. h. **auch für ausländische bzw. Unternehmen mit ausländischer Beteiligung** (vgl. Verordnung der Regierung der Russischen Föderation Nr. 118 vom 26. 2. 1992; Rossijskij rynok, S. 398). Außer den genannten Einschränkungen, die für In- und **Ausländer** gleichermaßen gelten, gibt es **Tätigkeiten, die ausländische natürliche und juristische Personen nicht ausüben dürfen**. Diese werden in speziellen, das jeweilige Tätigkeitsgebiet betreffenden Gesetzen festgelegt. So dürfen Ausländer u. a. keine Massenmedien gründen oder an ihrer Gründung beteiligt sein (vgl. VSND RF, Nr. 7/1992, Pos. 309), keinen gewerblichen Fischfang betreiben (VO des Ministerrates der UdSSR vom 15. 9. 1958, Ziff. 7) und nicht als Privatdetektive tätig sein (vgl. VSND RF, Nr. 17/1992, Pos. 888); bestimmte Einschränkungen bestehen für die Teilnahme von **Ausländern** am Handel an den Börsenmärkten (vgl. VSND RF, Nr. 18/1992, Pos. 961; im einzelnen Gruppe 8).
Besondere Beachtung verdient die im Unternehmensgesetz formulierte Einschränkung, *daß nur die im Statut des Unternehmens vorgesehenen Arten von Wirtschaftstätigkeit ausgeübt werden dürfen* (Art. 21 Abs. 2 UG). Entgegen der sowjetischen Rechtspraxis, nach der Rechtsgeschäfte nichtig waren, die gegen die spezielle (beschränkte) Rechtsfähigkeit juristischer Personen, d. h. der staatlichen Wirtschaftsorganisationen, verstießen (Art. 50 i. V. m. Art. 26 ZGB der RSFSR), kommt der genannten Rechtsvorschrift des Unternehmensgesetzes

diese zivilrechtliche Konsequenz nicht zu. *Dies ergibt sich allgemein aus dem nunmehr im Wirtschaftsverkehr geltenden Rechtsgrundsatz, daß „alles erlaubt ist, was nicht verboten ist".* Das können zumindest die in der Rechtsform der Aktiengesellschaft und GmbH bestehenden Unternehmen für sich in Anspruch nehmen; denn in Ziff. 5 Abs. 2 der Aktiengesellschaftsordnung (AGO) ist ausdrücklich vorgesehen, daß die Tätigkeit der Gesellschaft nicht auf den im Statut festgelegten Gegenstand beschränkt ist und daß darüber hinausgehende Rechtsgeschäfte – soweit sie nicht gegen ein gesetzliches Verbot verstoßen – als rechtmäßig anerkannt werden. Dennoch ist bei der Ausübung derartiger Rechtsgeschäfte Vorsicht geboten: Der im Unternehmensgesetz formulierten Beschränkung, daß nur die im Statut vorgesehene Wirtschaftstätigkeit ausgeübt werden darf, wird offensichtlich die Bedeutung einer Ordnungsvorschrift beigemessen. So ist aus der Presse bekannt geworden, daß bei der Finanzrevision von Jointventures Geschäfte außerhalb des statutarisch bestimmten Unternehmensgegenstandes zu Beanstandungen und sogar zu administrativer Verantwortlichkeit von (russischen) Mitarbeitern geführt haben (Rossijskaja gazeta vom 15. 2. 1992, S. 2).

Planung

Eine wesentliche Bedingung für die wirtschaftliche Selbständigkeit der Unternehmen ist *das Recht, ihre Wirtschaftstätigkeit selbständig zu planen* (Art. 22 UG). Die staatliche Wirtschaftsplanung, bis zuletzt noch durch das System der Staatsaufträge praktisch weitergeführt, ist inzwischen prinzipiell beseitigt. Die Planung im Rahmen der Unternehmen soll sich ausschließlich an der Nachfrage nach ihren Erzeugnissen, Werk- und Dienstleistungen orientieren und auf der Grundlage der abgeschlossenen Verträge mit den Abnehmern erfolgen. Einige Elemente staatlicher Planung haben sich noch im Vertragsrecht erhalten (vgl. Gruppe 6, Rdn. 22). 10

Preisgestaltung

Eine weitere Grundlage für die selbständige Wirtschaftstätigkeit der Unternehmen ist *ihr Recht der freien Preisvereinbarung* (Art. 23 UG). Die staatliche Preisbindung ist seit dem 1. 1. 1992 weitgehend aufgehoben. Staatliche Preisvorschriften (Fest- oder Höchstpreise) existieren nur noch für wenige, volkswirtschaftlich bedeutsame Erzeugnisse, darunter für Energie, Energieträger und ausgewählte Rohstoffe. Ein allgemeines Recht zum Eingreifen in die freie Preisgestaltung der Unternehmen hat sich der Staat entsprechend der Antimonopolgesetzgebung nur für Erzeugnisse vorbehalten, bei denen Betriebe eine dominierende Marktstellung besitzen. Preisregulierungen zum sozialen Schutz der Bürger wurden bei Grundnahrungsmitteln und anderen Waren des täglichen Bedarfs weitgehend aufgegeben; sie werden gegenwärtig nur noch bei Mieten und Tarifen aufrechterhalten. 11

1.

Finanzen

12 Auf dem Gebiet der Finanz- und Kreditbeziehungen wurde den Unternehmen prinzipielle Gestaltungsfreiheit eingeräumt. Dies betrifft die Eröffnung von Bankkonten, die Zahlungsbedingungen, die Kassenführung und die Kreditaufnahme und -vergabe (Art. 24 UG – vgl. im einzelnen Gruppe 8).

Außenwirtschaft

13 Die im Gesetz proklamierte Selbständigkeit der Unternehmen auf dem Gebiet der Außenwirtschaft (vgl. Art. 25 UG) unterliegt tatsächlich noch erheblichen staatlichen Eingriffen in Form von Quotierung, Lizenzierung und obligatorischer Devisenabführung (vgl. im einzelnen Gruppen 10 und 11). Eine baldige Aufhebung der Außenhandelsreglementierung und Devisenbewirtschaftung wird durch das Wirtschaftsprogramm der Regierung angestrebt, erscheint jedoch angesichts der prekären Wirtschaftslage Rußlands wenig wahrscheinlich.

Arbeitsverhältnisse

14 Die unternehmerische Entscheidungsfreiheit auf dem Gebiet der Arbeitsverhältnisse und des sozialen Schutzes ist – wie in anderen Ländern auch – auf Dauer durch staatliche Regulierungen und Normative (Mindestlohn, Sozial- und Krankenversicherung, Arbeitsschutz, Arbeitszeit, Urlaub u. a.) eingeschränkt (vgl. im einzelnen Gruppe 12).

Unternehmensleitung

15 Grundsätzlich *obliegt die Leitung des Unternehmens dem Eigentümer*, der die damit verbundenen Rechte entweder selbst oder durch von ihm bevollmächtigte Organe wahrnimmt (Art. 30 Abs. 2 UG). Er bzw. die von ihm bevollmächtigten Organe können die Leitungsrechte vollständig oder teilweise einem Leiter auf der Grundlage des Rechts der Wirtschaftsführung (Art. 3 Abs. 1 UG) oder dem obersten Leitungsorgan des Unternehmens (Rat, Vorstand) übertragen (Art. 30 Abs. 2 Satz 2 UG).
Die Anstellung des Leiters des Unternehmens ist das Recht des Eigentümers bzw. der von ihm bevollmächtigten Organe, wobei die Beziehungen zwischen Eigentümer und Unternehmensleiter durch Vertrag geregelt werden. Der Eigentümer darf auf die Unternehmenstätigkeit nur in dem durch diesen Vertrag festgelegten Rahmen Einfluß nehmen (Art. 3 Abs. 2 UG).
Irgendwelche Beschränkungen für die Berufung von Ausländern in Leitungsfunktionen bzw. die Mitgliedschaft von Ausländern in Leitungsgremien der Unternehmen, wie sie früher in der Unionsgesetzgebung über Joint-ventures vorgeschrieben waren, bestehen nicht.
Der Unternehmensleiter vertritt das Unternehmen nach außen und gegenüber den Mitarbeitern, verfügt über das Vermögen des Unternehmens, schließt Ver-

träge, erteilt Vollmachten, eröffnet Bankkonten, bestätigt den Stellenplan und erteilt den Mitarbeitern verbindliche Weisungen (Art. 31 Abs. 3 UG). Er handelt als Organ des Unternehmens, d. h. er bedarf für die Wahrnehmung seiner Funktionen keiner Vollmacht durch den Eigentümer bzw. das Leitungsorgan des Unternehmens.

Mitwirkung der Arbeitskollektive

Eine wesentliche Rolle bei der Unternehmensleitung spielen die Arbeitskollektive. In allen Unternehmen schließen die Arbeitskollektive *Kollektivverträge* mit der Unternehmensleitung ab, verwirklichen die *Arbeiterselbstverwaltung* in Übereinstimmung mit dem Unternehmensstatut und bestimmen über die Gewährung von Sozialleistungen aus den *Fonds des Arbeitskollektivs* (Art. 32 Abs. 2 UG). Diese Rechte bestehen unabhängig von der Unternehmensform, sie gelten auch für **Betriebe mit ausländischer Beteiligung und rein ausländische Unternehmen.** 16

Bei Beteiligung von Ausländern an staatlichen und kommunalen Betrieben muß beachtet werden, daß die Mitwirkungsrechte der Arbeitskollektive hier bedeutend umfassender sind, sofern der staatliche bzw. kommunale Anteil mehr als 50 % beträgt.
In diesen Betrieben beschließen die Arbeitskollektive gemeinsam mit dem Gründer über das Statut des Unternehmens sowie den Anstellungsvertrag mit dem Unternehmensleiter und fassen in eigener Zuständigkeit (d. h. ohne das staatliche oder kommunale Gründungsorgan) Beschlüsse über die Ausgliederung von Betriebsteilen zwecks Bildung eines neuen Unternehmens und über die Gründung einer Gesellschaft zwecks Übergangs zur Pacht oder zum Kauf des Unternehmens durch das Arbeitskollektiv (Art. 32 Abs. 3 UG). Diese Befugnisse werden durch Vollversammlungen (Konferenzen) oder den *Rat des Arbeitskollektivs* ausgeübt (vgl. im einzelnen Gruppe 12).

Unternehmensgründung

Die *Befugnis zur Gründung von Unternehmen* steht grundsätzlich dem Eigentümer bzw. den von ihm bevollmächtigten Organen oder bei staatlichen und kommunalen Unternehmen deren Arbeitskollektiven zu (Art. 33 Abs. 1 UG). 17
Als individuelle Unternehmensgründer können alle Subjekte der Unternehmenstätigkeit im Sinne des Unternehmensgesetzes auftreten, d. h. Bürger der Russischen Föderation und anderer Staaten der GUS sowie **Bürger ausländischer Staaten** und Staatenlose sowie Vereinigungen von Bürgern (Art. 2 Abs. 1 UG). Obwohl im Gesetz nicht ausdrücklich genannt, können offensichtlich – dies ergibt sich zumindest für **ausländische Beteiligte** indirekt aus dem Gesetz über **Auslandsinvestitionen** (vgl. 9.2 Art. 12) – **auch juristische Personen als Unternehmensgründer** in Erscheinung treten.
Für ausländische natürliche und juristische Personen ist besonders zu beachten, daß sie nur in Verbindung mit den speziellen Bestimmungen des Auslandsinvestitionsgesetzes (vgl. 9.2), **die gegenüber dem Unternehmensgesetz Vorrang genießen, zur Gründung befugt sind.**

29

1.

Gründungsdokumente

18 Als Gründungsdokumente nennt das Unternehmensgesetz das *Statut* des Unternehmens und den *Gründungsbeschluß* bzw. den *Gründungsvertrag*, wobei es den Mindestinhalt (die essentiellen Requisiten) des Statuts normativ festlegt (vgl. die Aufzählung in Art. 33 Abs. 2 UG). Die vollständigen Requisiten des Statuts ergeben sich aus den speziellen Rechtsnormen für die jeweilige Unternehmensform, die bisher allerdings lediglich für die GmbH und die Aktiengesellschaft exakt bestimmt sind. Zusätzliche Anforderungen bestehen an die Gründungsdokumente von **Unternehmen mit ausländischen Investitionen** (vgl. Rdn. 39).

Registrierung

19 Ausschlaggebend für die Entstehung eines Unternehmens im juristischen Sinne ist seine staatliche Registrierung. *Erst vom Tage seiner staatlichen Registrierung an gilt das Unternehmen als gegründet und erlangt es die Rechte einer juristischen Person* (Art. 33 Abs. 3 UG). Ohne staatliche Registrierung ist den Unternehmen jegliche Wirtschaftstätigkeit untersagt. Bei Zuwiderhandlungen werden etwaige Einkünfte zugunsten der Kommunen auf dem Gerichtswege eingezogen.

Die Ablehnung der Registrierung eines Unternehmens ist nur in einer eng begrenzten Anzahl von Fällen möglich, und zwar dann, wenn gegen das gesetzlich vorgeschriebene Gründungsverfahren verstoßen wurde oder die Gründungsdokumente nicht den gesetzlichen Anforderungen entsprechen (Art. 35 Abs. 1 UG). Die Ablehnung der Registrierung aus anderen Gründen ist unzulässig, d. h. eine Wirtschaftlichkeitsprüfung der Unternehmensgründung durch die Staatsorgane findet nicht statt. Gegen die Ablehnung der Registrierung steht dem Antragsteller das Klagerecht zu, und im Falle einer ungesetzlichen Verweigerung der Registrierung kann er auf Schadenersatz klagen (Art. 35 Abs. 2 UG).

Das im Unternehmensgesetz vorgesehene Registrierungsverfahren (Zuständigkeit, Dokumente und Fristen) ist mehrfach geändert worden. Über die Modalitäten der Registrierung von **Unternehmen mit ausländischer Kapitalbeteiligung** vgl. Rdn. 36 ff.

Reorganisation und Liquidation

20 Die Beendigung eines Unternehmens kann durch Reorganisation oder Liquidation erfolgen (Art. 37 UG).
Als Formen der *Reorganisation* unterscheidet das Unternehmensgesetz die Verschmelzung, die Eingliederung, die Ausgliederung, die Teilung und die Umwandlung des Unternehmens in eine andere Rechtsform (Art. 37 Abs. 1 UG).
Die *Liquidation* des Unternehmens ist in folgenden Fällen vorgeschrieben (Art. 37 Abs. 3 UG):
– Bankrott (Konkurs);
– Verbot der Wirtschaftstätigkeit auf gesetzlicher Grundlage;

- Nichtigkeit des Gründungsbeschlusses bzw. der Gründungsdokumente infolge eines Gerichtsbeschlusses.

Die Entscheidungsbefugnis über die Reorganisation bzw. die Liquidation des Unternehmens steht dem Eigentümer bzw. den von ihm bevollmächtigten Organen oder – in den gesetzlich vorgeschriebenen Fällen (Bankrott, Tätigkeitsverbot, Nichtigkeitserklärung) – dem Gericht zu. Außerdem ist – bei Unternehmen aller Rechtsformen – die Einwilligung des örtlichen Sowjets einzuholen, wenn die Reorganisation des Unternehmens – was in aller Regel der Fall sein dürfte – ökologische, soziale oder demographische Auswirkungen auf die Bevölkerung des Territoriums hat (Art. 37 Abs. 2 UG).Die weiteren Verfahrensvorschriften für die Reorganisation und Liquidation von Unternehmen (Art. 37 Abs. 4–8 UG) sind auf die Wahrung der Arbeitnehmerinteressen sowie der Rechtsnachfolge hinsichtlich der Vermögensrechte und -pflichten der Unternehmen gerichtet.

Unternehmenskonkurs

Ein spezielles Reorganisations- bzw. Liquidationsverfahren stellt der *Unternehmenskonkurs* dar, der auf der Grundlage des seit dem 1. 3. 1993 in Kraft befindlichen Konkursgesetzes möglich ist (vgl. Gesetz der Russischen Föderation vom 19. 11. 1992 über den Konkurs [Bankrott] von Unternehmen; VSND RF, Nr. 1/1993, Pos. 6).

20a

Voraussetzung für das Konkursverfahren ist die Zahlungsunfähigkeit (der Bankrott) des Unternehmens, worunter verstanden wird, daß das Unternehmen nicht in der Lage ist, die Forderungen der Gläubiger zur Bezahlung von Waren, Werk- und Dienstleistungen zu befriedigen, einschließlich der obligatorischen Abführungen an den Staatshaushalt, sofern seine Zahlungsverbindlichkeiten sein Vermögen übersteigen oder sein Vermögen nicht genügend liquide ist, um den Zahlungsverpflichtungen fristgemäß nachkommen zu können (Art. 1 Konkursgesetz). Das Unternehmen muß seine laufenden Zahlungen mindestens drei Monate lang eingestellt haben, und die unbefriedigten Forderungen müssen wenigstens 500 Minimalmonatslöhne betragen (d. h. 2 137 500 Rubel mit Stand vom 1. 4. 1993).

Das Konkursgesetz unterscheidet *Reorganisationsverfahren*, wozu die *Zwangsverwaltung* des Vermögens des Unternehmens und die *Sanierung* gehören, und *Liquidationsverfahren*, die als *Zwangsliquidation* (auf Anordnung des Arbitragegerichts) oder *freiwillige Liquidation* (außergerichtliches Vergleichsverfahren zwischen Konkursschuldner und Gläubigern) durchgeführt werden können.

Für *staatliche und kommunale* Unternehmen, einschließlich solcher Unternehmen, an denen der staatliche bzw. kommunale Vermögensanteil mindestens 50 % beträgt, gilt ein bis zum 1. 1. 1995 befristetes Sonderverfahren, wonach das für das betreffende Unternehmen zuständige staatliche, kommunale oder Finanzorgan die Sanierung oder zusätzliche Subventionierung des Unternehmens aus dem Haushalt vorschlägt; in diesem Falle ist das betreffende Organ aber verpflichtet, die Forderungen *aller* Gläubiger zu befriedigen und die schon entstandenen Kosten des Arbitragegerichtsverfahrens zu erstatten, was Bedingung für die Einstellung des Konkursverfahrens ist (vgl. Art. 14 Ziff. 5 und 7 Konkursgesetz).

1.

Aktiengesellschaften und Gesellschaften mit beschränkter Haftung (GmbH)

21 Aktiengesellschaften und GmbH, die bisher als einzige Unternehmensformen durch gesellschaftsrechtliche Spezialnormen ausgestaltet wurden, sollen nach dem Willen des russischen Gesetzgebers *die Hauptformen sowohl für die Transformation der staatlichen Betriebe in marktwirtschaftliche Unternehmensstrukturen als auch für die Heranziehung von Auslandskapital zur Modernisierung der materiellen Produktionsbasis bilden.*
Beide Unternehmensformen werden durch die Ordnung vom 25. 12. 1990 über Aktiengesellschaften (AGO) geregelt, die in Form einer Regierungsverordnung vorläufig in Kraft gesetzt wurde und alsbald durch ein Gesetz abgelöst werden soll, das der Bedeutung und dem Charakter des Regelungsgegenstandes gerecht wird. Die Ordnung vom 25. 12. 1990 weist eine Reihe von Mängeln auf, die in russischen Unternehmer- und juristischen Fachkreisen Anlaß zu grundsätzlicher Kritik bot. Kritisiert wurden insbesondere die Vielzahl von Verweisungsnormen auf noch zu schaffende Regelungen, die faktische Identifizierung von Aktiengesellschaft und GmbH, die Unbestimmtheit erlaubter bzw. verbotener und lizenzpflichtiger Tätigkeiten, Unklarheiten in der Ausgestaltung der Eigentumsverhältnisse, das Fehlen einer klaren Registrierungsordnung, der ungenügende Ausbau des Minderheiten- und Gläubigerschutzes, die Starrheit bei der Regelung der Organstruktur u. a.
Eine eigentümliche – für deutsche Experten ungewöhnliche – *Besonderheit der gegenwärtigen rechtlichen Regelung* besteht darin, daß die Aktiengesellschaft und die GmbH weitgehend durch einheitliche Rechtsnormen erfaßt werden, worunter selbstverständlich die Spezifik dieser beiden zwar verwandten, aber doch unterschiedlichen Kapitalgesellschaftstypen leidet.

Begriff der Aktiengesellschaft

Die Ordnung vom 25. 12. 1990 definiert die Aktiengesellschaft als Organisation, die von natürlichen und juristischen Personen, darunter auch **ausländischen**, die ihre Mittel in Form von Aktien vereinigen, auf freiwilliger Grundlage zwecks Befriedigung gesellschaftlicher Bedürfnisse und Gewinnerzielung gegründet wird (Ziff. 1 AGO).
In dieser Definition wird ausdrücklich der freiwillige Charakter der Bildung der Aktiengesellschaft verankert. Dieses aus der Sicht eines Marktwirtschaftssystems als selbstverständlich erscheinende Moment ist nur vor dem historischen Hintergrund des früheren sowjetischen Planwirtschaftssystems zu verstehen, als Wirtschaftsorganisationen normalerweise durch staatliche Gründungsanweisung errichtet wurden. Der russische Gesetzgeber wollte die Aktiengesellschaft als wesentliches Element der auf der Grundlage unternehmerischer Initiative zu entwickelnden Marktwirtschaft von dieser Praxis der Vergangenheit deutlich abheben.
Bemerkenswert ist weiterhin, daß **ausländische natürliche und juristische Personen** direkt **als potentielle Gründer von Aktiengesellschaften** erwähnt werden. Für die Begriffsbestimmung der Aktiengesellschaft ist das eigentlich entbehrlich; es unterstreicht aber die immense **Bedeutung**, die der Gesetzgeber

der Heranziehung **ausländischen Kapitals** beimißt. Die Schaffung adäquater Rechtsformen für **ausländische Kapitalinvestitionen** war ein wesentliches Motiv für die Einführung bzw. Wiedereinführung des in der UdSSR in den dreißiger Jahren faktisch beseitigten Aktiengesellschaftsrechts.

„Offene" und „geschlossene" Aktiengesellschaften

Die Ordnung vom 25. 12. 1990 unterteilt die Aktiengesellschaften in „offene" und „geschlossene" (Ziff. 7 AGO), wobei der „offene" Typ der eigentlichen Aktiengesellschaft und der „geschlossene" der GmbH entspricht. Die Ordnung geht von der offenen Aktiengesellschaft als Grundmodell aus und erfaßt Besonderheiten der geschlossenen Aktiengesellschaft durch abweichende Sondervorschriften. *Der wesentliche Unterschied* zwischen der offenen und der geschlossenen Aktiengesellschaft *besteht in der unterschiedlichen Verkehrsfähigkeit der Aktien bzw. der unterschiedlichen Verfügungsbefugnis der Aktionäre über ihre Aktien. Bei der offenen Aktiengesellschaft* können die Aktien *ohne Zustimmung der anderen Aktionäre* auf Dritte übertragen werden, *bei der geschlossenen Aktiengesellschaft* ist dazu die *Zustimmung der Mehrheit der Aktionäre erforderlich* (Ziff. 7 AGO). 22
Weitere Unterschiede betreffen die Höhe des Grundkapitals und die Mindestanzahl der Mitglieder des Direktorenrates.
Die wenigen Ansätze für eine differenzierte Regelung reichen allerdings nicht aus, um Aktiengesellschaft und GmbH als eigenständige Gesellschaftstypen voneinander abzuheben. Für die GmbH fehlt insbesondere eine gegenüber der Aktiengesellschaft vereinfachte Organisationsstruktur.
Die russische Aktiengesellschaftsordnung favorisiert offensichtlich den Typ der offenen Aktiengesellschaft.
Dies hat zwei Gründe:
Erstens entspricht er besser als die GmbH dem Konzept der Beteiligung der russischen Staatsbürger, insbesondere der Arbeitskollektive, an der Privatisierung der staatlichen Betriebe.
Zweitens scheint er geeigneter zu sein, „freies" **Kapital**, vor allem auch **ausländisches**, heranzuziehen. Dabei wird allerdings übersehen, daß nach der Erfahrung der Marktwirtschaftsländer für die Entwicklung realer Marktbeziehungen kleine und mittlere Unternehmen unentbehrlich sind, für die die GmbH als Rechtsform besser geeignet ist als die Aktiengesellschaft.

Gründung

Gründer einer Aktiengesellschaft können in- und **ausländische natürliche und juristische Personen** sein (Ziff. 11 AGO), wobei letztere die speziellen **Rechtsvorschriften über Auslandsinvestitionen** zu beachten haben (vgl. Rdn. 36f.). Die Zahl der Gründer ist nicht beschränkt; Einmanngesellschaften sind ausdrücklich zugelassen (Ziff. 13 AGO). Ausgenommen hiervon sind *Banken* und *Wertpapierbörsen*, die von mindestens drei Gründern gebildet werden müssen (vgl. Gruppe 8, Rdn. 2 und 10). 23

1.

Die Gesellschaft wird – außer im Falle einer Einmanngesellschaft – von der Versammlung aller Gründer oder deren Vertreter gegründet, die den Gründungsbeschluß einstimmig fassen müssen (Ziff. 22 AGO). Wichtigstes Gründungsdokument der Gesellschaft ist deren *Statut*. Aus ihm muß hervorgehen, ob es sich um eine offene oder geschlossene Aktiengesellschaft handelt. Zwingend vorgeschrieben ist, daß das Statut – außer bei einer Einmanngesellschaft – von der Gründungsversammlung der Gesellschaft bestätigt werden muß (Ziff. 21 AGO), und zwar mit 3/4-Mehrheit (Ziff. 24 AGO). Der Mindestinhalt des Statuts ist ebenfalls verbindlich festgelegt (Ziff. 20 AGO). Der bei Gründung einer GmbH zusätzlich zum Statut üblicherweise abgeschlossene Gründungsvertrag ist nicht obligatorisch. Nach der Aktiengesellschaftsordnung gilt der Antrag auf Registrierung, dem das Statut der Gesellschaft und das Protokoll der Gründungsversammlung – außer bei Einmanngesellschaften – beigefügt werden müssen, als förmlicher Vertrag zwischen den Gründern (Ziff. 17 AGO).

Bei der Abfassung der Gründungsdokumente empfiehlt es sich, die in Rußland üblichen, den Registerbehörden bekannten Muster zu verwenden (vgl. 1.5–7). Die dort abgedruckten Muster wurden zwar noch von Organen der UdSSR empfohlen, werden aber nach wie vor verwandt. Die auf Grund der veränderten Rechtslage nach Auflösung der UdSSR notwendig gewordenen Modifikationen sind in der im Februar 1992 herausgegebenen russischen Ausgabe vermerkt. Ein besonderes Musterstatut wurde durch den Präsidentenerlaß Nr. 721 vom 1. 7. 1992 für die in offene Aktiengesellschaften umzubildenden staatlichen Betriebe herausgegeben (vgl. VSND RF, Nr. 28/1992, Pos. 1657).

Registrierung

24 Die Registrierung der Gesellschaft ist 30 Tage nach Abhaltung der Gründungsversammlung zu beantragen. (Zu den Modalitäten der Registrierung von Aktiengesellschaften beider Typen als Rechtsformen von **Unternehmen mit ausländischen Investitionen** vgl. Rdn. 41).

25 *Grundkapital*

Das Grundkapital der Aktiengesellschaft setzt sich aus *Stammaktien* gleichen Nennwerts zusammen. Die Anzahl der Stammaktien muß zum Zeitpunkt der Gründung der Gesellschaft vereinbart werden, wobei diese Anzahl durch zehn teilbar sein muß (Ziff. 35 AGO).
Das Mindestkapital ist für beide Typen der Aktiengesellschaft in unterschiedlicher Höhe festgelegt: Es beträgt für die Aktiengesellschaft geschlossenen Typs (GmbH) 10 000 Rubel und für die offene Aktiengesellschaft 100 000 Rubel.
Die *Einlagen* der Gesellschafter können in Geld oder Sachwerten eingebracht werden. Geld kann in Rubeln oder ausländischer Währung eingezahlt werden; alle Geldeinlagen werden in Rubel umgerechnet, Sacheinlagen in Rubeln bewertet (zur Bewertung und Umrechnung von Einlagen in **Unternehmen mit ausländischen Investitionen** vgl. Rdn. 40).
Die in Rubeln bestimmten Einlagen der Gesellschafter bilden deren Anteile am Grundkapital.

1.

Die Einlagen müssen innerhalb von 30 Tagen nach Registrierung der Gesellschaft mindestens in Höhe von 50 %, der Rest innerhalb des ersten Tätigkeitsjahres der Gesellschaft eingebracht werden. Die Nichteinhaltung dieser Pflichten zieht einschneidende rechtliche bzw. finanzielle Konsequenzen nach sich: Wenn nicht mindestens 50 % des Grundkapitals innerhalb von 30 Tagen nach Registrierung eingezahlt worden sind, ist die Registrierung der Gesellschaft ungültig, d. h. ist die Errichtung der Gesellschaft nichtig. Bei Nichteinbringung der übrigen Aktien innerhalb der vereinbarten Fristen werden die im Statut festgesetzten Zinsen fällig.

Aktien

Die Aktie ist ein von der Aktiengesellschaft ausgegebenes Wertpapier, das das 26 Eigentumsrecht seines Besitzers an einem Anteil am Grundkapital in Höhe des Nennwerts der Aktie verbürgt (Ziff. 43 AGO).
Der Mindestnennwert einer Aktie beträgt 10 Rubel. Gebräuchlich sind Aktien über 1 000 und 10 000 Rubel. Jeder Aktionär erhält als Nachweis über die sich in seinem Besitz befindlichen Aktien ein Aktienzertifikat. Die Übergabe des Zertifikats bewirkt den Eigentumsübergang an den Aktien.
Eine wesentliche Besonderheit der Aktiengesellschaftsordnung besteht darin, daß die Aktiengesellschaften nur *Namensaktien* (keine Inhaberaktien) ausgeben dürfen (Ziff. 46 AGO). Die Aktienbesitzer werden in ein spezielles, von der Gesellschaft geführtes Register eingetragen.
Die Aktien können Stamm- oder Vorzugsaktien sein. Stammaktien gewähren Stimmrecht, *Vorzugsaktien* nicht. Die Vorzugsaktien berechtigen zum Bezug einer feststehenden Dividende und haben bei der Gewinnverteilung Vorrang gegenüber den Stammaktien.
Die Option zum Kauf von Vorzugsaktien kann insbesondere den Mitarbeitern der Aktiengesellschaft eingeräumt werden (Ziff. 83 AGO).
Die Verkehrsfähigkeit der Aktien ist bei Gesellschaften beider Typen durch behördliche Genehmigungsvorbehalte eingeschränkt. Der Erwerb von mehr als 15 % der Aktien einer Gesellschaft bedarf der Zustimmung des Finanzministeriums der Russischen Föderation, von mehr als 50 % der Zustimmung des Finanzministeriums und des Antimonopolkomitees der Russischen Föderation (Ziff. 147 AGO).
Für den Erwerb von Aktien durch **ausländische natürliche und juristische Personen** gelten zusätzlich die für **ausländische Investitionen** allgemein gültigen Bedingungen (vgl. Gruppe 9).

Obligationen

Zur Kapitalbeschaffung können die Aktiengesellschaften Anleiheobligationen mit 27 einer Mindestlaufzeit von einem Jahr ausgeben. Diese können *Namens- oder Inhaberobligationen* sein. Die Obligationen werden in der vereinbarten Höhe verzinst und nach Ablauf der vereinbarten Laufzeit zum Nominalwert eingelöst. Zinsen sind unabhängig von der Finanzlage der Gesellschaft zu zahlen. Ist die Gesellschaft dazu nicht in der Lage, muß sie ihre Zahlungsunfähigkeit erklären.

1.

Gewinnverwendung, Dividende

28 Der nach Entrichtung der Steuern verbleibende Reingewinn der Aktiengesellschaft wird zur Bildung von finanziellen Rücklagen und zur Ausschüttung der Dividende verwendet (Ziff. 68 AGO).
Die Rücklagen der Gesellschaft müssen mindestens 10 % ihres Grundkapitals betragen (Ziff. 81 AGO).
Der nach Abführung in den Reservefonds der Gesellschaft noch verbleibende Gewinn wird unter die Aktionäre proportional zur Anzahl der ihnen gehörenden Aktien verteilt (Ziff. 70 AGO). Die vorläufige Dividende wird durch den Direktorenrat, die endgültige durch die Jahreshauptversammlung festgelegt (Ziff. 71 AGO). Die endgültige Höhe der Dividende darf die vom Direktorenrat vorgeschlagene nicht überschreiten (ebenda).
Die Gesellschaft kann einen bestimmten Prozentsatz ihres Gewinns (nach Abzug der Steuern) unter die Mitarbeiter verteilen, und zwar in Form von Geldprämien oder durch Vergabe von Vorzugsaktien (Ziff. 84 AGO).
Ausländischen Aktionären ist der freie Transfer ihrer Dividende ins Ausland gesetzlich garantiert (vgl. Art. 10 AIG).

Rechnungslegung

29 Der *Jahresabschluß* der Gesellschaft muß spätestens drei Monate nach Ablauf des Finanzjahres, das am 31. Dezember endet, durch die innerhalb dieser Frist einberufene Jahreshauptversammlung festgestellt werden (Ziff. 86 AGO). Der Jahresbericht muß von einer Wirtschaftsprüfungsorganisation überprüft sein.
Der Jahresbericht und die Bilanz der Gesellschaft sind zwei Monate nach Durchführung der Jahreshauptversammlung in der festgelegten Form zu veröffentlichen.
Die Bilanz, die Gewinn- und Verlustrechnung und andere laufende Informationen sind vierteljährlich zu veröffentlichen und an die Aktionäre zu versenden.

Organisationsstruktur

30 Die Aktiengesellschaftsordnung schreibt vier Organe der Gesellschaft zwingend vor: die *Hauptversammlung*, den *Direktorenrat*, den *Vorstand* und die *Revisionskommission*.
Diese recht komplizierte Organisationsstruktur, die insbesondere durch die zweigliedrige Struktur der Leitungsorgane (Hauptversammlung und Direktorenrat) und die uneingeschränkte Kompetenz des Direktorenrates im Verhältnis zum Vorstand, dem Exekutivorgan der Gesellschaft, bedingt ist, gilt auch für die Aktiengesellschaft geschlossenen Typs (GmbH).
Bei kleinen und mittleren Unternehmen, die typischerweise in Form einer GmbH gegründet werden, kann jedoch im Bedarfsfall durch Benennung von Vertretern für die Hauptversammlung (Ziff. 99 AGO) oder durch Erteilung einer Abstimmungsvollmacht an den Direktorenrat (Ziff. 103 AGO) praktisch eine Lockerung der vorgeschriebenen Organisationsstruktur erreicht und dadurch die Entscheidungsfindung vereinfacht werden.

1.

Hauptversammlung

Das oberste Organ der Aktiengesellschaft ist die Hauptversammlung der Aktio- 31
näre, die ihre Mitwirkungsrechte an der Leitung der Gesellschaft hauptsächlich
über ihre Teilnahme an den Tagungen der Hauptversammlung realisieren und
die ihr auf dem Aktienbesitz beruhendes Stimmrecht normalerweise auf diesen
Tagungen ausüben. Die Hauptversammlung konzentriert in ihren Händen die
ausschließliche Entscheidungskompetenz zu den wichtigsten Angelegenheiten
der Gesellschaft (vgl. Ziff. 91 AGO).
Die Hauptversammlung führt einmal im Jahr eine ordentliche Versammlung, die
Jahresversammlung, durch. Ihr ist die Bestätigung des Berichts des Direktorenrates, der Jahresbilanz und der Gewinn- und Verlustrechnung der Gesellschaft,
die Wahl der Direktoren und der anderen Leitungsmitglieder der Gesellschaft sowie die Ernennung des Wirtschaftsprüfers und die Festlegung seiner Vergütung
vorbehalten (Ziff. 98 AGO).
Alle anderen Tagungen der Hauptversammlung neben der Jahresversammlung
sind außerordentliche Versammlungen. Sie können vom Direktorenrat, der Revisionskommission oder von Aktionären, die mindestens 10 % der Aktien (Stammaktien) besitzen, einberufen werden.
Die Hauptversammlung faßt ihre Beschlüsse in der Regel mit einfacher Stimmenmehrheit, lediglich Statutenänderungen und Beschlüsse zur Reorganisation
und Liquidation der Gesellschaft erfordern eine 3/4-Mehrheit (Ziff. 105 AGO).
Die Hauptversammlung ist beschlußfähig, wenn die anwesenden Aktionäre mindestens die Hälfte der Aktien der Gesellschaft besitzen. Wenn das Quorum nicht
erreicht wird, muß die Versammlung innerhalb der nächsten 30 Tage erneut einberufen werden, wobei dann eine beliebige Anzahl von Aktionären (mit einer beliebigen Anzahl von Aktien) beschlußfähig ist.

Direktorenrat

Zwischen den Tagungen der Hauptversammlung ist das oberste Leitungsorgan 32
der Gesellschaft der Direktorenrat (Ziff. 108 AGO). Die Zahl der Direktoren – Mitglieder des Direktorenrates – muß ungerade sein. Die vorgeschriebene Mindestanzahl ist für die beiden Typen der Aktiengesellschaft differenziert festgelegt worden – fünf Personen bei der offenen und drei bei der geschlossenen (GmbH). Ist
die Gesellschaft von weniger Personen als der vorgeschriebenen Mindestanzahl gegründet worden, muß die Anzahl der Direktoren gleich der Zahl der Grün-
dungsaktionäre sein. Direktor darf nur ein Aktionär oder dessen Vertreter sein.
Im Statut kann festgelegt werden, daß der Direktor eine bestimmte Mindest-
zahl von Aktien besitzen muß.
Die Direktoren werden in der Regel auf zwei Jahre gewählt, sie sind beliebig oft
wiederwählbar und können nicht vorzeitig abberufen werden.
Die Zuständigkeit des Direktorenrates erstreckt sich auf alle Angelegenheiten
der Gesellschaft, soweit sie nicht zur ausschließlichen Zuständigkeit der Hauptversammlung gehören. Eine Kompetenzabgrenzung gegenüber dem Vorstand
wurde nicht vorgenommen, so daß der Direktorenrat alle Entscheidungen, auch
zur operativen Geschäftsführung, an sich ziehen kann.

1.

Der Direktorenrat faßt seine Beschlüsse mit einfacher Stimmenmehrheit, bei Stimmengleichheit (nur möglich bei Gesellschaften, in denen die Zahl der Direktoren die normale Mindestanzahl von fünf bzw. drei Personen unterschreitet, weil die Zahl der Gründer darunter liegt) entscheidet die Stimme des Vorsitzenden.

Vorstand

33 Der Vorstand (russisch – pravlenie, deutsch auch Leitung oder Direktion) ist das Exekutivorgan der Gesellschaft. Ihm gehören an: der von der Hauptversammlung ernannte Generaldirektor (Präsident), die vom Direktorenrat auf Vorschlag des Generaldirektors ernannten Exekutivdirektoren und die Leiter der wichtigsten Struktureinheiten der Gesellschaft.

Der Generaldirektor (Präsident) muß dem Direktorenrat als Mitglied angehören, in der Praxis ist er meistens gleichzeitig Vorsitzender des Direktorenrates.

Der Vorstand leitet zwischen den Tagungen der Hauptversammlung und den Sitzungen des Direktorenrates die gesamte Tätigkeit der Gesellschaft, soweit es sich nicht um Fragen handelt, die der ausschließlichen Kompetenz der Hauptversammlung vorbehalten sind.

Reorganisation

34 Bei einer Reorganisation gehen die Rechte und Pflichten der Gesellschaft, soweit sie nicht im Falle der Ausgliederung und Teilung bei der ursprünglichen Gesellschaft verbleiben, auf das neue Unternehmen als Rechtsnachfolger über (Ziff. 144 AGO).

Liquidation

35 Die Liquidation der Aktiengesellschaft kann auf Beschluß der Hauptversammlung, wegen Fristablauf oder durch Gerichtsbeschluß wegen Zahlungsunfähigkeit oder Gesetzesverletzung erfolgen (Ziff. 136 AGO).

Unternehmen mit ausländischen Investitionen

Unter den vielfältigen Möglichkeiten der Investitionsbeteiligung in Rußland (Erwerb von Sachvermögen, Nutzungsrechten, Aktienkauf usw.), die durch das Gesetz vom 4. 7. 1991 über Auslandsinvestitionen (AIG) eröffnet wurden (vgl. im einzelnen Gruppe 9), kommt der direkten Kapitalbeteiligung an Unternehmen die größte Bedeutung zu.

36 Das Auslandsinvestitionsgesetz hat dafür den Begriff „Unternehmen mit ausländischen Investitionen" geprägt, der breiter ist als der allgemein bekannte Joint-venture-Begriff. Er umfaßt außer den gemeinsamen Unternehmen auch solche, die sich vollständig in ausländischem Besitz befinden, sowie Tochterunterneh-

men und Filialen gemeinsamer Unternehmen und Filialen ausländischer juristischer Personen (Art. 12 AIG). Trotz des dadurch erweiterten Rahmens für unternehmerische Initiativen ausländischer Investoren werden **die gemeinsamen Unternehmen nach wie vor die Hauptform ausländischer Kapitalbeteiligung bleiben**, da sie für die Risikoteilung zwischen In- und Ausländern sowie die Nutzung einheimischer Erfahrungen die besten Voraussetzungen bieten.
100 %ige ausländische Unternehmen sind bisher äußerst selten. Währenddessen bestehen bereits ca. 3 000 gemeinsame Unternehmen. Allerdings üben von ihnen nicht mehr als 1/3 eine reale Wirtschaftstätigkeit aus.
Unternehmen mit ausländischen Investitionen sind keine eigene Unternehmensform in dem Sinne, daß sie eine in sich geschlossene rechtliche Regelung erfahren haben, die neben der für andere Unternehmenstypen steht. Sie werden vielmehr in einer der üblichen gesellschaftsrechtlichen Unternehmensformen gebildet bzw. existieren in dieser, vorzugsweise in Form einer Aktiengesellschaft oder GmbH.
Der Begriff „Unternehmen mit ausländischen Investitionen" bedeutet in diesem Zusammenhang eigentlich nur, daß auf diese Unternehmen – über die allgemeinen unternehmens- und speziellen gesellschaftsrechtlichen Normen hinaus – die Sonderbestimmungen des Auslandsinvestitionsgesetzes, insbesondere die Kapitel III und IV, Anwendung finden.
Für die Anerkennung als Unternehmen mit ausländischen Investitionen bzw. als gemeinsames Unternehmen ist **ein Minimalumfang der ausländischen Kapitalbeteiligung nicht vorgeschrieben**. Das hatte zur Folge, daß gemeinsame Unternehmen mit einem rein symbolischen ausländischen Kapitalanteil nur mit dem Ziel gebildet wurden, die für diese Unternehmen gebotenen Vorzugsbedingungen auszunutzen. Um diesem Mißbrauch einen Riegel vorzuschieben, wird gegenwärtig erwogen, ein obligatorisches Minimum an ausländischer Kapitalbeteiligung festzulegen. Allerdings sind bereits jetzt die wichtigsten Vergünstigungen an einen bestimmten ausländischen Kapitalanteil gekoppelt (vgl. Rdn. 42).
Die Rechtsvorschriften des Auslandsinvestitionsgesetzes über Unternehmen mit ausländischen Investitionen sind nunmehr die einzige spezielle Rechtsgrundlage für Unternehmen dieser Art, da die frühere, ihrem Gegenstand nach umfassendere rechtliche Regelung der UdSSR über Gemeinschaftsunternehmen (Ministerratsverordnung Nr. 49 vom 13. 1. 1987) offenbar außer Kraft getreten ist bzw. nicht mehr angewandt wird.

Bildung von Unternehmen mit ausländischen Investitionen

Unternehmen mit ausländischen Investitionen können gebildet werden, indem ein solches Unternehmen, vorzugsweise als Aktiengesellschaft oder GmbH, neu gegründet wird oder der ausländische Investor ein bereits bestehendes Unternehmen vollständig oder anteilmäßig erwirbt (Art. 13 AIG). In dem zuletzt genannten Fall ist die Existenz des Unternehmens mit ausländischen Investitionen auch in einer anderen Rechtsform denkbar, z. B. als kommunales Unternehmen.
**Normalerweise werden der ausländische Investor und der inländische Partner – schon wegen der damit verbundenen wirtschaftlichen Vergünstigun-

1.

gen – an der Gründung eines gemeinsamen Unternehmens interessiert sein, sei es auch auf der Basis eines bereits bestehenden Unternehmens. Bei der Bildung von Unternehmen mit ausländischen Investitionen als **Tochterunternehmen** oder **Filialen** (Art. 12 AIG) ist *Vorsicht geboten*: So werden Tochterunternehmen vom russischen Recht – entsprechend der gewählten Rechtsform – durchaus als juristische Personen und dementsprechend als selbständige Haftungssubjekte anerkannt, jedoch ist dadurch nicht ausgeschlossen, daß bei Liquidation des Tochterunternehmens evtl. offen gebliebene *Forderungen an das Mutterunternehmen* gerichtet werden können. Bei Bildung einer Filiale ist zu bedenken, daß Filialen auf dem Territorium der Russischen Föderation nicht als selbständige Rechtssubjekte anerkannt werden, so daß das ausländische Unternehmen *für Verbindlichkeiten seiner russischen Filiale voll haftet*.

Grundsätzlich unterliegt die Bildung von Unternehmen mit ausländischen Investitionen keiner Genehmigungspflicht, mit Ausnahme von Objekten mit einem Investitionsvolumen über 100 Mio. Rubel; dafür ist die Genehmigung der Regierung erforderlich (Art. 16 AIG). In einer Reihe von Fällen sind Expertisen beizubringen, so bei Bau- oder Rekonstruktionsmaßnahmen großen Maßstabs. Außerdem sind ökologische und sanitär-epidemiologische Expertisen entsprechend den allgemein geltenden gesetzlichen Bestimmungen vorzulegen (Art. 14 AIG).

Das russische staatliche oder kommunale Unternehmen bedarf als Partner des ausländischen Investors der *Zustimmung seines Eigentümers* zur Beteiligung am gemeinsamen Unternehmen, d. h. der Russischen Föderation, der der Russischen Föderation angehörenden Republik oder des entsprechenden kommunalen Gebildes, die vom Staatlichen Komitee für die Verwaltung des staatlichen Vermögens oder dem Fonds des Föderationsvermögens oder von dem Sowjet oder der Administration der jeweiligen kommunalen Einheit vertreten werden (vgl. Gruppe 2, Rdn. 12).

Tätigkeitsbereiche

38 Einige Tätigkeitsbereiche sind lizenzpflichtig, so Versicherungs- und Vermittlungsgeschäfte, der Handel mit Wertpapieren und eine Banktätigkeit (Art. 20 AIG).

Gründungsdokumente

39 Die besonderen Anforderungen an die Gründungsdokumente sind minimal. Über die für Aktiengesellschaften beider Typen geltenden Mindestrequisiten hinaus (vgl. Ziff. 20 AGO) ist in den Gründungsdokumenten der Unternehmen mit ausländischen Investitionen (normalerweise in deren Statuten) die Höhe der Kapitalanteile der Teilnehmer (dies ist in bestimmten Fällen wichtig als Voraussetzung für die Inanspruchnahme von Vergünstigungen – vgl. Rdn. 42) und das Liquidationsverfahren festzulegen (Art. 15 AIG).

Bewertung und Umrechnung der Einlagen

Die Einlagen in Unternehmen mit ausländischen Investitionen werden auf der 40 Grundlage von Weltmarktpreisen oder, falls solche nicht bestehen, nach Vereinbarung zwischen den Teilnehmern am Unternehmen bewertet (Art. 15 Abs. 2 AIG). Die Bewertung kann in Rubeln oder in ausländischer Währung vorgenommen werden.
Der Wert der in ausländischer Währung eingebrachten bzw. bewerteten Einlagen wird in Rubel zum Kurs der Russischen Zentralbank für Außenwirtschaftsoperationen umgerechnet.

Registrierung

Für die Registrierung von Unternehmen mit ausländischen Investitionen gilt un- 41 ter Berücksichtigung der inzwischen getroffenen Veränderungen durch die Regierungsverordnungen Nr. 26 vom 28. 11. 1991 (vgl. Izvestija, Beilage „Zakon" Nr. 2, Februar 1992, S. 73) und Nr. 357 vom 28. 5. 1992 (vgl. Rossijskaja gazeta vom 4. 6. 1992) folgende Regelung:
– Unternehmen mit einer ausländischen Beteiligung *unter* 100 Mio. Rubeln werden durch die national-territorialen Organe (Ministerräte der zur Russischen Föderation gehörenden Republiken, Exekutivorgane der Bezirke, Gebiete, autonomen Gebiete und Kreise sowie der Städte Moskau und St. Petersburg) registriert (in Moskau wurde hierfür eine spezielle Registrationskammer geschaffen);
– Unternehmen mit einer ausländischen Beteiligung *über* 100 Mio. Rubeln und Unternehmen der Erdöl-, Erdgasförder- und -verarbeitungsindustrie sowie der Kohleförderindustrie *unabhängig* von der Höhe der ausländischen Kapitalbeteiligung werden durch das Komitee für Auslandsinvestitionen beim Finanzministerium der Russischen Föderation registriert, das nach Annahme der entsprechenden Regierungsverordnung in die „Russische Agentur für internationale Zusammenarbeit und Entwicklung" umgebildet wurde. Als Rechtsnachfolger des Komitees ist die Agentur verpflichtet, das „Staatliche Register der Unternehmen mit ausländischen Investitionen der Russischen Föderation" zu führen, in das alle derartigen Unternehmen, unabhängig davon, von wem und wann sie registriert wurden, aufgenommen werden.
Bei der Registrierung sind zusätzlich zu den im Unternehmensgesetz (Art. 34 Abs. 3 UG) bzw. in der Aktiengesellschaftsordnung (Ziff. 25 AGO) festgelegten Dokumenten eine Reihe weiterer Unterlagen beizubringen, die differenziert für die einzelnen Arten von Unternehmen mit ausländischen Investitionen ausgewiesen sind (vgl. Art. 16 AIG). Die für den ausländischen Investor wichtigsten sind der Handelsregisterauszug und ein Zahlungsfähigkeitszeugnis.
Für die Vorbereitung der Dokumente und die Durchführung des Registrierungsverfahrens empfiehlt es sich, eine kompetente Beratungsfirma am Sitz der Registerbehörde einzuschalten.

1.

Vergünstigungen

42 Den Unternehmen mit ausländischen Investitionen werden eine Reihe wirtschaftlicher Vergünstigungen eingeräumt. Dazu gehören:
- die zoll- und importsteuerfreie Einfuhr von Vermögenswerten, die als Einlage des ausländischen Investors in das Grundkapital oder für die eigene Produktion des Unternehmens bestimmt sind (Art. 24 Abs. 1 AIG);
- die zollfreie Einfuhr von Vermögenswerten für den Eigenbedarf der ausländischen Mitarbeiter des Unternehmens (Art. 24 Abs. 2 AIG).

Darüber hinaus genießen Unternehmen, die sich *vollständig oder zu mehr als 30 %* im **ausländischen Besitz** befinden, folgende Vergünstigungen:
- lizenzfreier Export von Erzeugnissen der eigenen Produktion;
- freie Verfügung über den dabei erzielten Devisenerlös in voller Höhe (Art. 25 AIG).

Wenn der ausländische Investor seinen Anteil am Grundkapital des Unternehmens in Rubeln eingebracht hat, wird dieses nur dann als Unternehmen mit ausländischen Investitionen anerkannt, auf das sich die in Art. 25 AIG vorgesehenen Vergünstigungen erstrecken, wenn sein Anteil 50 % des Grundkapitals übersteigt (Art. 35 Abs. 4 AIG).

Die gesetzlich garantierte *freie Verfügung über den Devisenerlös* wurde durch Erlaß des Präsidenten Nr. 629 vom 14. 6. 1992 (vgl. VSND RSFSR, Nr. 25/1992, Pos. 1425) erheblich eingeschränkt: **Alle Unternehmen des Landes, einschließlich derjenigen mit ausländischen Investitionen, sind verpflichtet, 50 % des Deviseneröses vom Export der Erzeugnisse (Werk- und Dienstleistungen) auf dem Devisenbinnenmarkt zu verkaufen. Ein** von der Russischen Zentralbank **festzulegender Anteil** ist dabei **an die Devisenreserve** dieser Bank **zu dem von ihr festgelegten Kurs** zu verkaufen, und nur der verbleibende Rest darf auf dem freien Devisenmarkt zum Marktkurs verkauft werden. **Von dem obligatorischen Verkauf an die Devisenreserve sind Unternehmen mit ausländischen Investitionen teilweise befreit, wenn der Anteil ausländischer Investitionen am Grundkapital 30 % übersteigt** (vgl. 11.2; Gruppe 11, Rdn. 22).Steuervergünstigungen können Unternehmen erhalten, die sich in Schwerpunktbereichen der Volkswirtschaft oder in Vorzugsregionen niederlassen (Art. 28 AIG).

Noch weitergehende Vorzüge erhalten Unternehmen mit ausländischen Investitionen in Wirtschaftsfreizonen (vgl. Gruppe 9).

2. Eigentumsrecht

von Prof. Michail Braginski, Doktor der Rechtswissenschaften

Allgemeines Eigentumsrecht	45
Inhalt des Eigentumsrechts	45
Einschränkungen des Eigentumsrechts	46
Eigentumsgarantien	46
Pflichten des Eigentümers	46
Gemeinschaftliches Eigentum	47
Erwerb des Eigentums, Gefahrübergang	47
Eigentumsschutz	48
Eigentumsformen	49
Staatseigentum	49
Aufteilung des Staatseigentums	50
Verwaltung des Staatseigentums	51
Staatliche und kommunale Unternehmen	53
Privateigentum	54
Eigentum mit ausländischem Element	54

2.

Die Eigentumsverhältnisse in der Russischen Föderation werden hauptsächlich durch das **Gesetz vom 24. 12. 1990 über das Eigentum (Eigentumsgesetz – EG;** vgl. 2.2) geregelt. Daneben finden die eigentumsrechtlichen Bestimmungen der Grundlagen der Zivilgesetzgebung der UdSSR und der Republiken vom 31. 5. 1991 (Zivilrechtsgrundlagen – ZRG; vgl. 6.1) sowie des Zivilgesetzbuchs der RSFSR vom 11. 6. 1964 – ZGB (vgl. 6.2) Anwendung, soweit sie nicht der Verfassung der Russischen Föderation und den nach der Souveränitätserklärung Rußlands vom 12. 6. 1990 erlassenen Gesetzgebungsakten widersprechen (vgl. die Anmerkungen zu den ZRG und dem ZGB). Das bedeutet praktisch, daß von den beiden zivilrechtlichen Gesetzen nur noch die Bestimmungen über das gemeinschaftliche Eigentum sowie den Erwerb, das Erlöschen und den Schutz der Eigentumsrechte geltendes Recht sind. Alle Regelungen über die zugelassenen Eigentumsformen, die besondere Stellung des Staatseigentums, die Einschränkung einzelner Eigentumsformen (hauptsächlich des Privateigentums) an einzelnen Eigentumsobjekten (insbesondere an sog. Produktionsmitteln) und das Verbot der Zwangsvollstreckung in entsprechende Vermögensobjekte sind außer Kraft getreten.

Allgemeines Eigentumsrecht

Inhalt des Eigentumsrechts

Im Eigentumsgesetz wird festgelegt, daß der *Eigentümer* „nach eigenem Ermessen" das ihm gehörende Vermögen besitzen, nutzen und darüber verfügen darf (Art. 2 Ziff. 2 EG), nicht mehr nur in dem vom „Gesetz festgelegten Rahmen", wie es Art. 92 ZGB vorsah. Das ist ein bedeutender Schritt vorwärts in Richtung freier Wahrnehmung der Eigentumsrechte durch den Eigentümer. 1
Die praktische Bedeutung dieser Entwicklung – auch für den **Ausländer** – besteht darin, daß der Eigentümer nicht – wie früher – nur das darf, was ihm das Gesetz ausdrücklich gestattet, sondern alles, was das Gesetz nicht ausdrücklich verbietet. So kann er alle Vermögenswerte erwerben und veräußern, soweit sie nicht ausdrücklich unter ein gesetzliches Verbot fallen oder einem staatlichen Monopol vorbehalten sind.
Das Eigentumsgesetz bestimmt weiterhin, daß Beschränkungen oder Vergünstigungen bei der Realisierung des Eigentumsrechts in Abhängigkeit von der Eigentumsform unzulässig sind (Art. 2 Ziff. 3 EG). Dieser Grundsatz hat eine außerordentliche Bedeutung für die Entwicklung der Marktwirtschaft, denn er schafft die erforderlichen rechtlichen Voraussetzungen für den Wettbewerb zwischen verschiedenen Eigentumsformen. Der Staat kann ein staatliches Monopol nur für einen bestimmten Tätigkeitsbereich einführen bzw. in Ausnahmefällen andere Beschränkungen aus Gründen der staatlichen Sicherheit, der Landesverteidigung oder des Gesundheitsschutzes der Bevölkerung festlegen.

2.

Einschränkungen des Eigentumsrechts

2 Im Unterschied zum Zivilgesetzbuch, das die Objekte des Eigentumsrechts getrennt für den Bürger sowie die kooperativen und anderen gesellschaftlichen Organisationen festlegte (nur der Staat durfte beliebige Vermögensobjekte als Eigentum besitzen), haben nach dem Eigentumsgesetz nunmehr alle Teilnehmer am Zivilrechtsverkehr grundsätzlich die gleichen Möglichkeiten, Vermögen auf der Grundlage des Eigentumsrechts zu besitzen. Ausnahmen betreffen solche Vermögensobjekte, die sich ausschließlich im Eigentum des Staates befinden dürfen. So verfügt ausschließlich der Staat über Gewässer, Wälder und Bodenschätze sowie eine Reihe anderer Objekte. Außerdem können einige Objekte nur mit einer besonderen Genehmigung als Eigentum erworben werden (dazu gehören z. B. Waffen, Flugapparate, Gifte, Explosivstoffe). Die Nichterteilung einer solchen Genehmigung kann verwaltungsrechtlich angefochten werden.

Eigentumsgarantien

3 Der Staat garantiert dem Eigentümer u. a. die Stabilität der Eigentumsverhältnisse (Art. 2 Ziff. 1 EG), den gesetzlichen Schutz des Eigentumsrechts am Vermögen, unabhängig davon, ob es sich auf dem Territorium der Russischen Föderation oder außerhalb ihrer Grenzen befindet (Art. 2 Ziff. 5 EG), das Recht auf die Ergebnisse der Nutzung des Eigentums, einschließlich der hergestellten Erzeugnisse, auf die Früchte und anderen Erträge (Art. 2 Ziff. 6 EG).
4 Eine generelle staatliche *Enteignung* wird mit dem Eigentumsgesetz ausdrücklich ausgeschlossen; gegen den Willen des Eigentümers kann das Eigentumsrecht nicht erlöschen. Eine Ausnahme bilden die gerichtlich angeordnete Zwangsvollstreckung und die durch Gesetz geregelte Konfiskation in Fällen, in denen Privateigentum durch Gesetz für unzulässig erklärt wird (Art. 7 Ziff. 4 EG).

Pflichten des Eigentümers

5 Der Eigentümer hat die Pflicht, die Rechte und die gesetzlich geschützten Interessen Dritter nicht zu verletzen (das schließt das Verbot von Schikane ein). Bei der Realisierung der ihm zustehenden Rechte hat der Eigentümer vorbeugende Maßnahmen zu ergreifen, um Schaden von der Gesundheit der Bürger und der Umwelt abzuwenden. Für Verstöße ist Schadenersatz vorgesehen, darunter auch in Fällen der Gesundheitsschädigung bzw. des Todes des Geschädigten (vgl. Art. 126–133 ZRG und Art. 444, 454, 459–469 ZGB).
Die Schadenersatzpflicht entsteht im allgemeinen nur dann, wenn ein Verschulden des Schädigers vorliegt. Eine Ausnahme bilden solche Fälle, in denen der Schaden durch sogenannte Quellen erhöhter Gefahr verursacht wurde, u. a. durch Kraftfahrzeughalter, Verkehrsbetriebe, Industriebetriebe, Baustellen. In diesen Fällen haftet der Schädiger (Besitzer) unabhängig von seiner Schuld. Der Besitzer einer Quelle erhöhter Gefahr haftet für den Schaden nur dann nicht, wenn er nachweisen kann, daß der Schaden durch Vorsatz des Geschädigten oder höhere Gewalt entstanden ist.

2.

Der Umfang der Haftung ist bestimmt in den ZRG und im ZGB sowie in den Regeln vom 24. 12. 1992 über die Schadenersatzpflicht der Arbeitgeber gegenüber Beschäftigten im Fall einer Körperverletzung, Berufserkrankung oder sonstiger Gesundheitsschädigung im Zusammenhang mit der Erfüllung ihrer Arbeitspflichten (VSND RF, Nr. 2/1993, Pos. 71).
Schadenersatz wird meistens in Höhe des durch die Gesundheitsschädigung entstandenen Lohnausfalls festgesetzt. Im Falle des Todes des Geschädigten wird den unterhaltsberechtigten Personen der Ersatz in Höhe jenes Anteils am Arbeitslohn des Getöteten geleistet, den dieser zu seinen Lebzeiten zu beanspruchen hatte.

Gemeinschaftliches Eigentum

Die gegenseitigen Rechte und Pflichten der Miteigentümer am gemeinschaftlichen Eigentum (Art. 46 ZRG; Art. 116–125 ZGB), d. h. am *Anteilseigentum* (mit Festlegung des Anteils eines jeden von ihnen) bzw. *gemeinsamen Eigentum* (d. h. am Gesamthandseigentum – ohne Festlegung von Anteilen), sind bei Veräußerung eines Anteils durch einen Miteigentümer an einen Dritten so geregelt, daß die übrigen Miteigentümer das Vorkaufsrecht an diesem Anteil zu demselben Preis haben, zu dem er verkauft werden sollte (Art. 120 Abs. 1 ZGB). 6
Hat ein Miteigentümer seinen Anteil an einen Dritten verkauft, ohne die übrigen Miteigentümer darüber informiert zu haben, so kann jeder der Miteigentümer in einem gerichtlichen Verfahren verlangen, daß ihm die Rechte und Pflichten des Käufers übertragen werden (Art. 120 Abs. 4 ZGB).
Gemeinschaftliches Eigentum kann mit einem Vertrag über das Zusammenwirken zur Erreichung eines gemeinsamen wirtschaftlichen Ziels begründet werden (Art. 122 ZRG; Art. 434–438 ZGB). Diese Vertragsbeziehungen ähneln denen einer deutschen Gesellschaft bürgerlichen Rechts (§§ 705ff. BGB). Das mit dem Vertrag über die gemeinsame Tätigkeit geschaffene Gebilde ist keine juristische Person. Diese Form der Zusammenarbeit wird u. a. für **gemeinsame Investitionen ausländischer und russischer Unternehmer** genutzt, ohne ein gemeinsames Unternehmen in Form einer juristischen Person zu bilden (vgl. Gruppe 9, Rdn. 9).

Erwerb des Eigentums, Gefahrübergang

Das Eigentumsrecht des Erwerbers entsteht zum Zeitpunkt der Übergabe der Sache an ihn. Gleichzeitig geht die Gefahr des zufälligen Untergangs auf den Erwerber über. Als Übergabe gilt die Einhändigung des Vermögens an den Erwerber oder die Aufgabe an eine Transportorganisation oder die Post zur Versendung an den Erwerber. Die Aushändigung von Dispositionspapieren (eines Konnossements oder anderen Traditionspapiers) ist der Übergabe des Vermögens gleichgestellt. 7
Abweichungen hiervon können in einem speziellen Rechtsakt vorgesehen sein. Die Allgemeinen Bedingungen für die *Import- und Exportbeziehungen* vom 25. 7. 1988 (vgl. Ėkonomičeskaja gazeta, Nr. 40/1988, S. 19–20) legen z. B.

2.

fest, daß beim Abschluß von Warenlieferverträgen für den Export mit Außenhandelsorganisationen als Übergabe gilt:
- bei Verladung mit Eisenbahnfrachtbrief – der Zeitpunkt der Übernahme der Ware von der Eisenbahn der Russischen Föderation durch eine ausländische Eisenbahn;
- bei der Verladung in Häfen der Russischen Föderation ohne Verschiffung – der Zeitpunkt der Übernahme der Ware von der Transportorganisation durch den Hafen; mit Verschiffung – der Zeitpunkt der Übernahme der Ware an Bord;
- bei der Versendung per Post – der Zeitpunkt der Übernahme der Ware durch das Postamt;
- bei der Beförderung als Luftfracht direkt an die Adresse des ausländischen Käufers – der Zeitpunkt der Übernahme der Ware durch das Luftverkehrsunternehmen;
- bei der Beförderung per Lkw – der Zeitpunkt des Passierens der Staatsgrenze der Russischen Föderation.

Somit gilt die Ware im Falle eines gewöhnlichen Liefervertrags (Kaufvertrags) immer ab dem Zeitpunkt ihrer Übergabe an den Beförderer als übergeben. Dementsprechend ist der Erwerber der Ware bereits während der Beförderung ihr Eigentümer und trägt das Risiko des zufälligen Untergangs beim Transport. Im Unterschied dazu ist bei den Warenlieferungsverträgen für den Export, die mit einer Außenhandelsorganisation abgeschlossen wurden, der Absender (Verkäufer) während des Transports der Ware auf dem Territorium der Russischen Föderation noch ihr Eigentümer; er trägt demzufolge die Verantwortung für die Folgen des zufälligen Untergangs der Ware beim Transport. Unter diesen Bedingungen sind die speziellen Normen für den Export für den Verkäufer ungünstiger als die allgemeinen Normen des Zivilgesetzbuches. Das stimuliert die Unternehmen dazu, den Vertrag unmittelbar mit dem **ausländischen Partner** ohne Vermittlung einer russischen Außenhandelsorganisation abzuschließen.

Eigentumsschutz

8 Alle Arten von Eigentumsrechten werden unabhängig davon, ob der Staat, eine russische oder **ausländische juristische oder natürliche Person** als Träger des entsprechenden Rechts auftritt, in ein und derselben Form geschützt. Dazu gehören:
- *Klage des Eigentümers auf die Herausgabe seines Vermögens aus Fremdbesitz*
Der Eigentümer darf die Rückgabe des Vermögens aus Fremdbesitz von einem gutgläubigen Erwerber allerdings nur dann verlangen, wenn er den Besitz daran gegen seinen Willen verloren hat, d. h., wenn die Sache gestohlen wurde oder verlorengegangen ist;
- *Unterlassungsklage, d. h. die Klage auf Beseitigung jeglicher Störungen der Rechte des Eigentümers*
Grund einer Unterlassungsklage ist gewöhnlich, daß der Eigentümer an der Nutzung seines Eigentums gehindert wird. Eine Unterlassungsklage kann neben dem Eigentümer auch der rechtmäßige Besitzer (z. B. das Unternehmen mit voller Wirtschaftsführung oder der Pächter) erheben;

- Schadenersatzklage bei Schäden, die durch Handlungen von Staats- und Verwaltungsorganen verursacht wurden
Hierbei sind drei Situationen möglich:
Erstens, der Schaden ist dadurch entstanden, daß ein entsprechendes Organ einen Normativakt erlassen hat, der das Eigentumsrecht aufhebt (z. B. die Annahme eines Gesetzes über die Verstaatlichung aller Betriebe, die sich mit einer bestimmten Art von Tätigkeit befassen). In diesem Fall muß der zugefügte Schaden dem Eigentümer aus den Mitteln des Organs ersetzt werden, das das entsprechende Gesetz oder den entsprechenden Normativakt erlassen hat.
Zweitens, der Schaden (Vermögensentzug) entsteht durch Verwaltungsakt, z. B. Entzug eines Grundstücks, auf dem sich ein Gebäude des Eigentümers befindet, für gesellschaftliche Zwecke. Der Entzug ist nur dann statthaft, wenn dem Eigentümer nach seiner Wahl entweder ein gleichwertiges Vermögen (in unserem Beispiel ein gleichwertiges Grundstück mit Errichtung eines neuen Gebäudes auf Kosten desjenigen, der das bislang ihm gehörende Grundstück übernimmt) übertragen oder Schadenersatz in Geld im vollen Umfang gewährt wird. Ist der Eigentümer mit dem Verwaltungsakt nicht einverstanden, darf ihm das Vermögen nur auf Gerichtsbeschluß entzogen werden.
Drittens, der Schaden ist dem Eigentümer durch strafbare Handlungen einer anderen Person (Diebstahl oder vorsätzliche Beschädigung seines Vermögens, z. B. durch Brandstiftung) zugefügt worden. In diesem Fall hat der Eigentümer das Recht, Schadenersatz entweder vom Rechtsverletzer selbst oder vom Staat zu fordern. Schadenersatzklagen dieser Art werden hauptsächlich im Zusammenhang mit dem Diebstahl von Pkw erhoben. Dabei kann der Staat verpflichtet werden, dem Geschädigten ein neues Kraftfahrzeug zur Verfügung zu stellen;
- *Klage auf Aufhebung eines Aktes eines zentralen oder örtlichen Staatsorgans, der die Eigentumsrechte verletzt*
Gleichzeitig mit der Aufhebung der Gültigkeit eines solchen Aktes entscheidet das Gericht auf Antrag des Eigentümers über den Schadenersatz, der sowohl den Vermögensschaden als auch den entgangenen Gewinn einschließt.

Eigentumsformen

Das Eigentumsgesetz erkennt als Eigentumsformen das Privateigentum, das Eigentum von kooperativen und anderen gesellschaftlichen Organisationen, das staatliche und kommunale Eigentum sowie das Eigentum von **gemeinsamen Unternehmen, ausländischen Bürgern, Organisationen und Staaten** an (vgl. Art. 2 Ziff. 3 und Art. 26 ff. EG).

Staatseigentum

Das Staatseigentum bleibt trotz der begonnenen Privatisierung (vgl. Gruppe 4) auf absehbare Zeit noch die wichtigste Eigentumsform. Nach der Auflösung der UdSSR wurden ihre ehemaligen Republiken, darunter auch die Russische Föde-

2.

ration und deren ehemalige autonome Republiken, die heute als selbständige souveräne Republiken zur Russischen Föderation gehören, sowie die autonomen Gebiete und autonomen Bezirke, die Regionen und Gebiete sowie die Städte Moskau und St. Petersburg zu selbständigen Trägern des staatlichen Eigentums in bezug auf den entsprechenden Teil des früheren einheitlichen Fonds des Staatseigentums der UdSSR (vgl. Art. 1 und Art. 20 EG). Das Eigentum der Städte (außer Moskau und St. Petersburg) und der Rayons ist als kommunales Eigentum vom Staatseigentum getrennt.

Staatseigentum im engeren Sinne ist allerdings nur das Eigentum der Russischen Föderation und der ihr angehörenden Republiken. Sie allein besitzen gerichtliche Immunität hinsichtlich ihres Eigentums. Die anderen Subjekte des staatlichen Eigentums (die autonomen Gebiete und autonomen Bezirke, die Regionen und Gebiete sowie die beiden Städte Moskau und St. Petersburg) und die Subjekte des kommunalen Eigentums besitzen diese Immunität nicht. Sie nehmen am Zivilrechtsverkehr wie gewöhnliche juristische Personen teil. Somit bestehen keine Hindernisse für eine gerichtliche Entscheidung über Forderungen nicht nur russischer, sondern auch **ausländischer juristischer und natürlicher Personen** (darunter im Zusammenhang mit ihrer Investitionstätigkeit) an die zuletzt genannten territorial-administrativen Einheiten.

Aufteilung des Staatseigentums

11 Der gesamtstaatliche Vermögensfonds wird zwischen den obengenannten Subjekten – übrigens unter ziemlichen Schwierigkeiten – aufgeteilt. Die Grundsätze hierfür sind im Beschluß des Obersten Sowjets der Russischen Föderation vom 27. 12. 1991 über die Aufteilung des staatlichen Eigentums (vgl. 2.3) festgelegt. Nach diesem Beschluß ist das gesamte staatliche und kommunale Eigentum in drei Gruppen aufzuteilen:
Zur ersten Gruppe gehören die Objekte, die sich ausschließlich im *Föderationseigentum* befinden.
Die zweite Gruppe umfaßt die Objekte, die ebenfalls zum Föderationseigentum gehören, aber in das *Eigentum der Föderationsmitglieder* (-subjekte) übergeben werden können.
Zur dritten Gruppe gehören die Objekte, die ausschließlich *kommunales Eigentum* sind.
Die Objekte des staatlichen Eigentums, die zu keiner der drei genannten Gruppen gehören, werden als Eigentum der zur Russischen Föderation gehörenden Republiken, der autonomen und administrativ-territorialen Einheiten anerkannt. Dieses Vermögen gilt nur bis zum Zeitpunkt der Festlegung des entsprechenden Eigentümers als Föderationseigentum (Einzelheiten der mit der Aufteilung verbundenen Fragen sind in der „Ordnung über die Festlegung des objektmäßigen Bestandes des Föderationseigentums, des staatlichen und kommunalen Eigentums sowie über das Verfahren der Fixierung der Eigentumsrechte" enthalten – vgl. VSND RF, Nr. 13/1992, Pos. 697).
Die Verwaltung des Vermögens der nationalen und der administrativ-territorialen Einheiten wurde den Sowjets der Volksdeputierten und den Administrationen dieser Einheiten übertragen.
Nach dem Gesetz der Russischen Föderation vom 5. 3. 1992 über den Regions-

und Gebietssowjet der Volksdeputierten sowie die Regions- und Gebietsadministration (vgl. VSND RF, Nr. 13/1992, Pos. 663) hat der Regions- bzw. Gebietssowjet „alle Eigentümerbefugnisse in bezug auf die Objekte, die ihm im Ergebnis der Aufteilung des Staatseigentums übergeben oder von ihm gemäß den Gesetzen der Russischen Föderation erworben wurden" (Art. 12 Ziff. 1), während „die Regions- bzw. Gebietsadministration die Eigentumsobjekte der Region bzw. des Gebiets verwaltet und darüber verfügt" (Art. 13 Ziff. 1). Die Administration ist berechtigt, die im Eigentum der Region bzw. des Gebiets befindlichen Objekte zu veräußern, sie in den zeitweiligen oder ständigen Besitz und zur zeitweiligen oder ständigen Nutzung anderer zu übergeben sowie zu verpachten (Art. 13 Ziff. 2). Diese Objekte sind in einer vom Sowjet der Volksdeputierten der betreffenden Region bzw. des betreffenden Gebiets bestätigten Liste erfaßt.

Der größte Teil des Vermögens, das zum Eigentum der Russischen Föderation, der ihr angehörigen Republiken und der anderen nationalen und administrativterritorialen Einheiten gehört, wird auf die ihnen unterstellten staatlichen Unternehmen aufgeteilt, die das ihnen zugeteilte Vermögen unmittelbar verwalten; sie treten im Zivilrechtsverkehr im eigenen Namen auf.

Das den Unternehmen nicht übertragene Vermögen gehört der Russischen Föderation sowie den ihr angehörenden Republiken und ihren administrativ-territorialen Einheiten als *Fiskus*.

Die Föderation und ihre Mitglieder haften nicht für die Verbindlichkeiten der Unternehmen, obwohl sich deren Vermögen in ihrem Eigentum befindet. Ebenfalls haften die Unternehmen nicht für die Verbindlichkeiten der entsprechenden nationalen oder administrativ-territorialen Einheiten.

Verwaltung des Staatseigentums

Der Staat wie auch seine nationalen und administrativ-territorialen Einheiten traten bislang nur selten im eigenen Namen im Zivilrechtsverkehr auf, z. B. wenn der Staat bei der Emission von Staatsanleihen als Schuldner oder bei der Gewährung von Darlehen gegenüber **ausländischen Banken** als Bürge fungierte. Heute finden wir eine wesentlich veränderte Situation vor. Die nationalen und administrativ-territorialen Einheiten treten im Zuge der Privatisierung als Verkäufer des staatlichen Eigentums auf oder verpachten staatliche Unternehmen oder Teile davon an Arbeitskollektive. Das erforderte, spezielle Organe für die Verwaltung des staatlichen und kommunalen Eigentums zu bilden.

Als oberstes Organ wurde im Rahmen der Russischen Föderation das *Staatliche Komitee zur Verwaltung des Staatsvermögens* geschaffen (vgl. Statut des Staatlichen Komitees der RSFSR zur Verwaltung des Staatsvermögens, bestätigt durch Verordnung des Ministerrates der RSFSR Nr. 35 vom 21. 1. 1991; SPP RSFSR, Nr. 11/1991, Pos. 145). Es hat die Pflicht, die Vermögensrechte und -interessen der Russischen Föderation sowohl im Inland als auch im Ausland zu schützen. Es verfügt über das staatliche Vermögen, das zum Föderationseigentum gehört. In den zur Russischen Föderation gehörenden Republiken, den Regionen und Gebieten, den Städten Moskau und St. Petersburg sowie in den autonomen Bezirken wurden *Komitees* mit analogen Funktionen in bezug auf das sich im Eigentum der entsprechenden nationalen oder administra-

2.

tiv-territorialen Einheiten befindende Vermögen geschaffen. Sowohl das Staatliche Komitee als auch die genannten Komitees sind juristische Personen. Als Organ, das das Föderationseigentum, soweit es noch nicht aufgeteilt ist, in konkreten Rechtsverhältnissen vertritt, wurde der *Russische Fonds des Föderationsvermögens* mit örtlichen Niederlassungen gebildet (vgl. Statut des Russischen Fonds des Föderationsvermögens, bestätigt durch Beschluß des Obersten Sowjets der RSFSR vom 3. 7. 1991; VSND RSFSR, Nr. 27/1991, Pos. 929). Ihm werden vom Staatlichen Komitee zur Verwaltung des Staatsvermögens die Urkunden übergeben, die das Eigentum des Staates bestätigen, darunter auch an dem Vermögen, das der Privatisierung unterliegt. Dabei kann es sich um ganze Betriebe oder um Anteile am Grundkapital von Unternehmen handeln, einschließlich solcher mit **ausländischer Beteiligung**, die früher von den staatlichen Strukturen der ehemaligen UdSSR verwaltet wurden, sofern das entsprechende Eigentum bereits der Russischen Föderation übergeben wurde (vgl. Beschluß des Präsidiums des Obersten Sowjets der Russischen Föderation vom 30. 3. 1992 über die Rechtsnachfolge des Russischen Fonds des Föderationsvermögens in bezug auf den Teil des Eigentums der staatlichen Strukturen der ehemaligen UdSSR; VSND RF, Nr. 16/1992, Pos. 872). Daß dazu auch das Auslandseigentum der ehemaligen UdSSR gehört, wurde durch besonderen Präsidentenerlaß bestätigt (vgl. Erlaß des Präsidenten der Russischen Föderation Nr. 201 vom 8. 2. 1993 über das Staatseigentum der ehemaligen UdSSR im Ausland; SAPP RF, Nr. 7/1993, Pos. 560). Als Nachfolgestaat der UdSSR hat die Russische Föderation alle Rechte am sich im Ausland befindenden beweglichen und unbeweglichen Eigentum der ehemaligen UdSSR übernommen und erfüllt alle mit der Nutzung dieses Eigentums verbundenen Verpflichtungen. Fragen der Abgrenzung der Eigentumsrechte mit anderen Nachfolgestaaten der UdSSR werden mit diesen in Übereinstimmung mit dem multilateralen Abkommen vom 30. 12. 1991 „Über das Auslandseigentum der ehemaligen UdSSR" auf bilateraler Grundlage entschieden.

Der Russische Fonds des Föderationsvermögens ist juristische Person.
Die Regions- oder Gebietssowjets bzw. die Regions- oder Gebietsadministrationen sowie die Komitees zur Verwaltung des staatlichen oder kommunalen Vermögens bzw. die jeweiligen Fonds treten im Rahmen konkreter Geschäfte als Partner der ausländischen Investoren auf. Das trifft insbesondere auf die Pacht unbeweglichen Vermögens, einschließlich Grund und Boden, und auf den Erwerb verschiedener industrieller Vermögenswerte im Rahmen der Privatisierung zu. Dabei sollte unbedingt die konkrete Zuständigkeit der jeweiligen Organe geprüft werden, da es in diesen Fragen noch gewisse Unklarheiten gibt, insbesondere in bezug auf die Verfügung über Naturressourcen. Als Nachweis über das Eigentumsrecht gilt die vom Staatlichen Komitee bzw. Komitee ausgestellte und dem jeweiligen Vermögensfonds übergebene Urkunde (vgl. Gruppe 4, Rdn. 10).

2.

Staatliche und kommunale Unternehmen

Die Hauptteilnehmer am Zivilrechtsverkehr und demzufolge die wichtigsten Partner nicht nur für die russischen, sondern auch für die **ausländischen juristischen und natürlichen Personen** auf dem Territorium der Russischen Föderation bleiben zunächst die staatlichen und kommunalen Unternehmen. Ihnen werden vom Eigentümer – der Russischen Föderation, einem Föderationsmitglied oder einem kommunalen Organ – dingliche Rechte übertragen, damit sie ihre Tätigkeit normal ausüben können, und zwar das *Recht der vollen Wirtschaftsführung*. Dieses Recht entspricht den Rechtsbefugnissen eines Eigentümers.

Das Recht der vollen Wirtschaftsführung beruht auf dem Prinzip: „Alles ist erlaubt, was nicht verboten ist." Im Eigentumsgesetz ist deshalb festgelegt worden, daß das mit dem Recht der vollen Wirtschaftsführung ausgestattete Unternehmen in bezug auf das ihm übertragene Vermögen jede Handlung vornehmen darf, die nicht dem Gesetz widerspricht. Auf das Recht der vollen Wirtschaftsführung *finden* deshalb *die Regeln des Eigentumsrechts Anwendung*, soweit in der Gesetzgebung oder im Vertrag zwischen dem Eigentümer und dem Unternehmen nichts anderes vorgesehen ist. Der Eigentümer hat auch die Möglichkeit, erforderliche Einschränkungen der Rechtsbefugnisse des Unternehmens einseitig in dem von ihm zu bestätigenden Statut des Unternehmens zu fixieren.

Die generellen Rechte des Eigentümers in bezug auf sein dem Unternehmen zur vollen Wirtschaftsführung übertragenes Vermögen sind im Eigentumsgesetz festgelegt. Sie reduzieren sich neben der Kontrolle über die Tätigkeit des Unternehmens auf die Möglichkeit, über die Auflösung des Unternehmens zu entscheiden sowie Anspruch auf einen Teil des Gewinns aus der Nutzung des entsprechenden Vermögens zu erheben. Dabei muß die Höhe des Anteils am Gewinn zwischen dem Eigentümer und dem Unternehmen vereinbart sein. Streitigkeiten, die in dieser Frage zwischen ihnen entstehen, werden durch das Gericht (Arbitragegericht, Schiedsgericht) entschieden.

Die wichtigste Garantie sowohl für das Unternehmen selbst als auch für seine Partner ergibt sich daraus, daß das früher dem Staat als Eigentümer zustehende Recht aufgehoben wurde, zwischen den staatlichen Unternehmen Gebäude, Anlagen und andere Grundmittel umzuverteilen sowie Umlaufmittel einzuziehen, wenn sie nach Meinung des übergeordneten Organs für das Unternehmen überflüssig waren. Jetzt können die staatlichen und kommunalen Unternehmen über ihr gesamtes Vermögen frei verfügen. Sie sind vor jeglichen Eingriffen in das Vermögen, auch vor denen des Eigentümers, gesetzlich geschützt.

Darüber hinaus vollzieht sich künftig im Zusammenhang mit der Privatisierung (vgl. Gruppe 4, Rdn. 6 und 7) und der Umbildung der Staatsbetriebe in Aktiengesellschaften (vgl. Gruppe 1, Rdn. 4) eine grundlegende Transformation des Eigentumsrechts – das Eigentum des Staates wandelt sich in Eigentum der juristischen Personen.

2.

Privateigentum

14 Das Privateigentum ist eine für das russische Recht neuartige Eigentumsform. Erst mit der Änderung der Verfassung der Russischen Föderation im Dezember 1992 fand der Begriff des Privateigentums Eingang in die Grundgesetzgebung Rußlands (vgl. Gesetz der Russischen Föderation vom 9. 12. 1992 über die Änderung und Ergänzung der Verfassung (Grundgesetz) der Russischen Föderation – Rußlands, Ziffer 6, Neufassung Art. 10; VSND RF, Nr. 2/1993, Pos. 55). Bis heute gibt es aber noch keine Legaldefinition des Privateigentums. Das Eigentumsgesetz hat jedoch die Quellen und Objekte des Eigentumsrechts im privatrechtlichen Sinne neu bestimmt: Das Eigentum des Bürgers kann – im Unterschied zur früheren Rechtslage – nicht nur durch Einkünfte aus der Teilnahme an der Produktion, sondern auch aus „unternehmerischer Tätigkeit, eigener Wirtschaftstätigkeit und durch Bezüge aus Einlagen bei Kreditinstituten, aus Aktien und anderen Wertpapieren" gebildet und vermehrt werden (Art. 9 EG). In Übereinstimmung damit können Objekte des Eigentumsrechts des Bürgers neben denjenigen mit Konsumtionscharakter auch Grundstücke, Massenmedien, Unternehmen, Vermögenskomplexe im Bereich der Warenproduktion, der Dienstleistungen, des Handels und anderer unternehmerischer Tätigkeit, Gebäude, Anlagen, Ausrüstungen, Transportmittel und andere Produktionsmittel sein. Weder der Umfang noch der Wert des durch den Bürger erworbenen Eigentums dürfen eingeschränkt werden (Art. 10 Ziff. 2 EG).

Spezielle Normen des Eigentumsgesetzes befassen sich mit dem Eigentum des unternehmerisch tätigen Bürgers. Der Bürger kann Unternehmenstätigkeit sowohl ohne als auch mit Gründung einer juristischen Person ausüben (vgl. Gruppe 1, Rdn. 1). Der Bürger kann sein Eigentum dem Unternehmen mit dem Recht der vollen Wirtschaftsführung übergeben, das sich dann in keiner Weise von dem entsprechenden Recht der staatlichen Unternehmen unterscheidet. Er kann es aber auch in das Eigentum von Wirtschaftsgesellschaften und Genossenschaften, einschließlich Aktiengesellschaften und GmbH, sowie Unternehmenszusammenschlüssen übertragen. Diese werden nunmehr als Eigentümer anerkannt. Das gilt auch für **Unternehmen mit ausländischer Kapitalbeteiligung**, deren Vermögen vor Annahme des Eigentumsgesetzes nicht als deren Eigentum, sondern nur als gemeinschaftliches Eigentum ihrer Teilnehmer anerkannt wurde.

Eigentum mit ausländischem Element

15 **Das Eigentumsgesetz erkennt Eigentumsverhältnisse unter Beteiligung eines ausländischen Elements in vier verschiedenen Formen an:**
   – Eigentum von **gemeinsamen Unternehmen** unter Beteiligung russischer und ausländischer juristischer und natürlicher Personen. Ihnen wird wie russischen Unternehmen die Möglichkeit eingeräumt, Vermögen als Eigentum zu erwerben, das für die Ausübung der in den Gründungsdokumenten vorgesehenen Tätigkeit erforderlich ist;
   – Eigentum **ausländischer Bürger** und staatenloser Personen. Es ist dem Eigentum der Bürger der Russischen Föderation grundsätzlich gleichgestellt;

- Eigentum **ausländischer juristischer Personen**. Sie sind berechtigt, auf dem Territorium der Russischen Föderation Unternehmen, Gebäude, Anlagen und anderes Vermögen auf der Grundlage des Gesetzes über die Auslandsinvestitionen zu erwerben (vgl. Art. 35ff. AIG);
- Eigentum **ausländischer Staaten und internationaler Organisationen**. Sie sind berechtigt, auf dem Territorium der Russischen Föderation das Vermögen, das für die Realisierung von diplomatischen, konsularischen und anderen internationalen Beziehungen erforderlich ist, in Übereinstimmung mit internationalen Verträgen und der Gesetzgebung der Russischen Föderation als Eigentum zu besitzen.

Sowohl für gemeinsame Unternehmen als auch für ausländische Bürger gilt demzufolge das nationale Rechtsregime, während ausländische juristische Personen sowie ausländische Staaten und internationale Organisationen nur auf der Grundlage spezieller rechtlicher Regelungen Eigentum erwerben und Eigentumsrechte wahrnehmen können. Dieser Unterschied wird jedoch mehr und mehr nivelliert, insbesondere was die gemeinsamen Unternehmen einerseits und die Unternehmen, die sich vollständig im Besitz ausländischer Investoren befinden, andererseits betrifft.

Zu beachten ist, daß die Gesetzgebung der Russischen Föderation in speziellen Rechtsakten für **ausländische juristische und natürliche Personen** bestimmte **Ausnahmen vom nationalen Rechtsregime** festlegt. So können z. B. nur russische juristische und natürliche Personen Edelmetalle gewinnen und nutzen. Dasselbe gilt für die gewerbliche Seefischerei, soweit in einem internationalen Abkommen für juristische oder natürliche Personen des betreffenden Landes nichts anderes vorgesehen ist.

3. Bodenrecht

von Dr. jur. Elke Möller

Zweckgebundenes Grundstückseigentum und seine Subjekte 60
Staatliches Bodeneigentum 60
Grundstückseigentum von Bürgern 60
Grundstückseigentum juristischer Personen 63
Grundstückseigentum im Zusammenhang mit der Privatisierung 63
Kollektives Grundstückseigentum 64

Verfahren zur Begründung von Grundstückseigentum 64
Erwerb von Grundstücken für Bauernwirtschaften 65
Einrichtung und Erweiterung persönlicher Nebenwirtschaften, Grundstücke für Garten- und Gemüsebau und Viehzucht 66
Verfahren für den Erwerb von Grundstücken im Zuge der Privatisierung staatlicher und kommunaler Betriebe und von Grundstücken, die für Unternehmenstätigkeit bereitgestellt werden 66

Bodennutzung und Pacht 67

Bodengebühren 68

Pflichten der Bodeneigentümer, -besitzer, -nutzer und -pächter und Schutz ihrer Rechte 68

3.

Die Entwicklung auf dem Gebiet des Bodenrechts ist von dem Bestreben gekennzeichnet, marktwirtschaftliche Bedingungen für die Bodennutzung zu schaffen. Das seit 1917 existierende staatliche Bodeneigentumsmonopol wurde aufgehoben. Erstmals wurde der private Grundstückserwerb zugelassen. Der Staat behält sich Eingriffsrechte in bezug auf Pachtgebühren, Bodenpreise und Modalitäten von Grundstückserwerb und -nutzung vor. Ein freier Grundstücks- und Immobilienmarkt besteht zur Zeit noch nicht.
Als grundlegende Vorschriften im Bereich der Bodengesetzgebung gelten:
– **Bodengesetzbuch** (vgl. 3.1);
– **Gesetz über die Bodenreform** (**Bodenreformgesetz**; vgl. 3.2);
– **Gesetz über die Bauern- (Farm-) Wirtschaft** (**Bauernwirtschaftsgesetz**; vgl. 3.3);
– **Ordnung für den Verkauf von Grundstücken bei der Privatisierung** (**Grundstücksordnung**; vgl. 3.4);
– **Gesetz über die Bodengebühren** (vgl. 3.5).

Die Bodenreform soll eine Umverteilung von Bodenflächen zur Schaffung marktwirtschaftlicher Bedingungen gewährleisten, eine tiefgreifende Umgestaltung der Landwirtschaft ermöglichen und die Einbeziehung **ausländischer Investoren** fördern.
Eine Rückgabe von Grundstücken an frühere Eigentümer und ihre Erben ist ausdrücklich ausgeschlossen (Art. 4 Bodenreformgesetz; Art. 7 Bodengesetzbuch).
In der Russischen Föderation ist die Bodennutzung grundsätzlich entgeltlich. Gesetzlich geregelte und durch Beschlüsse der örtlichen Sowjets festgelegte Ausnahmen sind, ebenso wie beim Grundstückserwerb, möglich.
Im Zuge einer umfassenden Privatisierung werden in der Landwirtschaft Kolchosen und Sowchosen als bisher vorherrschende Wirtschaftsformen umgestaltet; privater Besitz und Eigentum werden eingeführt. Zur Gründung von Bauernwirtschaften und landwirtschaftlichen Nebenwirtschaften durch Mitglieder von Kolchosen und Beschäftigte von Sowchosen sind die betreffenden Belegschaften berechtigt, die von ihnen genutzten landwirtschaftlichen Flächen aufzuteilen. Dafür sind im Bauernwirtschaftsgesetz *zwei* Modelle vorgesehen:
Bei dem *ersten* Modell werden *Bodenaktien* ausgegeben, die vererbt werden können.
Das *zweite* Modell sieht vor, daß die Belegschaftsangehörigen Anteile an Bodenflächen erhalten, d. h., es wird ein personengebundenes Recht am Grundstück für die Zeit der Beschäftigung in der Kollektivwirtschaft eingeführt. Diese *Bodenanteile* werden bei der Gewinnverteilung berücksichtigt.
Bürokratische Hemmnisse, Verzögerungen bei der Grundstücksbewertung, fehlende Musterverträge und fortschreitende Inflation behindern die Privatisierung im Bereich der Landwirtschaft. Hinzu kommen materielle Probleme, wie die mangelnde Ausstattung der Bauernwirtschaften mit der erforderlichen Technik und die Bildung von Bauernwirtschaften mit ungenügender Grundstücksgröße. Von den verbesserten Bedingungen für **ausländische Investoren**, insbesondere hinsichtlich des Grundstückserwerbs im Zuge der Privatisierung, erhofft man sich eine Beschleunigung des Umgestaltungsprozesses in der Landwirtschaft.

3.
Zweckgebundenes Grundstückseigentum und seine Subjekte

2 Die gegenwärtig möglichen *Eigentums- und Nutzungsformen* in bezug auf den Boden sind:
 – Grundstückseigentum von Bürgern und juristischen Personen;
 – vererbbarer Besitz von Bürgern auf Lebenszeit;
 – Pacht durch Bürger und juristische Personen;
 – unbefristete und befristete Nutzung durch Bürger und juristische Personen.

Alle Eigentums- und Nutzungsformen sind dadurch gekennzeichnet, daß das Prinzip der Zweckgebundenheit der Nutzung der Bodenflächen mit Ausnahme gesetzlich geregelter Fälle einzuhalten ist, d. h., daß z. B. landwirtschaftliche Nutzflächen vorrangig für landwirtschaftliche Zwecke bereitzustellen sind.

Als Zahlungen für Grund und Boden (Bodengebühren) werden erhoben: Grundsteuer von Bodeneigentümern, -besitzern und -nutzern, Pachtgebühren, normative Bodenpreise.

Eigentum an Grund und Boden tritt in der Russischen Föderation nach der Verfassung i. d. F. vom 9. 12. 1992 (vgl. VSND RF, Nr. 2/1993, Pos. 55) in Form staatlichen, kommunalen, privaten und kollektiven Eigentums in Erscheinung. Die freie Verfügung über Privateigentum ist bisher jedoch nur in Ausnahmefällen möglich.

Staatliches Bodeneigentum

3 Nach der Verfassung der Russischen Föderation sind der Boden, sein Untergrund, die Gewässer und die Tier- und Pflanzenwelt Eigentum der Völker, die auf dem betreffenden Territorium leben (Art. 11). Mit der Aufhebung des staatlichen Bodenmonopols tritt staatliches Eigentum in Gestalt von Föderations- und Republikseigentum, Eigentum der autonomen Gebiete und Bezirke, der Regionen und Gebiete sowie der Städte Moskau und St. Petersburg auf. Über die staatlichen Bodenflächen verfügen die betreffenden Sowjets der Volksdeputierten. An den Bodenflächen können vererbbare Besitz-, Nutzungs- und Pachtrechte und in Einzelfällen Privateigentum begründet werden; eine generelle rechtliche Regelung steht jedoch noch aus.

Im Zuge der Umbildung bestehender staatlicher Landwirtschaftsbetriebe in landwirtschaftliche Aktiengesellschaften oder Genossenschaftsbetriebe können sich die betreffenden Belegschaften für kollektives Eigentum an bisher genutzten staatlichen Bodenflächen (gemeinsames oder Anteilseigentum) entscheiden.

Grundstückseigentum von Bürgern

4 Grundstückseigentum von Bürgern kann für folgende Zwecke begründet werden:
 – Einrichtung einer Bauernwirtschaft (Farmwirtschaft);
 – individueller Wohnhausbau und Einrichtung persönlicher Nebenwirtschaften;
 – Garten- und Gemüsebau;
 – Viehwirtschaft und andere landwirtschaftliche Zwecke;

– Unternehmenstätigkeit.
Dabei bleibt es den Bürgern überlassen, welche Form von Eigentums- bzw. Nutzungsrechten sie wählen wollen. Die bisherige Praxis zeigt, daß privates Grundstückseigentum überwiegend für Bauernwirtschaften begründet wird.
Die Bodenflächen werden von den zuständigen örtlichen Sowjets aus dem Bestand der Kolchosen bzw. Sowchosen oder der staatlichen Reserve bereitgestellt. Den Kolchosmitgliedern und Beschäftigten von Sowchosen werden Flächen dieser Betriebe zur Verfügung gestellt.
Die Bodenflächen werden z. T. unentgeltlich übergeben, d. h. praktisch werden sie an Bürger, die eine Bauernwirtschaft gründen, verschenkt. Für den Kauf können Privatisierungsschecks verwendet werden.
Die Bewerber für Grundstücke zur Führung einer Bauernwirtschaft müssen das 18. Lebensjahr erreicht haben und über Erfahrungen in der Landwirtschaft verfügen bzw. eine entsprechende Qualifikation nachweisen. Den in der betreffenden Ortschaft lebenden Bürgern wird ein vorrangiges Recht auf Übertragung eines Grundstücks eingeräumt (Art. 4 Bauernwirtschaftsgesetz). 1991 gründeten sich nach Erhebung des Russischen Zentralamts für Statistik 57 % der Bauernwirtschaften auf ein vererbbares Besitzrecht am Boden und 20 % auf Bodeneigentum.
Bodenflächen, die vor Inkrafttreten der Grundstücksordnung, d. h. vor dem 27. 12. 1991, Bürgern zu vererbbarem Besitz auf Lebenszeit übertragen wurden, können auf Wunsch des Besitzers in Eigentum umgewandelt werden. Sie können aber auch auf der Grundlage eines Vertrags mit der zuständigen Kreisverwaltung langfristig gepachtet werden.
Die durchschnittliche Anbaufläche pro Bauernwirtschaft beträgt gegenwärtig ca. 40 ha.
Bisher **können Ausländer für landwirtschaftliche Zwecke oder die Errichtung von Wohngebäuden kein Grundstückseigentum erwerben** (Art. 7 Bodengesetzbuch).
Die Bodeneigentümer erhalten über ihr Eigentumsrecht am Grundstück vom zuständigen Sowjet der Volksdeputierten staatliche Urkunden; dieser nimmt auch die Registrierung der Eigentums- und Nutzungsverhältnisse am Boden vor. Grundsätzlich darf die Bodennutzung erst nach Aushändigung der staatlichen Urkunden begonnen werden, Ausnahmen kann der örtliche Sowjet der Volksdeputierten für die landwirtschaftliche Bodennutzung genehmigen, wenn die Grundstücksgrenzen in natura festgelegt sind und eine Zeichnung des Grundstücks vorhanden ist.
Die Eigentumsrechte am Grundstück *enden* in folgenden Fällen: 5
– freiwillige Aufgabe des Grundstücks;
– Tod des Bodeneigentümers;
– Übertragung (Verkauf) an den örtlichen Sowjet;
– Aufkauf (darunter zwangsweiser Aufkauf, d. h. Requirierung) des Grundstücks für den staatlichen Bedarf;
– Entzug des Grundstücks bei:
  a) Nutzung, die nicht der Zweckbestimmung des Grundstücks entspricht;
  b) Nutzung des Grundstücks mit Methoden, die zu einer Senkung der Bodenfruchtbarkeit und Verschlechterung der ökologischen Situation führen;
  c) systematischer Nichtnutzung eines für die landwirtschaftliche Produktion

bereitgestellten Grundstücks innerhalb eines Jahres. Ausnahmen bilden durch Naturkatastrophen bedingte Fälle und Perioden des Einbaus von Meliorationseinrichtungen;
d) Nichtnutzung von in Art. 4 des Bodengesetzbuchs aufgeführten Bodenflächen, die für nichtlandwirtschaftliche Zwecke bereitgestellt wurden, innerhalb von zwei Jahren;
e) einer Verpfändung an die Bodenbank, wenn das Grundstück nicht ausgelöst wird.

Grundsätzlich ist ein freier Eigentumswechsel an Grundstücken und Gebäuden nach dem Bodengesetzbuch nicht möglich. Das Eigentumsrecht an Gebäuden und Anlagen geht zwar zusammen mit dem Eigentumsrecht am Grundstück über, jedoch in der Regel auf die Weise, daß der zuständige Sowjet einen Entzug (Aufkauf) des Grundstücks vornimmt und danach die entsprechenden Objekte an den neuen Eigentümer überträgt (Art. 37 Bodengesetzbuch). Je nach Zweckbestimmung und Größe wird das Grundstück in Übereinstimmung mit Art. 7 des Bodengesetzbuchs entgeltlich oder unentgeltlich übertragen.

Von dieser generellen Regelung sind Grundstücke, die für die persönliche Hauswirtschaft, den individuellen Hausbau, den Gartenbau oder für Erholungszwecke (Datschen) in Privateigentum der Bürger übertragen wurden, ausgenommen. Sie können von den Eigentümern auf der Grundlage des Gesetzes vom 23. 12. 1992 (vgl. 3.6) frei veräußert werden, ohne daß sie – wie sonst die Regel – zunächst in die Verfügung der örtlichen Sowjets zurückfallen. Der freie Verkauf unterliegt jedoch zwei wesentlichen Einschränkungen – er ist nur im Rahmen der örtlich festgelegten Grundstücksnormen gestattet, und er ist auf russische Staatsbürger begrenzt, d. h., **Ausländer sind von dem Grundstückserwerb auf der Grundlage des Gesetzes vom 23. 12. 1992 ausgeschlossen**.

6 Die *Vererbung* von Grundstücken weist in bezug auf Grundstücke von Bauernwirtschaften einige Besonderheiten auf:
Das Grundstück kann an eines der Mitglieder der Bauernwirtschaft bei Zustimmung der anderen Mitglieder vererbt werden. Falls keine entsprechende Person vorhanden ist, kann das Grundstück an einen sonstigen Erben des Vermögens des Verstorbenen vererbt werden, der beabsichtigt, eine Bauernwirtschaft zu führen, und die dafür erforderlichen Voraussetzungen erfüllt (vgl. Rdn. 4). Falls mehrere solche Erben vorhanden sind, trifft der zuständige Sowjet der Volksdeputierten auf der Grundlage einer von ihm veranstalteten Ausschreibung eine Auswahl, die gerichtlich angefochten werden kann. Falls keine Erben vorhanden sind, die die Bauernwirtschaft übernehmen, wird das Grundstück in dem Umfang vererbt, der für die Führung einer persönlichen Nebenwirtschaft, für die Bewirtschaftung eines Wohnhauses bzw. für Gartenbau und Viehzucht zulässig ist. Der verbleibende Teil des Grundstücks fällt an den betreffenden Sowjet, und der Erbe erhält den Wert dieses Grundstücksteils ausgezahlt.
Bei Verkauf oder Schenkung einer auf einem Eigentumsgrundstück befindlichen Bauernwirtschaft ist ebenfalls der zuständige Sowjet der Volksdeputierten zwischengeschaltet, der dem neuen Vorstand der Bauernwirtschaft das Eigentumsrecht am betreffenden Grundstück nach den allgemeingültigen Bedingungen des Bodengesetzbuchs (Art. 58) überträgt. Dieses Verfahren mit Beteiligung der örtlichen Sowjets soll für die nächsten zehn Jahre gelten; danach kann es der Kongreß der Volksdeputierten ändern (Art. 9 Bodenreformgesetz).

3.

Grundstückseigentum juristischer Personen

Im Bereich der Landwirtschaft können juristische Personen Eigentums-, Nutzungs- und Pachtrechte am Boden begründen, wobei die gesetzlichen Regelungen eine Differenzierung vornehmen: Bestimmte juristische Personen aus dem Bereich der Landwirtschaft (Kolchosen, landwirtschaftliche Genossenschaften und landwirtschaftliche Aktiengesellschaften) können Eigentumsrechte am Boden begründen, Sowchosen und anderen staatlichen Landwirtschaftsbetrieben, -organisationen und -einrichtungen wird Boden zur unbefristeten Nutzung übertragen, die darüber hinaus Bodenflächen pachten können. 7

Bei der Umbildung staatlicher Landwirtschaftsbetriebe in landwirtschaftliche Aktiengesellschaften oder genossenschaftliche Betriebe kann der Boden, wenn die Belegschaften eine entsprechende Entscheidung treffen, als gemeinschaftliches Eigentum übertragen werden.

Juristischen Personen im Bereich der Industrie, des Transport- und Nachrichtenwesens sowie in anderen nichtlandwirtschaftlichen Bereichen werden die erforderlichen Bodenflächen zur Nutzung oder Pacht auf der Grundlage entsprechender Verträge übertragen. Das gilt ebenso für gemeinsam mit **ausländischen Partnern** gebildete juristische Personen.

Grundstückseigentum im Zusammenhang mit der Privatisierung

Im Zusammenhang mit der Privatisierung können sowohl Bürger als auch juristische Personen – neben der Pacht – Eigentum an Grundstücken erwerben, die von den privatisierten Unternehmen genutzt werden (vgl. Grundstücksordnung Ziff. 3). 8

Zum Kauf berechtigt sind beliebige juristische und natürliche Personen, darunter **ausländische** und Staatenlose, die entsprechend dem Privatisierungsgesetz (Art. 9) als Käufer von Privatisierungsobjekten anerkannt werden. 9

Erlaubt ist der Grundstückserwerb in folgenden Fällen:
a) Privatisierung staatlicher und kommunaler Unternehmen;
b) Erweiterung und Ausbau privatisierter Unternehmen;
c) Gründung von Aktiengesellschaften im Ergebnis der Umbildung staatlicher und kommunaler Unternehmen;
d) wenn Bürgern und ihren Zusammenschlüssen Grundstücke für eine Unternehmenstätigkeit zur unbefristeten Nutzung oder zur Pacht bereitgestellt wurden.

Von der Privatisierung sind ausgenommen: öffentlich genutzte Bodenflächen in Ortschaften; Bodenflächen von Naturschutzgebieten, Naturdenkmalen, Nationalparks, Baumparks und botanischen Gärten; Bodenflächen mit Bedeutung für die Gesunderhaltung und von historisch-kultureller Bedeutung; Bodenflächen, die für die Führung von Landwirtschaftsbetrieben, die Nutzung und den Schutz der Erdkruste bereitgestellt wurden; Bodenflächen, die mit Gefahrstoffen und biogenetisch verseucht sind; Grundstücke, die für eine befristete Nutzung bereitgestellt wurden.

Die Regelung des Grundstückserwerbs im Zusammenhang mit der Privatisierung ist auch für bereits abgeschlossene Grundstücksgeschäfte von Bedeutung.

3.

Dem jeweils zuständigen Sowjet wurde die Befugnis übertragen, über die Rechtmäßigkeit des Verkaufs von Grundstücken bzw. der Übertragung von Nutzungsrechten an Grundstücken und der Einbringung von Grundstücken bzw. von Nutzungsrechten an Grundstücken als Anteile oder Einlagen am bzw. zum Grundkapital (Grundfonds) von Betrieben und ihren Zusammenschlüssen (Aktiengesellschaften, Gemeinschaftsunternehmen, Verbänden, Assoziationen u. dgl.) durch staatliche und kommunale Betriebe, Organisationen und Verwaltungsorgane zu entscheiden, wenn sie vor Inkrafttreten der Grundstücksordnung vom 14. 6. 1992 (vgl. 3.4) vorgenommen wurden.

Falls Eigentümer eines privatisierten Unternehmens nicht beabsichtigen, das dazugehörende Grundstück zu erwerben, können sie es mit dem Recht auf Eigentumserwerb pachten.

Für die Beteiligung an kommerziellen und Investitionsausschreibungen sowie Auktionen zum Verkauf privatisierter Unternehmen und für den Abschluß von Kaufverträgen in bezug auf solche Unternehmen ist Voraussetzung, daß der neue Eigentümer prinzipiell zum Grundstückserwerb berechtigt ist.

Für ausländische juristische und natürliche Personen gelten die gleichen Vorschriften wie für inländische.

Kollektives Grundstückseigentum

10 Das kollektive bzw. gemeinschaftliche Grundstückseigentum tritt als *gemeinsames (Gesamthands-) oder Anteilseigentum* in Erscheinung. Es wird auf Beschluß der Vollversammlung der betreffenden Belegschaften begründet. Ein bestimmter Teil der Bodenflächen wird dabei unentgeltlich übertragen, zusätzlich ist der Erwerb von Bodenflächen als kollektives Eigentum zugelassen.

Bei *gemeinsamem* Grundstückseigentum wird kein konkreter Bodenanteil des einzelnen festgelegt, lediglich beim Ausscheiden eines Beschäftigten des Landwirtschaftsbetriebs zur Führung einer eigenen Bauernwirtschaft wird für ihn ein Bodenanteil bestimmt und abgetrennt (Art. 8 Bodengesetzbuch). Bei Ausscheiden aus anderen Gründen kann er seinen Bodenanteil an den örtlichen Sowjet veräußern (Art. 10 Bodengesetzbuch).

Das *Anteilseigentum* an Grundstücken ist dadurch gekennzeichnet, daß für jeden Mitarbeiter des Landwirtschaftsbetriebs ein konkreter Bodenanteil bestimmt wird, dessen Fläche nicht den zulässigen Höchstumfang für Grundstücke überschreiten darf. Falls im Zuge der Umbildung von Landwirtschaftsbetrieben weitere Bodenflächen vorhanden sind, an denen kein Anteilseigentum begründet werden kann, bleibt staatliches Grundstückseigentum bestehen, während für den Betrieb daran ein unbefristetes Nutzungsrecht begründet wird.

Verfahren zur Begründung von Grundstückseigentum

11 Der Erwerb von Grundstücken für verschiedene Zwecke erfolgt grundsätzlich über die örtlichen Sowjets bzw. über von ihnen beauftragte Organe (Art. 23 Bodengesetzbuch).

Die Anträge auf Grundstücksbereitstellung müssen Nutzungszweck, Lage und

Umfang des Grundstücks ausweisen. Über den Antrag ist innerhalb von einem Monat zu entscheiden. Der Beschluß über den Antrag ist innerhalb von sieben Tagen zuzustellen. Gegen die Entscheidung des örtlichen Sowjets kann gerichtlich vorgegangen werden.
Für einzelne Nutzungsarten sind besondere Verfahrensregelungen festgelegt worden. Die Standorte von Industrieobjekten sind mit den zuständigen Sowjets unter breiter Beteiligung der Öffentlichkeit vorabzustimmen (Art. 28 Bodengesetzbuch). Je nach Zuständigkeit der Sowjets kann sich die Vorabstimmung über einen Zeitraum von ein bis sechs Monaten erstrecken. Über Anträge auf Bereitstellung von Grundstücken für nichtlandwirtschaftliche Zwecke entscheidet der örtliche Sowjet innerhalb von zwei Monaten (Art. 35 Bodengesetzbuch).
Vor Annahme einer Nutzungskonzeption, deren Realisierung schädliche Auswirkungen auf die natürliche Umwelt haben könnte, muß ein staatliches Umweltgutachten vorgelegt werden. Der Begutachtung unterliegen dabei plan- und projektvorbereitende Materialien und die Projektierungsunterlagen sowie ökologische Begründungen für Lizenzen und Zertifikate im Bereich der Nutzung von Naturressourcen (vgl. Art. 36 und 37 des Gesetzes über den Schutz der natürlichen Umwelt, VSND RF, Nr. 10/1992, Pos. 457).

Erwerb von Grundstücken für Bauernwirtschaften

Kolchosmitglieder und Beschäftigte von Sowchosen können mit ihrem Vermögens- und Bodenanteil ohne Zustimmung der Belegschaft oder Betriebsleitung aus der Wirtschaftseinheit ausscheiden. Sie stellen bei der Leitung des Kolchos bzw. der Direktion des Sowchos oder bei der innerbetrieblichen Kommission für Bodenprivatisierung und Reorganisation der Wirtschaft einen Antrag auf Ausscheiden aus der Wirtschaftseinheit und Zuteilung eines Boden- und Vermögensanteils. Die Zuweisung in natura erfolgt innerhalb eines Monats nach Antragstellung. Die entsprechenden Urkunden werden von der örtlichen Verwaltung ausgestellt.
Der Bodenanteil wird im Rahmen des festgelegten Höchstumfangs für Grundstücke kostenlos zugewiesen. Der Vermögensanteil kann gegen weitere Bodenanteile eingetauscht werden.
Zugezogene Personen beantragen die Grundstücksbereitstellung bei der örtlichen Verwaltung. Die Grundstücke werden im Wege der Ausschreibung vergeben.
Der Bürger, der beabsichtigt, eine Bauernwirtschaft einzurichten, kann noch vor seinem Ausscheiden aus der Wirtschaftseinheit Bodenanteile von anderen Beschäftigten oder Bürgern, die Eigentümer von Bodenanteilen und zu deren Verkauf berechtigt sind (das betrifft insbesondere Personen, die in Rente gehen oder Bodenanteile geerbt haben), bis zur maximal zulässigen Grundstücksgröße erwerben. Wenn in dem betreffenden Verwaltungsgebiet freie Bodenflächen vorhanden sind, können sie zur Erweiterung von Bauernwirtschaften bis zur maximal zulässigen Grundstücksgröße als Eigentum erworben bzw. als vererbbarer Besitz auf Lebenszeit oder zur unbefristeten Nutzung übernommen werden. Die Bauernwirtschaften können über die maximal zulässigen Grundstücksgrößen hinaus Bodenflächen pachten.

3.

Bodenflächen, die vor Inkrafttreten des Bodengesetzbuchs der RSFSR zu vererbbarem Besitz auf Lebenszeit übertragen wurden, können dem Besitzer als Eigentum übertragen werden, und zwar im Rahmen der maximal zulässigen Grundstücksgröße unentgeltlich und weitere Flächen zum normativen Bodenpreis mit der Möglichkeit, die Zahlungen zu stunden. Als Alternative können zusätzliche Bodenflächen auch gepachtet werden.

Einrichtung und Erweiterung persönlicher Nebenwirtschaften, Grundstücke für Garten- und Gemüsebau und Viehzucht

13 Die örtliche Verwaltung entscheidet in diesen Fällen auf Antrag über die Zuweisung von Bodenflächen. Bei gemeinschaftlichem Garten- und Gemüsebau müssen zuvor jeweils mindestens drei Personen eine Gemeinschaft (Genossenschaft) bilden, die dann die Grundstücksbereitstellung beantragt.
Die pro Familie zulässige Bodenfläche wird für jedes Verwaltungsgebiet unterschiedlich festgelegt. 1991 betrug die in Garten- und Gemüsebaugemeinschaften bewirtschaftete Fläche pro Familie durchschnittlich 630 Quadratmeter, die Fläche für individuelle Gemüsegärten durchschnittlich 900 Quadratmeter.

Verfahren für den Erwerb von Grundstücken im Zuge der Privatisierung staatlicher und kommunaler Betriebe und von Grundstücken, die für Unternehmenstätigkeit bereitgestellt werden

14 Zuständig für den Verkauf solcher Betriebsgrundstücke sind die von den örtlichen Sowjets eingesetzten Organe (z. B. Komitees für Vermögensverwaltung, Komitees für Bodenreform und Bodenressourcen), die entsprechende Ausschreibungen und Auktionen organisieren.
Anträge auf Teilnahme an einer kommerziellen oder Investitionsausschreibung oder Auktion zum Verkauf von Grundstücken werden innerhalb eines Monats nach Bekanntgabe der Liste der zu verkaufenden Grundstücke entgegengenommen. Die Bekanntgabe wird von dem örtlichen Sowjet vorgenommen, wobei der Nutzungszweck der Grundstücke, die Lage- und Grundstückspläne, ökologische und geologische Bedingungen, die technische Ausrüstung des Territoriums, die soziale und transporttechnische Infrastruktur, der normative Grundstückspreis und die Höhe der Grundsteuer angegeben werden.
Zu den Bedingungen einer kommerziellen oder Investitionsausschreibung können u. a. gehören: Einhaltung einer zweckgebundenen Grundstücksnutzung, ökologischer, architektonischer und planerischer Anforderungen; Durchführung von Rekultivierungs- und Sanierungsmaßnahmen.
Der Bewerber, dessen Angebot umfassend den Bedingungen und Kriterien der Ausschreibung entspricht, besitzt das Recht, das betreffende Grundstück zu erwerben. Wenn außer der zweckgebundenen Grundstücksnutzung keine weiteren Bedingungen gestellt werden, wird das Grundstück an den meistbietenden Bewerber verkauft. Eigentümer bereits privatisierter Betriebe können bei dem vom örtlichen Sowjet als Grundstücksverkäufer eingesetzten Organ den Kauf des betreffenden Betriebsgrundstücks beantragen.

3.

Das zuständige Organ hat innerhalb eines Monats mit dem Antragsteller einen Kaufvertrag abzuschließen. Innerhalb eines weiteren Monats sind die Dokumente auszuhändigen, die das Eigentumsrecht des Käufers am Grundstück belegen.
Alle Kaufverträge sind beim örtlichen Sowjet der Volksdeputierten zu registrieren. Eine Verweigerung der Annahme und Registrierung von Grundstückskaufverträgen ist nur dann zulässig, wenn es sich um Bodenflächen handelt, die nach dem Privatisierungsprogramm nicht der Privatisierung unterliegen. Bei der Erweiterung und Neuerrichtung von Objekten privatisierter Betriebe kann ebenfalls Grundstückseigentum erworben werden, und zwar aus dem Bestand der Bodenflächen, an denen keine Pacht- oder Nutzungsrechte bestehen. Zur Teilnahme an solchen Auktionen oder Ausschreibungen sind nur die Eigentümer der privatisierten Betriebe zugelassen. In diesen Fällen findet der im Privatisierungsplan des Betriebs enthaltene Grundstückspreis Anwendung bzw. bildet der normative Bodenpreis den Ausgangspreis.
Bürger und ihre Zusammenschlüsse, denen vor Inkrafttreten der Grundstücksordnung Grundstücke für eine Unternehmenstätigkeit bereitgestellt wurden, können diese nachträglich als Eigentum erwerben oder mit dem Recht zum späteren Eigentumserwerb pachten. Die Grundstücksordnung besitzt insofern rückwirkende Kraft. Die örtlichen Sowjets überprüfen auch rückwirkend den Verkauf von Grundstücken bzw. die Vergabe von Nutzungsrechten an Grundstücken, die von staatlichen und kommunalen Betrieben sowie Verwaltungsorganen vor Inkrafttreten der Grundstücksordnung als Anteile oder Einlagen am bzw. zum Grundkapital von Unternehmen und Gesellschaften eingebracht wurden.

Bodennutzung und Pacht

Neben der unbefristeten Nutzung von Grundstücken durch Kolchosen, landwirtschaftliche Genossenschaften und landwirtschaftliche Aktiengesellschaften, einschließlich Gemeinschaftsunternehmen, können Grundstücke kurzfristig (bis zu fünf Jahren) für das Weiden von Vieh, die Heumahd, den Gartenbau und staatlichen bzw. gesellschaftlichen Bedarf oder langfristig (bis zu 50 Jahren) gepachtet werden. Aus der Praxis sind Fälle bekannt, in denen Pachtverträge sogar auf 99 Jahre abgeschlossen wurden. Damit werden Bodennutzungsverhältnisse geschaffen, die dem deutschen Erbbaurecht nahekommen.
Als Grundstückspächter kommen auch **Ausländer**, Staatenlose, internationale Organisationen und **Unternehmen mit ausländischer Beteiligung** in Frage. Zuständig für den Abschluß der Pachtverträge sind die örtlichen Sowjets bzw. die Bodeneigentümer (mit den in Art. 13 Bodengesetzbuch geregelten Einschränkungen).
Die Pachtverträge sind beim zuständigen Sowjet zu registrieren. Bei Tod des Pächters vor Ablauf der Pachtzeit geht das Grundstückspachtrecht an den bzw. die Erben über (Art. 13 Bodengesetzbuch).
Für Moskau gibt es Tabellen der Mindestpachtgebühren, die je nach Gebiet (bei Unterteilung des Stadtgebiets in 40 Zonen) zwischen 14 500 und 115 500 Dollar pro Hektar und Jahr liegen. Diese Werte gelten gleichzeitig als Mindestgebote bei Auktionen zur Vergabe von Grundstücken. Bei landwirtschaftlichen Nutzflä-

3.

chen dürfen die Pachtgebühren nicht mehr als die Grundsteuer betragen, die durchschnittlich bei 50 Rubel pro Hektar und Jahr liegt (in Schwarzerdegebieten 100 Rubel).
Nutzungs- und Pachtrechte werden unter den gleichen Bedingungen wie Eigentums- und Besitzrechte beendet (Art. 39 Bodengesetzbuch). Ein Pachtvertrag kann auch in beiderseitigem Einverständnis der Parteien aufgehoben werden (Art. 41 Bodengesetzbuch).

Bodengebühren

16 Von Bodeneigentümern, -besitzern und -nutzern (mit Ausnahme von Pächtern) wird eine jährliche *Grundsteuer* erhoben. Die Grundsteuersätze werden vom Obersten Sowjet der Russischen Föderation und den Obersten Sowjets der ihr angehörenden Republiken nach Verwaltungsgebieten und in Abhängigkeit vom Nutzungszweck festgelegt (vgl. 3.5).
Bestimmte Personengruppen wie Behinderte und Kriegsteilnehmer sind von der Grundsteuer befreit. Personen, die erstmals eine Bauernwirtschaft einrichten, werden für fünf Jahre von der Bezahlung befreit. Für Bodenflächen, die für landwirtschaftliche Zwecke rekultiviert oder urbar gemacht werden, sind in den ersten zehn Jahren ebenfalls keine Grundsteuern zu entrichten. Für bestimmte Betriebe, insbesondere im Bereich der Konsumgüterproduktion, können auf örtlicher Ebene Steuervergünstigungen gewährt werden.

17 Der *normative Bodenpreis* stellt eine Kennziffer für den Wert von Grundstücken bestimmter Qualität und Lage dar, der die potentiellen Einnahmen im berechneten Rentabilitätszeitraum berücksichtigt. Er kommt insbesondere bei der Übertragung von Bodenflächen als Eigentum, der Bildung von gemeinschaftlichem Eigentum, der Vererbung, Schenkung, beim Kauf und Verkauf sowie bei der Belastung von Grundstücken mit Hypotheken und in ähnlichen Fällen zur Anwendung. Bei Ausschreibungen und Versteigerungen bildet er den Mindestpreis. Die übergeordneten und die Sowjets der mittleren Verwaltungsebene legen in ihrem Zuständigkeitsbereich die normativen Bodenpreise fest.

Pflichten der Bodeneigentümer, -besitzer, -nutzer und -pächter und Schutz ihrer Rechte

18 Mit Ausnahme von Fällen der Verletzung der Bodengesetzgebung ist eine Einmischung in die Bodennutzung seitens staatlicher und anderer Organe unzulässig. Einschränkungen der Bodennutzung dürfen ausschließlich auf gesetzlicher Grundlage, z. B. im Bereich des Natur- und Umweltschutzes, vorgenommen werden.
Für Bodeneigentümer, -besitzer, -nutzer und -pächter wird u. a. eigenständiges Wirtschaften, die Nutzung allgemein verbreiteter Bodenschätze und das Eigentumsrecht an Aussaat und Anpflanzungen gewährleistet. Im Rahmen der baurechtlichen und anderen einschlägigen Vorschriften und mit Zustimmung der zuständigen Organe können in Abhängigkeit von der Zweckbestimmung des Grundstücks Wohn-, Produktions- und Nebengebäude errichtet werden.

3.

Falls Eigentumsgrundstücke für den staatlichen oder gesellschaftlichen Bedarf entzogen werden, sind der Grundstückswert, entstandene Aufwendungen und Verluste, einschließlich des entgangenen Gewinns, zu ersetzen und Ersatzgrundstücke bereitzustellen. Grundstückseigentümer sind berechtigt, ihre Grundstücke an den Staat zu übertragen (zu verkaufen) und zu verpfänden.
Bei freiwilliger Aufgabe des Grundstücks haben Eigentümer, Besitzer, Nutzer und Pächter das Recht, den Ersatz der geleisteten Aufwendungen und entstandenen Verluste zu verlangen (Art. 39, 52 und 97 Bodengesetzbuch).
Eine grundsätzliche Pflicht aller Bodeneigentümer und Bodennutzer ist die effektive Bodennutzung in Übereinstimmung mit der Zweckbestimmung der Grundstücke und die Erhaltung der Bodenfruchtbarkeit. Gleichzeitig sind sie verpflichtet, naturverträgliche Produktionstechnologien anzuwenden und durch ihre Tätigkeit den Zustand der Umwelt im Territorium nicht zu verschlechtern.
Besonders wertvolle landwirtschaftliche Nutzflächen können einem besonderen Schutz unterstellt werden, indem ihr Entzug für nichtlandwirtschaftliche Zwecke für unzulässig erklärt wird.
Alle Bodeneigentümer und Bodennutzer sind zur Durchführung von Bodenschutzmaßnahmen verpflichtet (Art. 100, 101 und 103 Bodengesetzbuch); sie haben dem zuständigen Sowjet die gesetzlich vorgesehenen Daten über Zustand und Nutzung der Bodenflächen mitzuteilen. Für die Konzentration von Schadstoffen im Boden gilt ein System von Grenzwerten (Art. 102 Bodengesetzbuch).
Bodenstreitigkeiten werden von den Sowjets der Volksdeputierten und den Gerichten und Arbitragegerichten im Rahmen ihrer Zuständigkeit beigelegt. Die örtlichen Sowjets sind die erste Instanz.

4. Privatisierung

von Prof. Michail Braginski, Doktor der Rechtswissenschaften

Rechtsstellung des zu privatisierenden Vermögens	73
Staatliches Privatisierungsprogramm	74
Privatisierungsobjekte	75
Umwandlung staatlicher Unternehmen in Aktiengesellschaften	77
Vergünstigungen für die Mitglieder des Arbeitskollektivs	78
Weitere Formen der Privatisierung	79
Verträge über die Privatisierung	81
Privatisierungsschecks (Vouchers)	81
Teilnahme ausländischer Investoren an der Privatisierung	82
Ungültigkeit von Privatisierungsverträgen	83
Privatisierung von Wohnraum	83

Die Privatisierung umfaßt zwei *Hauptbereiche*: die Produktion und das Wohnen. 1
Im ersten Bereich soll die Privatisierung das absolute Monopol des Staates in Industrie und Landwirtschaft, Transportwesen und anderen Wirtschaftszweigen beseitigen und damit die Voraussetzungen für einen freien Wettbewerb der Teilnehmer am Wirtschaftsverkehr auf dem Markt sichern sowie bei den Arbeitnehmern das unmittelbare Interesse an den wirtschaftlichen Ergebnissen ihres Unternehmens wecken. **Ein wichtiges Ziel der Privatisierung in der Produktion besteht darin, ausländische Investoren ins Land zu holen.**
Die Privatisierung im Bereich des Wohnens soll dazu führen, daß diejenigen zu Eigentümern der im staatlichen oder kommunalen Eigentum befindlichen Häuser und Wohnungen werden, die darin wohnen.
Den Umfang dieser Aufgabe belegen folgende Zahlen:
Ende der 80er Jahre gehörten 89 % aller Grundfonds in der Produktion dem Staat. Diese Vermögensmasse verteilte sich auf mehr als 26 000 Industrieunternehmen, etwa 13 000 Sowchosen (Staatsgüter) und 3 000 andere landwirtschaftliche Betriebe.
1989 waren von den 4 540 Mio. m^2 des Wohnungsfonds der UdSSR nur 1 769 Mio. m^2 persönliches Eigentum (in den Städten nur 618 Mio. der insgesamt 2 272 Mio. m^2).
Rechtsgrundlagen der Privatisierung sind drei fast gleichzeitig erlassene Ge- 2
setze:
– das **Gesetz über die Privatisierung staatlicher und kommunaler Unternehmen in der RSFSR vom 3. 7. 1991 i. d. F. vom 5. 6. 1992 (Privatisierungsgesetz**; vgl. 4.1);
– das **Gesetz vom 3. 7. 1991 über die namentlichen Privatisierungskonten und -einlagen der Bürger der RSFSR vom 3. 7. 1991** (vgl. VSND RSFSR, Nr. 27/1991, Pos. 925);
– das **Gesetz vom 4. 7. 1991 über die Privatisierung des Wohnungsfonds in der RSFSR** (vgl. VSND RSFSR, Nr. 28/1991, Pos. 959).
Zu diesen drei Gesetzen wurden auf verschiedenen Ebenen weitere Rechtsakte erlassen. Besondere Bedeutung kommen dem **Erlaß des Präsidenten der Russischen Föderation Nr. 66 vom 29. 1. 1992 über die beschleunigte Privatisierung von staatlichen und kommunalen Unternehmen mit seinen sieben Anlagen** (vgl. 4.2), dem durch Beschluß des Obersten Sowjets der UdSSR vom 11. 6. 1992 bestätigten Staatlichen Programm zur Privatisierung von staatlichen und kommunalen Unternehmen in der Russischen Föderation für das Jahr 1992 (vgl. VSND RF, Nr. 28/1992, Pos. 1617) und dem Erlaß des Präsidenten Nr. 721 vom 1. 7. 1992 über die Umwandlung der staatlichen Betriebe in Aktiengesellschaften (vgl. VSND RF, Nr. 28/1992, Pos. 1657) zu.

Rechtsstellung des zu privatisierenden Vermögens

Die Russische Föderation, die ihr angehörenden Republiken, die autonomen Ge- 3
biete, die autonomen Bezirke, die Gebiete, Regionen, Städte und Rayons haben die Hauptmasse des staatlichen und kommunalen Eigentums Unternehmen zur vollen Wirtschaftsführung übertragen, während sie selbst Eigentümer bleiben. Daraus folgt, daß die mit der Privatisierung des staatlichen und kommunalen Ei-

4.

gentums verbundenen Verhältnisse zwischen dem Erwerber und dem Staat bzw. seinen nationalen oder administrativ-territorialen Gliederungen als Eigentümer entstehen. In deren Namen treten speziell zu diesem Zweck gebildete Organe auf, und zwar *das Staatliche Komitee der Russischen Föderation für die Verwaltung des Staatsvermögens der Russischen Föderation und der Russische Fonds des Föderationsvermögens*, die Komitees für Vermögensverwaltung der zur Russischen Föderation gehörenden Republiken und die Republikfonds sowie analoge Organe, die von den übrigen Rechtsträgern des staatlichen und kommunalen Eigentums gebildet werden.
Der Unterschied in den Aufgaben des Staatlichen Komitees bzw. der Komitees und der entsprechenden Fonds besteht darin, daß erstere die Durchführung der Privatisierung organisieren (vgl. Art. 4 und 5 Privatisierungsgesetz) und letztere diese unmittelbar durchführen (vgl. Art. 6 und 7 Privatisierungsgesetz).

Staatliches Privatisierungsprogramm

4 Die Privatisierung der Unternehmen erfolgt in Übereinstimmung mit einem vom Obersten Sowjet der Russischen Föderation zu bestätigenden Staatlichen Programm. Ursprünglich war vorgesehen, daß solche Programme den Zeitraum von drei Jahren umfassen sollen, jedoch wurde zunächst ein Jahresprogramm für 1992 angenommen (vgl. VSND RF, Nr. 28/1992, Pos. 1617).[1]
Die Grundlage des Programms bilden *fünf Listen*.
Die *erste* Liste umfaßt die Objekte und Unternehmen, deren *Privatisierung* im entsprechenden Jahr *verboten* ist. 1992 gehörten zu diesen Objekten die Bodenschätze, Wälder, Wasserressourcen, der Luftraum, Unternehmen und Objekte für die Sortierung von Edelsteinen, Objekte, Unternehmen und Einrichtungen der Gasindustrie und des Pipelinetransports, Fernseh- und Rundfunkübertragungszentren, Unternehmen zur Erzeugung von Narkotika und Giftstoffen, spaltbaren und radioaktiven Materialien, von Kernwaffen, kosmischen Flugkörpern, Unternehmen und Objekte, die die Wartung, den Start und die Begleitung kosmischer Flugkörper sichern.
Die Listen *zwei–vier* umfassen jene Unternehmen und Objekte, die *nur auf Beschluß der Regierung* der Russischen Föderation und der ihr angehörenden Republiken oder nur in Übereinstimmung mit den örtlichen Privatisierungsprogrammen oder nur auf Beschluß *des Staatlichen Komitees* der Russischen Föderation für die Verwaltung des Staatsvermögens privatisiert werden dürfen.
Die *fünfte* Liste umfaßt die Objekte und Unternehmen, deren *Privatisierung zwingend* ist. 1992 gehörten hierzu Objekte und Unternehmen des Groß- und Einzelhandels, der Gemeinschaftsverpflegung und des Dienstleistungsbereichs, des Bauwesens und der Baustoffindustrie, mit Verlust arbeitende Unternehmen aller Zweige, stillgelegte Objekte, unvollendete Investitionsobjekte u. a.[2]

1 Seine Gültigkeit wurde durch Beschluß des Präsidiums des Obersten Sowjets vom 25. 1. 1993 (vgl. VSND RF, Nr. 6/1993, Pos. 219) bis Ende Februar 1993 verlängert; ein Programm für 1993 wurde bisher nicht angenommen. Es kann davon ausgegangen werden, daß das Privatisierungsprogramm von 1992 weiter gilt (Anm. d. Hrsg.).
2 Da die Privatisierung in diesen Bereichen 1992 nicht abgeschlossen wurde (das Programm wurde nur zu 50–60 % erfüllt), behält das Privatisierungsgebot für diese Objekte offensichtlich weiterhin Gültigkeit (Anm. d. Hrsg.).

Den *Beschluß über die Privatisierung* eines konkreten Objekts fassen das Staatliche Komitee der Russischen Föderation für die Verwaltung des Staatsvermögens (in bezug auf Föderationseigentum), das Komitee für Vermögensverwaltung der jeweiligen, zur Russischen Föderation gehörenden Republik (in bezug auf Republikeigentum) bzw. das Komitee der jeweiligen administrativ-territorialen Einheit (in bezug auf das übrige staatliche Eigentum).
Grundlage für die Beschlußfassung ist ein an das Staatliche Komitee bzw. das Komitee gerichteter *Antrag*. Er kann entweder vom Arbeitskollektiv eines zu privatisierenden Unternehmens (ein solcher Antrag muß von mindestens der Hälfte der Mitglieder des Arbeitskollektivs unterstützt werden) oder von einer beliebigen juristischen oder natürlichen Person ausgehen, die das entsprechende Vermögen erwerben möchte. **Der Antrag auf Privatisierung kann auch von interessierten ausländischen juristischen oder natürlichen Personen gestellt werden**, sofern sie Käufer im Sinne des Privatisierungsgesetzes sind (vgl. Art. 13 i. V. m. Art. 9 Privatisierungsgesetz). Eine Verweigerung der Privatisierung ist nur in den direkt im Gesetz genannten Fällen möglich: der Antragsteller entspricht nicht den Anforderungen, die das Gesetz an den Käufer zu privatisierenden Vermögens stellt; das Unternehmen (Objekt) steht auf der Liste jener, deren Privatisierung verboten ist, oder es wurde bereits privatisiert. Die maximale *Bearbeitungsfrist* eines Antrags beträgt *einen Monat*. Wenn das Staatliche Komitee bzw. das Komitee den Antrag billigt, muß es eine spezielle Kommission bilden und mit der Privatisierung des entsprechenden Unternehmens beauftragen.
Die *Privatisierungskommission* stellt einen Plan auf, der vom Arbeitskollektiv bestätigt werden muß. Wenn es das Kollektiv ablehnt, den Privatisierungsplan zu bestätigen, muß die Kommission diesen überarbeiten. Erst wenn das Kollektiv zum zweitenmal abgelehnt hat, entscheidet das Staatliche Komitee bzw. das Komitee allein über die Bestätigung des Plans.
Unabhängig davon, ob es sich um staatliches oder kommunales Eigentum handelt, muß der Privatisierungsplan auch mit den örtlichen Staatsorganen abgestimmt werden.
Die Regierung der Russischen Föderation legt fest, welcher Teil des für das privatisierte staatliche und kommunale Eigentum erzielten Erlöses unter allen Bürgern der russischen Föderation aufzuteilen ist und wieviel jeder von ihnen zu erhalten hat.

Privatisierungsobjekte

Es werden vier Arten von Privatisierungsobjekten unterschieden (vgl. Art. 1 Privatisierungsgesetz):
a) ein Unternehmen als Ganzes;
b) ein Betriebsteil, Produktionsbereich, Produktionsabschnitt oder eine andere Struktureinheit eines Unternehmens;
c) einzelne Arten von Vermögen, das einem Unternehmen gehört, einschließlich Anlagen, Gebäuden, Ausrüstungen, Lizenzen, Patenten, Anteilen (Einlagen, Aktien) am Grundkapital von Aktien- und anderen Wirtschaftsgesellschaften, sowie andere materielle und immaterielle Aktiva von Unternehmen;
d) Anteile (Einlagen, Aktien) des Staates und der örtlichen Sowjets am Grundka-

4.

pital der zu privatisierenden Wirtschaftsgesellschaften, gemeinsame Unternehmen, kommerziellen Banken und Konzerne.
Zu a): Das Privatisierungsobjekt geht mit allen Aktiva und Passiva auf den Käufer über, darunter auch das Pachtrecht an dem Grundstück, auf dem sich das Unternehmen befindet. Der Käufer eines zu privatisierenden Unternehmens kann das genannte Grundstück aber auch als Eigentum erwerben, wenn er mit dem örtlichen Sowjet der Volksdeputierten einen Kaufvertrag über den Boden abschließt (vgl. Grundstücksordnung Ziff. 4; Gruppe 3, Rdn. 8 und 9). Ursprünglich war dieses Recht nur russischen natürlichen und juristischen Personen vorbehalten. Durch die Grundstücksordnung vom 14. 6. 1992 wurde jedoch **das Recht des Käufers des zu privatisierenden staatlichen oder kommunalen Unternehmens, das Grundstück nach seiner Wahl zu pachten oder als Eigentum zu erwerben, auch auf ausländische natürliche und juristische Personen ausgedehnt** (vgl. Grundstücksordnung Ziff. 3). Dem Käufer des zu privatisierenden Unternehmens wird darüber hinaus das Recht eingeräumt, den Abschluß eines Pachtvertrags über nicht zu Wohnzwecken genutzte Räumlichkeiten, Gebäude und Bauwerke zu verlangen, die das Unternehmen selbst vom Staat bzw. örtlichen Sowjet gepachtet hatte. Hierbei dürfen die Bedingungen des früheren Pachtvertrags nur mit Zustimmung des Käufers geändert werden. Der Käufer erhält die Möglichkeit, die gepachtete Immobilie ein Jahr nach dem Kauf des Unternehmens als Eigentum zu erwerben (weitere Einzelheiten vgl. Gruppe 3, Rdn. 14).
Das erworbene Unternehmen muß seinen Status als selbständige juristische Person beibehalten; seine Fusion oder Vereinigung mit einer anderen juristischen Person ist demzufolge nicht zulässig. Das privatisierte Unternehmen trägt die volle Verantwortung für die Schulden des früheren staatlichen bzw. kommunalen Unternehmens. Der Käufer eines solchen Unternehmens muß beachten, daß spätere Hinweise darauf, die Schulden des zu privatisierenden Unternehmens seien ihm zum Zeitpunkt des Kaufs nicht bekannt gewesen, vom Gericht (Arbitragegericht) nicht berücksichtigt werden.
Zu b): Die der Privatisierung unterliegende Struktureinheit eines Unternehmens wird zuvor in eine selbständige juristische Person umgewandelt. Dabei wird eine Übernahme-Übergabe-Bilanz erstellt, in der die Aktiva und Passiva, die die juristische Person ihrer ehemaligen Struktureinheit überträgt, bestimmt werden. Möglich ist aber auch, daß alle Struktureinheiten eines Unternehmens selbständig werden. In diesem Falle werden sie zum gleichen Zeitpunkt mit dem Ziel privatisiert, das Unternehmen aufzulösen.
Zu c): Bei der dritten Art geht der Privatisierung gewöhnlich die Liquidation des Unternehmens voraus. Privatisierungsobjekte sind in diesem Falle die nach der vollständigen Befriedigung der Forderungen der Gläubiger verbleibenden Gebäude und Anlagen. Die juristische oder natürliche Person, die dieses zu privatisierende Vermögen als ihr Eigentum erwirbt, ist für die Schulden des liquidierten staatlichen oder kommunalen Unternehmens, die nach der erfolgten Privatisierung festgestellt werden, nicht verantwortlich.
Zu d): Die vierte Art von Privatisierungsobjekten, die Aktien eines zu privatisierenden Unternehmens, tritt in der Praxis am häufigsten auf. In diesem Falle beginnt die Privatisierung damit, daß das Staatliche Komitee bzw. das Komitee im Namen des Eigentümers des Vermögens den Beschluß über die Bildung einer

Aktiengesellschaft offenen Typs faßt. Das Komitee fungiert als Einzelgründer. Zum Zeitpunkt der Registrierung der Aktiengesellschaft wird das Vermögen des Unternehmens, das sich im staatlichen bzw. kommunalen Eigentum befand, in *Eigentum der Aktiengesellschaft* umgewandelt, tritt das Unternehmen selbst aus der Unterstellung unter ein Ministerium (Behörde) heraus und wird autonom.[3]
Die Aktiengesellschaft ist Rechtsnachfolger des privatisierten Unternehmens, auf die alle die Rechte, die letzteres besessen hatte, übergehen, einschließlich der Pachtrechte über das Grundstück, andere Naturressourcen, Gebäude, Anlagen usw. Zusammen mit den Rechten gehen auch die Pflichten des privatisierten Unternehmens an die Aktiengesellschaft über.
Das Grundkapital der auf diese Weise gegründeten Aktiengesellschaft muß dem Wert des zum Zeitpunkt der Gründung der Gesellschaft bestimmten Vermögens des privatisierten Unternehmens gleich sein.

Umwandlung staatlicher Unternehmen in Aktiengesellschaften

Anfangs war beabsichtigt, die Umwandlung staatlicher und kommunaler Unternehmen in Aktiengesellschaften im Verlauf der Privatisierung selbst durchzuführen. Um den Privatisierungsprozeß zu vereinfachen, wurde jedoch durch den Präsidentenerlaß vom 1. 7. 1992 über die Umwandlung der staatlichen Betriebe in Aktiengesellschaften festgelegt, diese Umwandlung vorher vorzunehmen (vgl. VSND RF, Nr. 28/1992, Pos. 1657).
Alle staatlichen Unternehmen mit mehr als 1 000 Beschäftigten oder mit einem Bilanzwert der Grundfonds von mehr als 50 Mio. Rubeln sowie alle bestehenden Aktiengesellschaften geschlossenen Typs (GmbH), in denen mindestens 50 % des Stammkapitals staatliches Eigentum sind, werden auf der Grundlage des genannten Erlasses obligatorisch in offene Aktiengesellschaften umgewandelt.[4]
Auf Beschluß des Arbeitskollektivs und mit Zustimmung des Staatlichen Komitees bzw. des Komitees können darüber hinaus auch staatliche Unternehmen mit einem Bilanzwert von 10 bis 50 Mio. Rubeln und mit mehr als 200 Beschäftigten sowie Struktureinheiten von Unternehmen mit einem Bilanzwert der Grundfonds von mehr als 10 Mio. Rubeln bzw. mit mehr als 200 Beschäftigten in offene Aktiengesellschaften umgewandelt werden.
Gründer der Aktiengesellschaft ist in den genannten Fällen das Staatliche Komitee bzw. das Komitee. Die Aktien werden bis zur Privatisierung des Unternehmens natürlichen und juristischen Personen in „Treuhandverwaltung" übergeben.
Das Verfahren der Emission von Aktien des in eine Aktiengesellschaft umzuwandelnden Unternehmens ist durch die von der Regierung der Russischen Föderation am 4. 8. 1992 bestätigte Ordnung über die Registrierung der Aktienemission von Aktiengesellschaften offenen Typs, die im Prozeß der Privatisierung gegründet werden (vgl. Ėkonomika i žizn, Nr. 33/1992), festgelegt worden.

---

3 Von diesem im Privatisierungsgesetz vorgesehenen Regelfall wurde durch spätere Rechtsakte eine ganze Reihe von gravierenden Ausnahmen statuiert (vgl. Rdn. 7; Anm. d. Hrsg.).
4 Die obligatorische Umwandlung der Großbetriebe in Aktiengesellschaften sollte laut Präsidentenerlaß vom 1. 7. 1992 bis 1. 11. 1992 beendet werden. Nach vorliegenden Informationen wurde sie jedoch nur bei etwa der Hälfte der betreffenden Unternehmen abgeschlossen (Anm. d. Hrsg.).

4.

Die Umwandlung staatlicher Unternehmen in Aktiengesellschaften bedeutet nicht, das diese damit in jedem Fall sofort vollständig privatisiert werden. Auf der Grundlage eines speziellen Präsidentenerlasses über die Durchführung der Industriepolitik im Zusammenhang mit der Privatisierung (vgl. Erlaß Nr. 1392 vom 16. 11. 1992; VSND RF, Nr. 47/1992, Pos. 2722) wurden Maßnahmen getroffen, die den staatlichen Einfluß in Unternehmen wichtiger Wirtschaftszweige (Fernmeldewesen, Energiewirtschaft, Erdöl- und Erdgasindustrie u. a.) sichern sollen. Zu diesem Zweck verbleiben die *Aktienkontrollpakete* der betreffenden Unternehmen für die Dauer von zunächst drei Jahren in Föderationseigentum bzw. wird für dieselbe Zeitdauer eine sogenannte *Goldene Aktie* emittiert, die sich in staatlichem Eigentum befindet und ihrem Inhaber ein Vetorecht bei wichtigen Entscheidungen der Aktiengesellschaft (Statutenänderung, Reorganisation, bestimmte Vermögensbewegungen) gewährt. Die Aktienkontrollpakete bzw. „Goldenen Aktien" werden staatlich eingesetzten Treuhändern aus dem Kreis des Direktorenrates der Gesellschaft bzw. staatlicher Amtspersonen anvertraut. Mit Hilfe dieser Maßnahmen soll eine aktive Industriepolitik seitens des Staates betrieben werden, d. h., die technologischen Verbindungen in der Volkswirtschaft aufrechterhalten und die notwendigen Investitionen durchgeführt werden.

Vergünstigungen für die Mitglieder des Arbeitskollektivs

8 Den Mitgliedern der Arbeitskollektive wird die Möglichkeit eingeräumt, Aktien des zu privatisierenden Unternehmens zu Vorzugsbedingungen zu erwerben. Dafür sind im Staatlichen Privatisierungsprogramm für 1992 drei Varianten vorgesehen, unter denen das Arbeitskollektiv wählen kann.
Bei der *ersten* Variante werden allen Mitarbeitern des Arbeitskollektivs namentliche Vorzugsaktien (d. h. ohne Stimmrecht) im Umfang von 25 % des Grundkapitals der Aktiengesellschaft übergeben, wobei der Gesamtwert der Aktien pro Mitarbeiter 20 Mindestmonatslöhne nicht übersteigen darf. Darüber hinaus ist jeder Mitarbeiter berechtigt, Aktien mit einem Preisnachlaß von 30 % des Nennwerts und Ratenzahlung bis zu drei Jahren zu erwerben (die Gesamtzahl der auf diese Weise realisierten Aktien darf 10 % des Grundkapitals nicht übersteigen). Hierbei handelt es sich im Gegensatz zu den unentgeltlich erhaltenen Aktien um Stammaktien (d. h. um solche mit Stimmrecht). Den Leitern des zu privatisierenden Unternehmens wird eine Option geboten, die sich auf 5 % des Grundkapitals erstreckt.
Bei der *zweiten* Variante erhalten alle Mitglieder des Arbeitskollektivs das Vorzugsrecht zum Erwerb von Stammaktien im Umfang von 51 % des Grundkapitals. Diese Variante sieht keinen unentgeltlichen oder bevorzugten Erwerb von Aktien vor.
Bei der *dritten* Variante, die nur für Großunternehmen gedacht ist, übernimmt eine Gruppe von Mitarbeitern die Verantwortung für die Privatisierung und erhält dafür das Recht, Stammaktien im Umfang von 20 % des Grundkapitals zu erwerben. Weitere 20 % der Aktien werden zu Vorzugsbedingungen (mit einem Preisnachlaß von 30 % und mit Ratenzahlung bis zu drei Jahren) an alle Mitglieder

des Arbeitskollektivs, einschließlich der Mitglieder der genannten Gruppe, verkauft.[5]
Wichtig ist, daß die Mitarbeiter bei jeder dieser Varianten über ihre erworbenen Aktien frei verfügen können (frühere Beschränkungen sind aufgehoben worden).
Weitere Einzelheiten werden durch die vom Staatlichen Komitee der Russischen Föderation für die Verwaltung des Staatsvermögens am 27. 7. 1992 bestätigte Ordnung über die geschlossene Aktienzeichnung bei der Privatisierung staatlicher und kommunaler Unternehmen geregelt (vgl. Ėkonomika i žizn, Nr. 31/1992).

Weitere Formen der Privatisierung

Zu den Formen der Privatisierung staatlicher und kommunaler Unternehmen zählen neben dem Verkauf von Anteilen (Aktien) noch drei weitere:
a) Auktionen;
b) Ausschreibungen;
c) Aufkauf des Vermögens von verpachteten Unternehmen.
Die Wahl zwischen diesen Formen hängt wesentlich von den Besonderheiten des zu privatisierenden Zweiges ab.
Zu a): Auf *Auktionen* können Unternehmen als Ganzes oder Struktureinheiten, die als selbständige Unternehmen herausgelöst werden, oder verschiedenes Vermögen aufgelöster Unternehmen, unvollendete Investitionsobjekte (Gebäude, Ausrüstungen, Betriebsteile u. a.) sowie Anteile (Aktien, Einlagen) zu privatisierender Unternehmen verkauft werden.
Der Auktion geht eine entsprechende Information in der örtlichen Presse spätestens drei Wochen vor Beginn der Auktion voraus. Die Information muß detaillierte Angaben über das zum Verkauf stehende Vermögen enthalten (vgl. 4.2 Anlage 4).
An einer Auktion können alle Interessenten teilnehmen. Sie müssen eine Kaution in Höhe von 10 % des Anfangspreises des zu verkaufenden Vermögens hinterlegen.
Neben offenen Auktionen ist auch die Durchführung geschlossener Auktionen – Tender – zulässig, bei denen der von den Teilnehmern gebotene Preis in verschlossenen Umschlägen genannt wird. Die letztere Form wird als optimal für den Verkauf von Großunternehmen und großen Aktienpaketen angesehen. Als Gewinner der Auktion wird der anerkannt, der den höchsten Preis geboten hat. Wenn zu einer Auktion nur ein Teilnehmer erschienen ist, wird der Kaufvertrag mit diesem abgeschlossen.
Der Preis für das erworbene Vermögen wird in Übereinstimmung mit speziellen Regeln bestimmt, die vom Staatlichen Komitee der Russischen Föderation für die Verwaltung des Staatsvermögens festgelegt werden.
Der Verkaufspreis darf nicht um mehr als 30 % des Anfangspreises gesenkt werden. Falls es nicht gelingt, das Vermögen zu einem solchen Preis zu verkaufen,

---

5 Nach vorliegenden Informationen haben die Arbeitskollektive bisher überwiegend die zweite Variante gewählt, d. h. die Variante, die ihnen die Verfügung über ihren Betrieb am meisten sichert (Anm. d. Hrsg.).

4.

wird die Auktion abgebrochen, und die Privatisierungskommission muß den Privatisierungsplan sowie den Anfangspreis revidieren.
Bei einer erfolgreichen Beendigung der Auktion muß spätestens nach 30 Tagen mit ihrem Gewinner ein Vertrag abgeschlossen werden. Wenn der Gewinner den Abschluß eines Vertrags verweigert, verliert er die von ihm hinterlegte Kaution, zahlt eine festgelegte Strafe, und das Auktionsergebnis wird für ungültig erklärt.
Bei einer erfolgreichen Beendigung der Auktion werden 30 % des Verkaufspreises des Objekts unter den Mitarbeitern des zu privatisierenden Unternehmens verteilt. Die genannte Regel gilt nicht, wenn die Auktion nur einen Teilnehmer hatte.
Zu b): Mittels der *Ausschreibung* werden staatliche und kommunale Unternehmen sowie das Vermögen liquidierter bzw. in Liquidation befindlicher Unternehmen verkauft. Das Verfahren ist durch den Präsidentenerlaß vom 29. 1. 1992 festgelegt (vgl. 4.2 Anlage 5). Der Hauptunterschied zwischen Ausschreibung und Auktion besteht darin, daß der Käufer bei der Ausschreibung bestimmte zusätzliche Verpflichtungen übernehmen muß (z. B. die Spezialisierung des privatisierten Unternehmens beizubehalten, es zu rekonstruieren), die vom Staatlichen Komitee bzw. Komitee für die Vermögensverwaltung bestimmt werden. Dementsprechend wird derjenige als Gewinner der Ausschreibung anerkannt, dessen Angebot den Ausschreibungsbedingungen gerecht wird und das zugleich den höchsten Preis enthält.
Im Unterschied zu dieser nichtkommerziellen Ausschreibung wird bei *kommerziellen Ausschreibungen* das Auktionsprinzip „Wer bietet mehr?" nicht auf den Preis des Objekts beschränkt, sondern auf die Höhe der Investitionen ausgedehnt, zu denen sich die Teilnehmer verpflichten. Die kommerzielle Ausschreibung kann offen oder geschlossen (Tender) sein. Eine Beschränkung des Kreises der Ausschreibungsteilnehmer ist in den im Privatisierungsprogramm direkt vorgesehenen Ausnahmefällen zulässig. Das betrifft hauptsächlich Ausschreibungen in ländlichen Rayons, zu denen manchmal nur die Bewohner der entsprechenden Ortschaft zugelassen werden.
Wie bei der Auktion darf der Verkaufspreis nicht um mehr als 30 % des Anfangspreises gesenkt werden.
Ein bestimmter Teil des bei der Ausschreibung erzielten Erlöses, der etwas kleiner als bei der Auktion ist (20 %), wird unter den Mitgliedern des Arbeitskollektivs aufgeteilt.
Zu c): Bei der dritten Form der Privatisierung – *dem Aufkauf* – wird vorher verpachtetes Vermögen an den Pächter (meistens ein in Form einer Gesellschaft bestehendes früheres Arbeitskollektiv) verkauft, und zwar entweder entsprechend der Vereinbarung im Pachtvertrag oder – falls eine solche Vereinbarung nicht getroffen wurde – nach vorheriger Umwandlung des Pachtunternehmens in eine offene Aktiengesellschaft.
Die Form des Aufkaufs ist für den Eigentümer – den Staat – am ungünstigsten, da sie ihm die Möglichkeit nimmt, die Vorzüge des offenen Verkaufs und die damit verbundene Konkurrenz zwischen den potentiellen Käufern zu nutzen. *Deshalb ist es seit dem 3. 7. 1991 nicht mehr gestattet, in die Pachtverträge eine Klausel über das Recht zum Aufkauf durch den Pächter aufzunehmen.* Davor gebildete Pachtunternehmen können jedoch weiterhin aufgekauft werden.

4.

Verträge über die Privatisierung

Der Erwerb privatisierten Vermögens erfolgt auf der Grundlage eines zivilrechtlichen Kaufvertrags. Als Verkäufer fungiert der Russische Fonds des Föderationsvermögens, der Fonds der der Russischen Föderation angehörenden Republik oder der jeweiligen nationalen oder administrativ-territorialen Einheit. Der entsprechende Fonds handelt im Namen des Eigentümers.
Als Käufer können grundsätzlich alle natürlichen und juristischen Personen, d. h. **auch ausländische Interessenten, auftreten.**
Das Privatisierungsgesetz sieht als einzige Einschränkung vor, daß Wirtschaftsgesellschaften, an deren Grundkapital der Anteil des Staates, der örtlichen Sowjets, gesellschaftlicher Organisationen oder von Wohltätigkeits-bzw. anderen gesellschaftlichen Fonds 25 % übersteigt, kein zu privatisierendes Vermögen erwerben dürfen. Um einen Verstoß gegen diese Forderung auszuschließen, haben die als Käufer auftretenden Wirtschaftsgesellschaften eine Deklaration vorzulegen, aus der hervorgeht, wer an ihnen beteiligt ist und welchen Anteil jeder Beteiligte an ihrem Grundkapital hat.
Der Kaufvertrag ist darauf gerichtet, das Eigentumsrecht auf den Käufer zu übertragen. Der Käufer muß sich deshalb davon überzeugen, daß das zu erwerbende Vermögen tatsächlich Eigentum der Republik bzw. der Territorialeinheit ist, in deren Namen der entsprechende Fonds auftritt. Als Beweis hierfür gilt die Urkunde über das Eigentumsrecht am Privatisierungsobjekt, die das Staatliche Komitee bzw. das Komitee für die Verwaltung des Staats- bzw. Kommunalvermögens dem Fonds übergibt, der sie seinerseits dem Käufer aushändigt.
Der Vertrag zwischen dem Fonds und dem Käufer muß schriftlich nach den allgemeinen Regeln über den Abschluß von zivilrechtlichen Verträgen ausgefertigt werden (vgl. Gruppe 6, Rdn. 4ff.).
Die essentiellen Vertragsbedingungen sind im Privatisierungsgesetz festgelegt. Dazu gehören neben den Angaben über die Vertragspartner (Name und Sitz) auch die Zusammensetzung des zu erwerbenden Vermögens, sein Preis, das Übergabeverfahren sowie Zahlungsform und -fristen.
Der Vertrag tritt zum Zeitpunkt seiner Registrierung in Kraft. Das Eigentumsrecht geht gemäß Art. 135 des Zivilgesetzbuchs grundsätzlich zum Zeitpunkt der Übergabe der Sache über. Gleichzeitig geht auch das Risiko des zufälligen Untergangs des erworbenen Vermögens auf den Käufer über. Entscheidende Bedeutung beim Verkauf eines Unternehmens oder eines anderen zu privatisierenden Vermögens hat folglich das Datum der Ausfertigung des Übernahmeprotokolls, unabhängig davon, wann der Kaufvertrag abgeschlossen wurde. Der Preis des zu privatisierenden Vermögens wird nach der durch Präsidentenerlaß vom 29. 1. 1992 bestätigten Methodik bestimmt (vgl. 4.2 Anlage 2).

Privatisierungsschecks (Vouchers)

Ein bedeutender Teil des zu privatisierenden staatlichen und kommunalen Eigentums wird unter den Bürgern der Russischen Föderation unentgeltlich aufgeteilt. Sie erhalten zu diesem Zweck seit dem 1. 10. 1992 sog. *Privatisierungsschecks (Vouchers)* mit einem Nennwert von 10 000 Rubeln.

4.

Der Privatisierungsscheck ist ein Inhaberwertpapier, das zur Bezahlung privatisierten Vermögens bestimmt ist. Er erlischt mit dem Zeitpunkt der Bezahlung dieses Vermögens. Der Privatisierungsscheck ist drei Jahre gültig, und im Laufe dieser Frist kann er unbegrenzt verkauft, getauscht oder verschenkt werden. Wenn er zur Bezahlung zu privatisierenden Vermögens verwendet wird, muß er zu seinem Nominalwert, d. h. 10 000 Rubel, angenommen werden. Ansonsten kann der Privatisierungsscheck zu einem freien Preis, wie er sich auf dem Markt, insbesondere an den Wertpapierbörsen, herausbildet, veräußert werden.

Die Privatisierungsschecks können zum Erwerb beliebiger Objekte des staatlichen und kommunalen Vermögens verwendet werden, darunter auch für Wohnungen, Grundstücke und freiwillige Kranken- und Rentenversicherungen.

Bei der Privatisierung staatlicher und kommunaler Unternehmen muß ein bestimmtes Minimum der Aktien unbedingt gegen Privatisierungsschecks verkauft werden, und zwar 35 % bei Betrieben, die sich in Republikeigentum befinden, und 80 % bei allen anderen staatlichen sowie den kommunalen Betrieben (vgl. Erlaß des Präsidenten der Russischen Föderation Nr. 1299 vom 14. 10. 1992 über die Entwicklung des Systems der Privatisierungsschecks (VSND RF, Nr. 42/1992, Pos. 2381).

Außerdem kann jedes Staatsunternehmen für seine Mitarbeiter *personengebundene Konten* eröffnen, auf denen ein bestimmter Teil des vom Unternehmen erzielten Gewinns gebucht wird. Der Mitarbeiter kann zu Lasten dieses Kontos zu privatisierendes Vermögen erwerben.

In bezug auf das Vermögen, das der Bürger zu Lasten seines Privatisierungsschecks oder der Mittel von seinem personengebundenen Konto erworben hat, besitzt er alle Eigentumsbefugnisse.

Die Privatisierungsschecks der Bürger können bei *Investitionsfonds* akkumuliert werden.

Teilnahme ausländischer Investoren an der Privatisierung

12 **Das Recht ausländischer Investoren auf Teilnahme an der Privatisierung ist gesetzlich garantiert** (vgl. Art. 37 AIG). Gegenwärtig haben grundsätzlich alle Ausländer die Möglichkeit, an der Privatisierung teilzunehmen, und zwar nicht nur Unternehmer, sondern auch solche ausländischen natürlichen Personen, die in ihrem Lande nicht als Unternehmer registriert sind. Es können *jedoch Einschränkungen* vorgenommen werden. So sah das Staatliche Programm für 1992 vor, daß die Teilnahme von Ausländern an der Privatisierung von Objekten und Unternehmen des Brennstoff- und Energiekomplexes, der Förderung und Verarbeitung von Erzen, Edel- und Halbedelsteinen, Edelmetallen, radioaktiven und seltenen Elementen der *Genehmigung durch die Regierung* der Russischen Föderation oder der ihr angehörenden Republik bedarf. Für die Teilnahme an der Privatisierung von Objekten und Unternehmen des Handels, der Gemeinschaftsverpflegung, der Dienstleistungen für die Bevölkerung sowie von Kleinunternehmen (bis zu 200 Beschäftigten und mit einem Bilanzwert bis zu 1 Mio. Rubeln) in der Industrie und im Bauwesen sowie des Straßentransports ist die Genehmigung *durch den örtlichen Sowjet* erforderlich. Die *absolute Höhe der an Ausländer verkäuflichen Aktien* ist bei drei Erdölgesellschaften auf 15 %

(vgl. Erlaß des Präsidenten der Russischen Föderation Nr. 1403 vom 26. 11. 1992, Ziff. 5b); VSND RF, Nr. 49/1992, Pos. 2926) und bei der Gaswirtschaftsgesellschaft „Gasprom" auf 9 % (vgl. das durch Beschluß der Regierung der Russischen Föderation Nr. 138 vom 17. 2. 1993 bestätigte Statut der Russischen Aktiengesellschaft „Gasprom", Art. 7, Ziff. 7.4.; SAPP RF, Nr. 9/1993, Pos. 738) *begrenzt*, wobei im letzeren Fall der Aktienerwerb durch Ausländer der vorherigen schriftlichen Genehmigung des Vorstands der Gesellschaft bedarf.

Das von Ausländern erworbene Vermögen darf nur in Rubeln bezahlt werden. Dafür können die auf ihren Rubelkonten deponierten Beträge, die aus auf dem Territorium der Russischen Föderation befindlichen Quellen erzielt wurden, sowie Rubel verwandt werden, die gegen ausländische Währung zum geltenden Marktkurs erworben wurden.

Das zu privatisierende Vermögen kann in das Eigentum von Ausländern auch durch eine Ausschreibung gelangen, wenn außer diesen keine anderen Anwärter teilnahmen.

(Zu den Möglichkeiten des Grundstückserwerbs durch Ausländer im Zusammenhang mit der Privatisierung vgl. im einzelnen Gruppe 3, Rdn. 8f.)

Ungültigkeit von Privatisierungsverträgen

Privatisierungsverträge können neben allgemeinen Rechtsgründen, wie sie im Zivilgesetzbuch geregelt sind (Irrtum, Täuschung), auch aus speziellen Rechtsgründen, die sich nur auf Privatisierungsverträge beziehen, für nichtig erklärt werden. Zu letzteren gehören: Durchführung der Privatisierung ohne die Genehmigung des zuständigen Organs, des Staatlichen Komitees bzw. des Komitees; grobe Verletzung der Regeln der Ausschreibung (Auktion); Kauf des Vermögens durch eine Person, die nicht dazu berechtigt war (hierzu ist die **Nichtbeachtung der für ausländische Investoren geltenden Beschränkungen zu rechnen** – vgl. Rdn. 12); Verwendung ungesetzlicher Zahlungsmittel (insbesondere ausländischer Währung); Gewährung von ungesetzlichen Vergünstigungen und Vorteilen für einen Käufer gegenüber anderen Käufern; Verstoß gegen die Forderungen der Antimonopolgesetzgebung (z. B. Vereinbarung zwischen Verkäufer und Käufer über eine unrechtmäßige Teilung des Vermögens oder Preisminderung); Nichterfüllung der Bedingungen, zu denen das privatisierte Vermögen durch Ausschreibung erworben wurde. 13

Privatisierung von Wohnraum

Jeder Bürger hat das Recht, den von ihm gemieteten Wohnraum in staatlichen oder kommunalen Häusern als Eigentum zu erwerben; z. T. wird ihnen Wohnraum – wie in Moskau – bis zu einer bestimmten Größe unentgeltlich übergeben. Das hat für **Ausländer** insofern Bedeutung, als die russischen Wohnungseigentümer berechtigt sind, ihre Wohnungen zu vermieten oder zu verkaufen (vgl. Gesetz vom 4. 7. 1991 über die Privatisierung des Wohnungsfonds – VSND RSFSR, Nr. 28/1991, Pos. 959). Ausländer können somit aus Privathand Wohnraum mieten oder kaufen. 14

5. Wissenschaftlich-technischer Rechtsschutz

von Ludmila Trachtengerz, Kandidatin der Rechtswissenschaft

Patentrecht	87
Patentierungsvoraussetzungen	87
Prüfungsverfahren	88
Das Patent	90
Einschränkung der Rechte des Patentinhabers	92
Schutz der Rechte des Patentinhabers	92
Gebrauchsmusterrecht	93
Merkmale des Gebrauchsmusters	93
Ausstellung der Gebrauchsmusterbescheinigung	93
Geschmacksmusterrecht	94
Merkmale des Geschmacksmusters	94
Erteilung des Geschmacksmusterpatents	95
Warenzeichenrecht	95
Begriff des Warenzeichens	95
Registrierungsverfahren	96
Prüfung der Warenzeichenanmeldung	96
Benutzung des Warenzeichens	97
Rechtsschutz des Warenzeicheninhabers	98
Ursprungsbezeichnungen	98
Begriff der Ursprungsbezeichnung	98
Eintragung der Ursprungsbezeichnung	99
Rechte der Urkundeninhaber	99

5.

Die Gesetzgebung der Russischen Föderation regelt den Schutz einer breiten Palette von wissenschaftlich-technischen Ergebnissen. Neben den schon früher geschützten Erfindungen und Geschmacksmustern wurde der Schutz von Gebrauchsmustern und technischem Know-how sowie von Computerprogrammen, Datenbanken und Topologien integraler Schaltkreise neu in die Gesetzgebung aufgenommen. Außerdem werden die Interessen der Hersteller von hochwertigen Erzeugnissen durch Regelungen zum Schutz von Warenzeichen, Dienstleistungsmarken und Ursprungsbezeichnungen gewahrt.

Der Rechtsschutz des gewerblichen Eigentums wird vom Staatlichen Patentamt der Russischen Föderation wahrgenommen, dem die Russische Agentur für den Rechtsschutz von Computerprogrammen, Datenbanken und Topologien integraler Schaltkreise angeschlossen ist.

Für ausländische natürliche und juristische Personen gilt aufgrund der von der Russischen Föderation unterzeichneten internationalen Abkommen bzw. des Prinzips der Gegenseitigkeit **das nationale Rechtsregime** des gewerblichen Rechtsschutzes. Ihre Schutzrechtsangelegenheiten müssen von einem eingetragenen, beim Patentamt der Russischen Föderation registrierten Patentanwalt wahrgenommen werden.

Für die Russische Föderation als Rechtsnachfolgerin der UdSSR haben die Pariser Verbandsübereinkunft zum Schutz des gewerblichen Eigentums vom 1883, das Abkommen über die Kooperation im Patentwesen von 1970, die Madrider Konvention über die internationale Registrierung von Warenzeichen von 1891, das Abkommen über die Registrierung von Warenzeichen von 1973 sowie bilaterale Verträge mit einer Reihe von europäischen Ländern nach wie vor Gültigkeit. **Die Gesetzgebung der Russischen Föderation entspricht dem** dadurch gesetzten **internationalen Standard**.

Der Rechtsschutz der Erfindungen, Gebrauchs- und Geschmacksmuster ist im **Patentgesetz** (vgl. 5.1) und der Warenzeichen, Dienstleistungsmarken und Ursprungsbezeichnungen im **Warenzeichengesetz** (vgl. 5.2) geregelt. Besondere Gesetze bestehen für den Rechtsschutz von Computerprogrammen und Datenbanken (vgl. VSND RF, Nr. 42/1992, Pos. 2325) und Topologien integraler Schaltkreise (vgl. VSND RF, Nr. 42/1992, Pos. 2328).

Patentrecht

Patentierungsvoraussetzungen

Das Patentgesetz der Russischen Föderation schreibt, wie international üblich, als Voraussetzungen für die Patentierung von Erfindungen *Neuheit, Erfindungshöhe und gewerbliche Anwendbarkeit* vor. Erfindungen, die diesen Kriterien gerecht werden, aber den gesellschaftlichen Interessen, Prinzipien der Menschlichkeit und der Moral widersprechen, werden nicht als Erfindungen anerkannt. Eine Erfindung gilt als *neu*, wenn sie nicht aus dem Stand der Technik, der bis zum Prioritätstag erreicht wurde, bekannt ist. Der Stand der Technik wird nach jeder Art von Kenntnissen bestimmt, die in der Russischen Föderation oder im Ausland in schriftlicher oder mündlicher Form oder aus der praktischen Erfahrung (Anwendung) *allgemein zugänglich* sind. „*Allgemein*" bedeutet, daß es für jeder-

5.

mann möglich sein muß, sich auf legitime Weise mit der Quelle der Kenntnisse vertraut zu machen. Dem Erfinder wird eine Prioritätsfrist von sechs Monaten eingeräumt, d. h., wenn Kenntnisse über die Erfindung nicht früher als sechs Monate vor der Antragstellung bekannt gemacht wurden, steht der Patentierung nichts im Wege. Diese Frist gilt nicht für früher eingereichte Erfindungs- bzw. Gebrauchsmusteranmeldungen anderer Personen (wenn sie nicht inzwischen zurückgezogen wurden) sowie patentierte Erfindungen und Gebrauchsmuster, wobei letztere ab ihrem Prioritätsdatum, unabhängig vom Datum der Veröffentlichung, berücksichtigt werden.

Die *Erfindungshöhe* dient als ergänzende qualitative Charakteristik für die Neuheit der Erfindung. Sie wird auf der Grundlage des Wissens des Fachmanns in dem gegebenen technischen Bereich bestimmt. Grundlage dafür ist derselbe Stand der Technik, wie er der Bewertung der Neuheit der Erfindung zugrunde gelegt wird. Dabei werden früher eingereichte nichtveröffentlichte Anmeldungen sowie die patentierten Erfindungen nicht berücksichtigt. Für die Anerkennung der Erfindungshöhe einer angemeldeten Erfindung darf diese für den Fachmann nicht offensichtlich sein, d. h. sich nicht logisch aus dem Wissen ergeben, über das er zum Zeitpunkt der Erfindungsanmeldung verfügt.

Unter dem Kriterium der *gewerblichen Anwendbarkeit* versteht man, daß die Erfindung zur Anwendung in einem beliebigen Zweig der Industrie, einschl. des Gesundheitswesens, der Landwirtschaft u. a. Gebiete, geeignet sein muß. Die Forderung nach gewerblicher Anwendbarkeit hängt damit zusammen, daß als Erfindungen Vorschläge anerkannt werden, die dem Bereich der Technik zugehörig sind, d. h. technische Lösungen bieten. Das wird auch durch die Klassifizierung der patentfähigen Erfindungen in drei Gruppen, nämlich Vorrichtungen, Verfahren und Werkstoffe, bestätigt. Wenn ein Vorschlag nicht einer der genannten Gruppen zugeordnet werden kann, wird er nicht als Erfindung anerkannt. Als Ausnahme werden Stämme von Mikroorganismen sowie pflanzliche und tierische Zellkulturen als Erfindungen anerkannt, obwohl sie keine technischen Lösungen darstellen.

Prüfungsverfahren

2 Eine Erfindungsanmeldung wird vom Urheber der Erfindung (oder seinem Rechtsnachfolger) beim Patentamt der Russischen Föderation eingereicht. Sie muß den formalen Anforderungen entsprechen, die im Patentgesetz und in den vom Patentamt herausgegebenen Regeln festgelegt sind.

Als Urheber einer Erfindung wird eine natürliche Person anerkannt, die die Erfindung im Ergebnis ihrer schöpferischen Tätigkeit geschaffen hat. Juristische Personen können nicht Urheber einer Erfindung sein.

Spezielle **Regeln** gelten im Bereich des Rechtsschutzes für **Diensterfindungen**. Diese **gelten auch für Ausländer**, da Art. 32 des AIG (vgl. 9.2) außer Kraft getreten ist.

Als *Diensterfindungen* gelten Erfindungen, die vom Arbeitnehmer im Ergebnis der Erfüllung seiner Dienstpflichten oder einer konkreten Arbeitsaufgabe, die ihm vom Arbeitgeber übertragen wurde, geschaffen wurden. Der Arbeitnehmer muß bei Arbeitsaufnahme oder im Laufe seiner Arbeitstätigkeit mit dem Arbeitge ber einen Vertrag abschließen, in dem das Recht des Arbeitnehmers auf Diensterfindungen vereinbart ist. Andernfalls steht das Recht auf Erfindungsanmeldung und Patenterteilung dem Arbeitgeber zu. Der Erfinder ist verpflichtet, den Arbeitgeber über die Erfindung zu informieren. Wenn der Arbeitgeber im Laufe von vier Monaten die Erfindung nicht beim Patentamt angemeldet hat oder das Anmelderecht nicht einem Dritten abtritt oder dem Urheber nicht mitteilt, daß das entsprechende Objekt geheimzuhalten ist, hat der Urheber das Recht, die Erfindung im eigenen Namen anzumelden und das Patent auf seinen Namen zu erhalten.

Wenn der Arbeitgeber das Patent erhält, ist er verpflichtet, dem Urheber der Erfindung eine Vergütung zu zahlen, die dem Nutzen des Arbeitgebers aus der Anwendung der Erfindung entspricht. In dem Falle, in dem der Arbeitgeber auf die Anmeldung und den Erhalt des Patents verzichtet hat, kann er das betreffende Objekt ebenfalls in seiner eigenen Produktion nutzen, muß dem Patentinhaber aber eine Kompensation zahlen, deren Höhe vertraglich zu vereinbaren ist.

Der Antrag auf Erteilung eines Patents wird *in russischer Sprache* eingereicht. Darin sind der Name des Urhebers, der das Patent beantragt, und der Wohnsitz bzw. Sitz des Antragstellers anzugeben. Die übrigen Anmeldeunterlagen – die Beschreibung der Erfindung, einschließlich der Erfindungsformel, Zeichnungen sowie der Bericht u. a. Unterlagen – können *in einer anderen Sprache* unter Beifügung einer russischen Übersetzung eingereicht werden. Die Übersetzung kann nachgereicht werden, jedoch nicht später als zwei Monate nach der Antragstellung beim Patentamt.

Ausländische Antragsteller aus den Signatarstaaten des Vertrags über die Kooperation im Bereich des Patentwesens können eine **internationale Anmeldung** auf Erteilung eines Patents in Übereinstimmung mit den im Vertrag festgelegten Regeln der Antragstellung einreichen.

In der Regel gilt die Priorität der Erfindung ab dem Datum der Einreichung der in gehöriger Form abgefaßten Anmeldung beim Patentamt der Russischen Föderation. **Der ausländische Antragsteller aus einem Mitgliedsland der Pariser Verbandsübereinkunft** zum Schutz des gewerblichen Eigentums **kann** die in der Verbandsübereinkunft eingeräumte **Unionspriorität beanspruchen**, die es ihm erlaubt, die Priorität der Erfindung ab dem Tag der Einreichung der *Erstanmeldung* festlegen zu lassen. In diesem Fall muß die Erfindungsanmeldung beim Patentamt der Russischen Föderation innerhalb von zwölf Monaten nach dem Tag der Erstanmeldung eingereicht worden sein. Diese Frist kann bis zu zwei Monaten verlängert werden, wenn es dafür Gründe gibt, die der Anmelder nicht zu vertreten hat.

Das neue Patentgesetz legt das System der sogenannten *aufgeschobenen Prüfung* von Anmeldungen auf Patenterteilung fest.

Das Wesen dieses Systems besteht darin, daß das Verfahren der Prüfung der Anmeldung zwei Hauptstufen durchläuft. Die erste Stufe ist die formale Prüfung der Anmeldung, deren Ergebnis die Veröffentlichung der Mitteilung über die Anmeldung ist. Die zweite Stufe ist die Prüfung der Patentierbarkeit der angemeldeten Erfindung, d. h. der Frage, ob der Gegenstand der Erfindung den Anforderungen der Patentfähigkeit entspricht. Der zweite Schritt folgt nicht automatisch auf den ersten. Dazu ist der Antrag des Anmelders oder einer dritten Person auf Prüfung der Patentierbarkeit der Erfindung erforderlich.

5.

Im Laufe der *formalen* Prüfung wird geprüft, ob der Anmelder alle Anforderungen an den Antrag, die Anmeldeunterlagen und die Einheitlichkeit der Erfindung eingehalten hat und ob die Erfindung zu den schutzfähigen Objekten gehört. Die Frist für die formale Prüfung beträgt zwei Monate, gerechnet vom Tag der Einreichung der Anmeldung. Der Anmelder ist berechtigt, innerhalb dieser Frist die aus seiner Sicht notwendigen Ergänzungen und Veränderungen der Anmeldung vorzunehmen, soweit sie nicht das Wesen der Erfindung berühren.

Nach den Ergebnissen der formalen Prüfung wird die Entscheidung getroffen, ob die Anmeldung angenommen und die Priorität festgelegt oder ob der Antrag abgewiesen wird.

Bei positivem Ausgang der formalen Prüfung wird die Anmeldung 18 Monate nach dem Tag der Einreichung veröffentlicht.

Vom Tag der Veröffentlichung der Anmeldung an kann jedermann Einsicht in die Anmeldeunterlagen nehmen. Gleichzeitig beginnt der Rechtsschutz der Erfindung im Rahmen der veröffentlichten Erfindungsformel zu wirken. Beliebige Handlungen Dritter, die auf die Benutzung der Erfindung ohne Zustimmung des Anmelders hinauslaufen, sind untersagt. Im Falle der Zuwiderhandlung ist der Anmelder berechtigt, für die rechtswidrige Benutzung eine Entschädigung in Geld zu verlangen.

Bis zur Patenterteilung wird dem Anmelder ein vorläufiger Rechtsschutz der Erfindung gewährt. Die Schutzrechte des Anmelders werden jedoch erst nach Patenterteilung wirksam. Dementsprechend können Schadenersatzforderungen erst erhoben werden, nachdem die Mitteilung über die Patenterteilung veröffentlicht wurde. Wird das Patent nicht erteilt, unabhängig davon, ob die Anmeldung zurückgezogen oder abgewiesen wurde, erlischt der Anspruch auf den vorläufigen Rechtsschutz vom Prioritätstag an.

Die Erfindungsanmeldung wird nur dann *auf Patentierbarkeit* des Objekts der Erfindung geprüft, wenn der Anmelder oder eine dritte Person einen entsprechenden Prüfungsantrag innerhalb von drei Jahren ab dem Prioritätstag beim Patentamt gestellt hat. Wenn ein solcher Antrag nicht innerhalb von drei Jahren gestellt wird, gilt die Patentanmeldung als zurückgezogen.

Der Anmelder kann vorher das Patentamt ersuchen, informatorisch eine Auskunft zum Inhalt der Anmeldung zu erteilen, d. h., die entgegenstehenden Materialien zusammenzustellen, um die Aussichten auf Patenterteilung zu beurteilen, ohne eine Prüfung durchzuführen.

Die Erfindungsanmeldung kann in die Anmeldung eines Gebrauchsmusters unter Beibehaltung der Priorität umgewandelt werden. Ein solcher Antrag muß vor der Veröffentlichung über die Anmeldung eingereicht werden.

Das Patent

4 Nach der Entscheidung über die Patenterteilung wird darüber im amtlichen Bulletin des Patentamts Mitteilung gemacht. Gleichzeitig wird die Erfindung in das Staatliche Erfindungsregister der Russischen Föderation eingetragen. Dem Anmelder wird das Patent samt der beiliegenden Beschreibung ausgehändigt. Der Patentschutz beträgt höchstens zwanzig Jahre ab dem Anmeldedatum beim Patentamt. Patentrechte sind vererbbar.

5.

Für die Aufrechterhaltung des Patents muß eine Jahresgebühr entrichtet werden. Die Gebühr kann um 50 % ermäßigt werden, wenn der Patentinhaber dem Patentamt offiziell mitteilt, daß er jeder interessierten Person die Benutzung der Erfindung gegen entsprechende Vergütung gestattet *(offene Lizenz)*.
Das Patent kann vor Ablauf der Frist von zwanzig Jahren erlöschen, wenn der Patentinhaber einen entsprechenden Antrag beim Patentamt gestellt oder die Patentgebühr innerhalb der gesetzten Frist nicht gezahlt hat (vorzeitiges Erlöschen).
Während der gesamten Dauer des Patents kann es vollständig oder teilweise für nichtig erklärt werden, wenn die Anforderungen an die Patentfähigkeit nicht erfüllt sind, die Patentformel im Vergleich zu den ursprünglichen Anmeldeunterlagen unbegründet erweitert wurde oder der Urheber der Erfindung oder der Patentinhaber nicht richtig angegeben wurden.
Das Patent räumt dem Patentinhaber das ausschließliche Recht auf Nutzung der Erfindung ein, d. h., daß er die Erfindung nach eigenem Ermessen benutzen darf und allen anderen Personen verbieten kann, seine Erfindung zu benutzen, wenn die Benutzung gegen gesetzliche Vorschriften verstößt.
Niemand darf ohne Genehmigung des Patentinhabers ein Erzeugnis, das eine patentierte Erfindung enthält, in den Wirtschaftsverkehr bringen oder es zu diesem Zweck aufbewahren oder ein Verfahren anwenden, das durch Patent geschützt ist. Dabei erstreckt sich die Wirkung eines auf das Verfahren zur Herstellung eines Erzeugnisses erteilten Patents auch auf das nach diesem Verfahren hergestellte Erzeugnis (indirekter Schutz). Unter das Einbringen in den Wirtschaftsverkehr werden die Herstellung, Anwendung, Einfuhr, das Feilbieten und der Verkauf verstanden.
Jedermann, der an einer kommerziellen Nutzung von patentierten technischen Erfindungen interessiert ist, muß mit dem Patentinhaber einen *Lizenzvertrag* oder einen Vertrag über die Übertragung aller Rechte an den Lizenznehmer *(Patentverkauf)* abschließen. Die Lizenzverträge und die Verträge über Patentverkauf müssen beim Patentamt registriert werden. Im Fall der Zuwiderhandlung werden die Verträge für nichtig erklärt. Verträge können vom Tag der Patenterteilung an bis zum Ablauf der Dauer des Patentschutzes abgeschlossen werden.
Mit dem Antrag auf Registrierung eines Lizenzvertrags bzw. Vertrags über den Patentverkauf müssen folgende Unterlagen beim Patentamt vorgelegt werden:
– Auszug aus dem Vertrag mit Angabe des Vertragsgegenstands (des Umfangs der übertragenen Rechte sowie der Lizenzart), seiner zeitlichen und territorialen Geltung, der Vertragspartner und ihrer juristischen Adressen, der Patentnummer, der Patentanmeldung und des Prioritätsdatums; der Auszug muß entsprechend dem Verfahren, das im *Abschlußland* des Vertrags üblich ist, beglaubigt sein. Anstelle eines solchen Auszugs kann eine von beiden Seiten unterschriebene Vertragskopie vorgelegt werden;
– Original des Patents (Beschluß über die Patenterteilung);
– Quittung über die Entrichtung der Registrierungsgebühren.
Der Vertrag tritt mit seiner Registrierung in Kraft.

5.

Einschränkung der Rechte des Patentinhabers

6 Die Rechte des Patentinhabers können in den im Patentgesetz genannten Fällen eingeschränkt werden. Ohne sein Einverständnis können Erfindungen benutzt werden, die in Transportmitteln *anderer Länder* enthalten sind, die sich zeitweilig oder zufällig in den Gewässern oder auf dem Territorium der Russischen Föderation befinden.
Nicht als Verletzung des ausschließlichen Rechts des Patentinhabers gelten die Benutzung eines Erzeugnisses bzw. Verfahrens, das die patentierte Erfindung enthält, zum Zwecke eines wissenschaftlichen Experiments bzw. der wissenschaftlichen Forschung (vgl. Patentgesetz Art. 11).
Die Rechte des Patentinhabers können auch durch die traditionellen Formen des *Vorbenutzungsrechts* und der Zwangslizenz im Falle der Nicht- bzw. nicht ausreichenden Benutzung der Erfindung sowie im Interesse der nationalen Verteidigung eingeschränkt werden.
Das Vorbenutzungsrecht bedeutet, daß jede natürliche und juristische Person, die vor dem Prioritätsdatum und unabhängig vom Urheber auf dem Territorium der Russischen Föderation eine mit der Erfindung identische Lösung geschaffen bzw. benutzt hat, diese weiterhin unentgeltlich benutzen darf.

7 Eine *Zwangslizenz* kann auf Beschluß der Obersten Patentkammer (Patentgericht) Personen erteilt werden, die an der Benutzung der patentierten Erfindung interessiert sind. Voraussetzung ist, daß seit der Patenterteilung vier Jahre vergangen sind, der Patentinhaber sich weigert, einen Lizenzvertrag abzuschließen, und der Patentinhaber nicht nachweisen kann, daß wichtige Gründe für die Nicht- oder nicht ausreichende Benutzung der Erfindung vorliegen. In dem Beschluß über die Erteilung der Zwangslizenz müssen der Umfang der Benutzung der Erfindung, die Höhe der Lizenzgebühr, die nicht unter dem Marktpreis der Lizenz liegen darf, die Zahlungsfristen und das Zahlungsverfahren geregelt werden.
Der Beschluß über die Erteilung einer Zwangslizenz zur Benutzung einer Erfindung im Interesse der nationalen Verteidigung darf nur von der Regierung der Russischen Föderation getroffen werden. In diesem Beschluß muß ebenfalls die Höhe der Entschädigung festgelegt werden, die dem Patentinhaber für die Benutzung seiner Erfindung zu zahlen ist.
Streitigkeiten über die Höhe der Entschädigung entscheidet die Oberste Patentkammer.

Schutz der Rechte des Patentinhabers

8 Streitigkeiten, die mit dem Schutz der Patentrechte in Verbindung stehen, werden im allgemeinen Gerichtsverfahren entschieden, mit Ausnahme von Streitigkeiten, die in die Zuständigkeit der Obersten Patentkammer fallen.
Jeder Patentinhaber, der seine Rechte verletzt sieht, kann die Unterlassung der Verletzung seiner Rechte sowie die Wiedergutmachung des dadurch entstandenen Schadens fordern.
Unter bestimmten Bedingungen kann daneben verlangt werden, die Gegenstände, Ausrüstungen u. ä., die dazu verwendet wurden, zu konfiszieren. Die

Schadenersatzforderungen werden in Übereinstimmung mit den Normen des Zivilrechts über die Verantwortung aus unerlaubter Handlung bestimmt.
Klagen gegenüber dem Patentverletzer können auch vom Inhaber einer ausschließlichen Lizenz zur Nutzung der Erfindung geltend gemacht werden, sofern der Lizenzvertrag keine anderen Bestimmungen enthält.
Einer Klage wegen Verletzung der Patentrechte wird stattgegeben, wenn Rechtswidrigkeit, Kausalzusammenhang und Schuld des Beklagten festgestellt werden.
Der Umfang des vom Patent gewährten Rechtsschutzes wird durch die Erfindungsformel bestimmt. Ein Erzeugnis gilt dann unter Anwendung einer patentierten Erfindung hergestellt, wenn jedes Merkmal benutzt wurde, das in einem selbständigen Punkt der Erfindungsformel enthalten ist. Die Tatsache der Benutzung einer Erfindung gilt auch dann als gegeben, wenn das Erzeugnis bzw. das Verfahren zu seiner Herstellung äquivalente Merkmale enthält.

Gebrauchsmusterrecht

Merkmale des Gebrauchsmusters

Gebrauchsmuster ähneln in vielem den Erfindungen und werden analog geregelt. Gleichzeitig weisen sie wegen der Spezifik des geschützten Objekts bedingte Besonderheiten auf, die spezielle Regeln erfordern.
Gegenstand von Gebrauchsmustern ist „die konstruktive Ausführung von Produktionsmitteln und Gebrauchsgegenständen". Somit werden *Vorrichtungen* als Gebrauchsmuster anerkannt, nicht jedoch Verfahren und Werkstoffe sowie Mikroorganismenstämme und Zellkulturen von Pflanzen und Tieren.
Der wesentliche Unterschied zwischen den Schutzvoraussetzungen von Gebrauchsmuster und Erfindung besteht darin, daß an das Gebrauchsmuster nicht die Forderung der Erfindungshöhe gestellt wird. Das Gebrauchsmuster wird geschützt, wenn es zwei Hauptmerkmale aufweist: es muß *neu* sein und *gewerblich anwendbar*.
Dabei wird die Neuheit im Weltmaßstab nur anhand von Publikationen festgestellt, die allgemein zugängliche Kenntnisse über analoge Vorrichtungen (Stand der Technik) zum Prioritätsdatum des angemeldeten Gebrauchsmusters enthalten. Die gewerbliche Anwendbarkeit wird nur im lokalen Maßstab bestimmt, d. h., die Benutzung von Vorrichtungen gleicher Bestimmung im **Ausland** ist kein störender Umstand für den Rechtsschutz des Gebrauchsmusters in der Russischen Föderation. Bei der Neuheitsprüfung werden alle früher beim Patentamt eingereichten Gebrauchsmuster- und Erfindungsanmeldungen sowie die ausgestellten Gebrauchsmusterbescheinigungen und Patente berücksichtigt.

Ausstellung der Gebrauchsmusterbescheinigung

Die Gebrauchsmusteranmeldung wird vom Urheber oder seinem Rechtsnachfolger eingereicht. Für die Benutzung und den Rechtsschutz von Dienstgebrauchsmustern gelten die Regeln über Diensterfindungen. **Für Gebrauchsmusteran-**

5.

meldungen aus dem Ausland gilt wie für Erfindungsanmeldungen **die zwölfmonatige Unionspriorität.**
Die Gebrauchsmusteranmeldung wird nur formell geprüft und die Gebrauchsmusterbescheinigung ohne Sachprüfung ausgestellt.
Beschwerden gegen die Nichterteilung der Gebrauchsmusterbescheinigung werden von der Appellationskammer geprüft; ihre Entscheidung ist endgültig.
Die Gebrauchsmusterbescheinigung gilt fünf Jahre ab dem Datum des Eingangs der Anmeldung beim Patentamt. Auf Antrag des Inhabers der Gebrauchsmusterbescheinigung kann diese Frist um höchstens drei Jahre verlängert werden.
Die Bescheinigung sichert das ausschließliche Recht des Inhabers auf Benutzung des Gebrauchsmusters. Die Bedingungen für dessen Benutzung ohne Einverständnis des Inhabers der Bescheinigung sowie die Bedingungen für die Einschränkung seiner Rechte sind dieselben wie für Erfindungen. Ein Unterschied besteht allerdings bei der Einführungsfrist; die geschützte Vorrichtung muß im Laufe von drei Jahren in den Wirtschaftsverkehr eingeführt werden, gerechnet ab dem Datum der Ausstellung der Gebrauchsmusterbescheinigung. Nach Ablauf dieser Frist ist jedermann berechtigt, sich an das Gericht mit dem Antrag zu wenden, ihm eine Zwangslizenz zu erteilen. Die Vermögensrechte der Inhaber von Gebrauchsmusterbescheinigungen werden in der gleichen Weise wie die Rechte der Inhaber von Erfindungspatenten geschützt.

Geschmacksmusterrecht

Merkmale des Geschmacksmusters

11 Unter dem Geschmacksmuster wird die künstlerisch-konstruktive Lösung, die das Äußere eines Erzeugnisses bestimmt, verstanden. Es muß den festgelegten Bedingungen der Patentfähigkeit entsprechen: Es muß erstens künstlerische Elemente aufweisen, die dem Äußeren des Erzeugnisses bestimmte ästhetische und ergonomische Besonderheiten verleihen; Lösungen, die ausschließlich durch die technische Funktion eines Erzeugnisses bedingt sind, werden nicht anerkannt.
Ein Geschmacksmuster muß zweitens die Forderung der Neuheit erfüllen, und zwar wie Erfindungen – der Weltneuheit.
Ein Geschmacksmuster muß drittens originell sein, d. h., die ästhetischen Besonderheiten des Äußeren des Erzeugnisses müssen ein Ergebnis der schöpferischen Tätigkeit des Urhebers darstellen.
Ein Geschmacksmuster muß viertens gewerblich anwendbar sein; es muß sich also um Industrieerzeugnisse handeln.
Eine Reihe von Objekten der Architektur, stationäre Industrieanlagen u. a. können nicht geschützt werden.

5.

Erteilung des Geschmacksmusterpatents

Die *Geschmacksmusteranmeldung* muß wie die Erfindungsanmeldung vom Ur- 12
heber oder seinem Rechtsnachfolger eingereicht werden. Für Dienstgeschmacksmuster gelten dieselben Normen wie für Diensterfindungen.
Spezielle Regeln betreffen die Anmeldeunterlagen. Die Geschmacksmusteranmeldung muß außer dem Antrag auf Patenterteilung u. a. eine Serie von Fotos enthalten, die das Erzeugnis, das Modell oder die Zeichnung abbilden und eine vollständige detaillierte Vorstellung über das Äußere des Erzeugnisses gestatten, die Beschreibung des Geschmacksmusters mit Aufzählung seiner wesentlichen Merkmale und eine Zeichnung des gesamten Äußeren des Erzeugnisses, soweit sie für die Offenlegung des Wesens des angemeldeten Geschmacksmusters erforderlich sind.
Die Anmeldung muß sich auf *ein* Geschmacksmuster beziehen, kann jedoch Varianten der geschützten künstlerisch-konstruktiven Lösung enthalten.
Die Unionspriorität wird für Geschmacksmuster **in Übereinstimmung mit der Pariser Verbandsübereinkunft** zum Schutz des gewerblichen Eigentums **gewährt**, wenn die Erstanmeldung in einem Mitgliedsland der Pariser Verbandsübereinkunft innerhalb von sechs Monaten vor dem Eingang der Anmeldung beim Patentamt der Russischen Föderation eingereicht wurde.
Das *Geschmacksmuster* wird durch ein *Patent* geschützt, daß das ausschließli- 13
che Recht des Patentinhabers auf Benutzung des Geschmacksmusters sichert. Der Umfang des Rechtsschutzes, der vom Patent gewährt wird, ergibt sich aus der Gesamtheit der wesentlichen Merkmale des patentierten Geschmacksmusters, die auf den Fotos des Erzeugnisses, des Modells oder der Zeichnung abgebildet sind. Die Rechte der Geschmacksmusterpatentinhaber werden auf die gleiche Weise wie die der Erfindungspatentinhaber geschützt. Das Geschmacksmusterpatent gilt zehn Jahre ab dem Datum des Eingangs der Anmeldung auf Patenterteilung beim Patentamt. Die Gültigkeit des Patents kann höchstens um fünf Jahre verlängert werden. Der Patentinhaber muß rechtzeitig einen entsprechenden Antrag auf Verlängerung beim Patentamt stellen und die festgelegte Verlängerungsgebühr einzahlen.
Für die Einschränkung der Rechte der Patentinhaber gelten dieselben Bestimmungen wie für Erfindungspatentinhaber.
Das Geschmacksmusterpatent ist vererbbar.

Warenzeichenrecht

Begriff des Warenzeichens

Als Warenzeichen wird eine Kennzeichnung anerkannt, die der Unterscheidung 14
von Waren oder Dienstleistungen bestimmter Betriebe oder Personen von gleichartigen Waren oder Dienstleistungen anderer Betriebe oder Personen dient. Warenzeichen können als Wort-, Bild-, räumliche oder andere Kennzeichnung in beliebiger Farbe oder Farbzusammenstellung ausgeführt sein. Ausgehend von der Funktion des Zeichens besteht die Hauptanforderung in dem Vorhandensein

5.

von Unterscheidungsmerkmalen, mit denen die gekennzeichneten Waren individualisiert werden können. Den Warenzeichen gleichgestellt sind Dienstleistungsmarken, die von Betrieben oder Personen benutzt werden, die unterschiedliche Dienstleistungen erbringen (Hotels, Wäschereien, Verkehrsbetriebe, Reisebüros etc.).

Registrierungsverfahren

15 Für die Erlangung des Rechtsschutzes eines Warenzeichens ist dessen *Anmeldung* beim Patentamt erforderlich. Das Warenzeichen kann auf den Namen einer juristischen oder natürlichen Person eingetragen werden, die eine Unternehmenstätigkeit ausübt, wie sie im Unternehmensgesetz (vgl. 1.1) vorgesehen ist. Spezielle Regeln gelten für die Eintragung von Verbandszeichen. Diese werden auf den Namen eines Unternehmenszusammenschlusses (Vereinigung, Wirtschaftsassoziationen u. dgl.) für die Kennzeichnung von Waren registriert, die von Betrieben erzeugt oder vertrieben werden, die der Vereinigung angehören. Das Verbandszeichen muß einheitlichen qualitativen oder anderen gemeinsamen Eigenschaften aller Waren entsprechen, die unter der auf den Namen der Vereinigung eingetragenen Bezeichnung produziert werden. Eine Verletzung dieser Bedingung zieht die Annullierung der Eintragung nach sich.

Die Warenzeichenanmeldung wird beim Patentamt *in russischer oder einer anderen Sprache* mit beigefügter russischer Übersetzung eingereicht. Die Übersetzung darf nicht später als drei Monate nach dem Datum des Eingangs der Anmeldung vorgelegt werden.

Ausländische Anmelder aus den Mitgliedsländern der Pariser Verbandsübereinkunft zum Schutz des gewerblichen Eigentums **können Unionspriorität** in Anspruch nehmen. Der Prioritätsschutz für Warenzeichen besteht sechs Monate, beginnend mit dem Datum des Eingangs der Erstanmeldung in einem Mitgliedsland der Pariser Verbandsübereinkunft.

16 Die **Anmelder aus den Mitgliedsländern der Madrider Verbandsübereinkunft** über internationale Warenzeicheneintragungen **können** in Rußland Rechtsschutz erlangen, indem sie eine **internationale Anmeldung** beim Internationalen Büro der Weltorganisation für Geistiges Eigentum (WIPO) **einreichen**. Die Bedingungen für die Einreichung einer solchen internationalen Anmeldung werden durch die nationale Gesetzgebung des Landes des Anmelders in Übereinstimmung mit den Regeln der Konvention bestimmt. Die russischen Anmelder reichen ihre Anmeldung für die Eintragung ihrer Warenzeichen im Ausland beim Internationalen Büro der WIPO über das Patentamt der Russischen Föderation ein.

Prüfung der Warenzeichenanmeldung

17 Das Patentamt prüft anhand der eingegangenen Anmeldung zuerst, ob die Form der Anmeldung und die Zusammensetzung der Unterlagen den vorgeschriebenen Anforderungen entsprechen *(vorläufige Prüfung)*. Danach wird die Anmeldung zur Prüfung angenommen und die Priorität des Warenzeichens fest-

5.

gelegt. Wenn der Anmelder eine Unions- oder Ausstellungspriorität beantragt, muß er Unterlagen einreichen, die die Priorität belegen. Der Zeitraum der vorläufigen Prüfung beträgt einen Monat, beginnend mit dem Eingang der Anmeldung beim Patentamt.

Im nächsten Prüfungsstadium wird die Anmeldung unter dem Gesichtspunkt der Übereinstimmung des angemeldeten Zeichens mit den gesetzlichen Anforderungen überprüft *(Sachprüfung)*.

Der Widerspruch des Anmelders gegen den Beschluß der Prüfungsstelle wird von der Appellationskammer des Patentamts innerhalb von vier Monaten nach seinem Eingang geprüft. Gegen den Beschluß der Appellationskammer kann der Anmelder innerhalb von sechs Monaten nach dessen Erhalt bei der Obersten Patentkammer Berufung einlegen. Der Beschluß der Obersten Patentkammer ist endgültig.

Bei einem positiven Beschluß über die Registrierung des Warenzeichens wird es in das Staatliche Warenzeichen- und Dienstleistungsmarkenregister des Patentamts der Russischen Föderation im Verlaufe eines Monats nach Vorlage der Quittung über die Gebühreneinzahlung eingetragen. Dem Anmelder wird die Warenzeichenurkunde ausgehändigt, die das ausschließliche Recht des Urkundeninhabers bestätigt, das Warenzeichen für die Kennzeichnung der in das Register eingetragenen und in der Urkunde genannten Waren oder Dienstleistungen zu benutzen.

Die Warenzeichenurkunde ist für zehn Jahre ab dem Datum des Eingangs der Anmeldung gültig. Sie kann um jeweils zehn Jahre verlängert werden. Praktisch ist der Schutz des Warenzeichens damit unter der Bedingung seiner rechtzeitigen Erneuerung und der Gebührenentrichtung zeitlich unbegrenzt.

Einsprüche gegen die Eintragung von Warenzeichen, weil sie unter Verletzung der gesetzlich vorgesehenen Anforderungen vorgenommen wurde, können von einer beliebigen Person bei der Appellationskammer des Patentamts erhoben werden. Der Beschluß des Obersten Patentgerichts ist endgültig.

Benutzung des Warenzeichens

Für Warenzeichen besteht *Benutzungszwang*. Als Benutzung gilt sowohl die Anwendung des Warenzeichens durch seinen Inhaber als auch durch eine Person, mit der ein Vertrag über die Abtretung des Rechts auf das Warenzeichen abgeschlossen wurde. Die Vorschrift über den Benutzungszwang gilt als verletzt, wenn das Warenzeichen im Verlaufe von fünf Jahren seit dem Datum der Eintragung oder des Eingangs des Antrags über seine Annullierung nicht angewandt wurde. Wenn der Inhaber des Warenzeichens nachweist, daß er die umstrittene Kennzeichnung aufgrund von Umständen, die er nicht zu vertreten hat, nicht benutzen konnte, wird der Antrag auf Annullierung abgelehnt.

Streitigkeiten über die Annullierung der Anmeldung eines Warenzeichens, weil es von seinem Besitzer nicht benutzt wird, werden von der Obersten Patentkammer auf Antrag einer beliebigen Person behandelt.

Wegen des ausschließlichen Rechts des Inhabers an dem Warenzeichen können es andere Personen nur aufgrund eines Vertrags mit dem Inhaber auf ihren Erzeugnissen verwenden.

18

5.

19 Ein *Lizenzvertrag* über die Weitergabe des Rechts auf Benutzung des Warenzeichens kann für alle oder einige Warenarten, die im Register eingetragen sind, abgeschlossen werden.
Der Urkundeninhaber kann einen Vertrag über die volle Abtretung des Rechts auf das Warenzeichen abschließen.
Eine Ausnahme von dieser allgemeinen Regel gilt für *Verbandszeichen*. Die Rechte an ihnen können nicht an andere Organisationen, Personen oder Vereinigungen abgetreten werden.
Lizenzverträge und Verträge über die vollständige Abtretung eines Warenzeichens unterliegen unter Androhung ihrer Nichtigkeit der verbindlichen Eintragung beim Patentamt.
Das Gesetz schreibt für Verträge über die Abtretung eines Warenzeichens zwei verbindliche Bedingungen vor. Die eine besteht in der Verpflichtung des Lizenznehmers, keine Waren zu produzieren, deren Qualität unter der liegt, die die vom Lizenzgeber produzierten Waren haben. Zum anderen hat der Lizenzgeber das Recht, die Qualität der mit seinem Warenzeichen gekennzeichneten Waren zu kontrollieren.

Rechtsschutz des Warenzeicheninhabers

20 Die Rechte des Inhabers einer Warenzeichenurkunde werden auf gerichtlichem Wege in Übereinstimmung mit den Normen des Zivilrechts über den Schadenersatz wegen unerlaubter Handlungen sowie den speziellen Normen über Warenzeichen geschützt.
Im Falle der Verletzung des ausschließlichen Rechts auf Benutzung des Warenzeichens kann sein Inhaber auf Unterlassung der Handlungen, die eine Verletzung darstellen, auf Entfernung des Warenzeichens oder der Verpackung mit der Darstellung des Warenzeichens sowie auf Ersatz des ihm dadurch entstandenen Schadens klagen. Der Inhaber des Warenzeichens, dessen Rechte verletzt wurden, kann außerdem fordern, daß der entsprechende Gerichtsbeschluß veröffentlicht wird, um sein geschäftliches Ansehen wiederherzustellen.
Die Verletzung der Warenzeichenrechte kann auch strafrechtlich geahndet werden.

Ursprungsbezeichnungen

Begriff der Ursprungsbezeichnung

21 Unter einer Ursprungsbezeichnung versteht man die Bezeichnung eines beliebigen geographischen Objekts: eines Landes, Ortes, Gebietes usw., wobei es sich nicht nur um gegenwärtige, sondern auch um historische geographische Bezeichnungen handeln kann.
Die damit gekennzeichneten Waren müssen besondere Eigenschaften besitzen, auf die die geschützte Ursprungsbezeichnung hinweist; diese Eigenschaften müssen dem Verbraucher weitgehend bekannt sein. Sie müssen mit besonderen Faktoren verbunden sein, die nur für den Ort charakteristisch sind, von dem

die Ware kommt (wo sie hergestellt, bearbeitet oder auf den Markt gebracht wird). Der Einfluß der Örtlichkeit auf die Eigenschaften der Waren muß nicht unbedingt ausschließlichen Charakter haben, sondern es genügt, wenn er im Kontext mit anderen Faktoren dominiert.
Gewöhnlich sind zwei Gruppen von Faktoren ausschlaggebend – einmal die Naturbedingungen einer gegebenen geographischen Umgebung (das Klima, das Wasser, die Bodenstruktur usw.), zum anderen der menschliche Faktor, der die Produktionserfahrungen, mehrjährige handwerkliche Tradition u. dgl. einschließt. Besondere Wareneigenschaften können sowohl von einem dieser Faktoren als auch von beiden Faktoren gleichzeitig beeinflußt werden.
Eine geschützte geographische Bezeichnung darf sich nicht auf geographische Bezeichnungen beziehen, die für Waren einer bestimmten Art auf dem Territorium Rußlands allgemein verbreitet sind, deren Herstellung nicht mit diesem geographischen Ort verbunden ist.

Eintragung der Ursprungsbezeichnung

Die Anmeldung zur Eintragung einer Ursprungsbezeichnung für eine Ware und zur Aushändigung der Urkunde mit dem Recht der Benutzung der Ursprungsbezeichnung kann jede beliebige Organisation oder Person, die Waren herstellt, die den festgelegten Erfordernissen entsprechen, einreichen.
Der Anmeldung muß ein Dokument beigelegt werden, das den Wohnort des Anmelders und die besonderen Eigenschaften der von ihm produzierten Waren bestätigt, die mit den für den angegebenen geographischen Ort charakteristischen Faktoren verbunden sind. Für russische Anmelder genügt das Gutachten eines kompetenten Organs. **Ausländische Anmelder** müssen Dokumente vorlegen, aus denen sich **ihre Rechte** auf die zur Eintragung angemeldete Bezeichnung **im Ursprungsland** der Waren ergeben.
Das Patentamt führt ein gesondertes Staatliches Register für die Eintragung der Ursprungsbezeichnungen von Waren der Russischen Föderation, worin alle Bezeichnungen eingetragen werden, die die Prüfung überstanden haben.
Die Eintragung der Ursprungsbezeichnungen ist unbefristet. Auf Grund der Eintragung des Anmelders wird eine Urkunde auf das Recht der Benutzung der Ursprungsbezeichnung für zehn Jahre ausgestellt. Praktisch ist das Benutzungsrecht zeitlich nicht begrenzt, weil der Urkundeninhaber es um jeweils zehn Jahre verlängern lassen kann. Er muß aber jedesmal ein Dokument vorlegen, mit dem bestätigt wird, daß der Urkundeninhaber seinen Wohnort nicht geändert hat und weiterhin Waren mit den gleichen Eigenschaften produziert.
Beschwerden gegen die Eintragung und die Ausstellung der Urkunde werden von der Appellationskammer des Patentamts geprüft. Endgültige Beschlüsse in solchen Rechtsfällen werden von der Obersten Patentkammer gefaßt.

Rechte der Urkundeninhaber

Die rechtlichen Bedingungen für den Schutz der Ursprungsbezeichnungen von Waren unterscheiden sich wesentlich vom Schutz für Warenzeichen und andere Objekte des gewerblichen Eigentums. Diese Besonderheiten ergeben sich dar-

5.

aus, daß als Grundlage für das Benutzungsrecht faktische Umstände dienen, die mit der Produktion der Waren unter bestimmten Bedingungen verbunden sind. Da es mehrere solcher Hersteller unabhängig voneinander geben kann, geht das Gesetz davon aus, daß jeder Hersteller, der sich in dem betreffenden geographischen Ort befindet und Waren mit gleichen Eigenschaften produziert, auf seinen Namen eine Urkunde für das Recht auf Benutzung einer Ursprungsbezeichnung erhalten kann.

Die Urkunde bestätigt das Recht seines Inhabers, allen Personen, die keine Urkunde haben, die Benutzung der Bezeichnung zu untersagen. Die Bezeichnung wird genauso wie das Warenzeichen genutzt, d. h., durch Anbringung auf den Waren, den Verpackungen, durch Reklame usw. Auf den Waren kann auf die Registrierung als Ursprungsbezeichnung in der Russischen Föderation hingewiesen werden.

Als Verletzung des Urkundeninhaberrechts gilt die Benutzung einer ähnlichen Bezeichnung auf gleichartigen Waren, wenn diese den Verbraucher hinsichtlich des authentischen Produzenten und des Ursprungs der Ware irreführen kann.

Jede beliebige Person kann die Annullierung der Eintragung beantragen, wenn sie Beweise hat, daß die Faktoren, die für den angegebenen Ort charakteristisch sind, nicht mehr existieren und infolgedessen eine Ware mit den eingetragenen Eigenschaften nicht mehr produziert werden kann.

Die Eintragung einer ausländischen Bezeichnung durch einen ausländischen Anmelder **kann annulliert werden, wenn** dieser die **Rechte** auf die gegebene Bezeichnung **im Ursprungsland verloren** hat.

Die Annullierung der Eintragung und der Urkunde wird bei der Appellationskammer des Patentamts beantragt. Streitigkeiten werden vom Patentgericht entschieden, dessen Beschlüsse endgültig sind.

6. Vertragsrecht

von Dr. sc. jur. Hans Bär

Allgemeines Vertragsrecht	105
Vertragsabschluß	105
Vertragsform	106
Vertragsauslegung	107
Vertragserfüllung	108
Sicherung der Vertragserfüllung	109
Schadenersatz	111
Verantwortlichkeit bei Vertragsverletzung	111
Vertragsbeendigung	112
Kaufvertrag	112
Liefervertrag	112
Ex- und Importverträge	113
Verbraucherschutz (Produkthaftung)	115
Grundsätze	115
Verbraucherschutzvorschriften	116
Verantwortlichkeitsregelung	116
Lieferungen für den staatlichen Bedarf	117
Staatsbedarf	118
Staatskontrakt	118
Verantwortlichkeit für Vertragsverletzungen	119
Anwendung ausländischen Rechts	119

6.

Das Vertragsrecht erfährt in der Russischen Föderation unter dem Einfluß der Freiheit unternehmerischer Tätigkeit und der Vertragsfreiheit in den Wirtschaftsverhältnissen einen grundlegenden Bedeutungswandel. Fristeten die Wirtschaftsverträge früher unter dem Primat der Planungsakte ein Schattendasein, werden sie mit dem Übergang zur Marktwirtschaft zu aktiven Handlungsinstrumenten in den Händen juristisch unabhängiger Wirtschaftssubjekte. Im Zusammenhang damit verliert das Vertragsrecht seinen bisher vorwiegend juristisch-technischen Charakter und erlangt die Qualität eines die Wirtschaftsverhältnisse tatsächlich gestaltenden Ordnungsfaktors.

Die Wirtschaftsvertragsbeziehungen werden gegenwärtig noch im wesentlichen 1 durch Gesetzgebungsakte aus der Zeit der UdSSR geregelt. Es handelt sich dabei vor allem um:
– **Grundlagen der Zivilgesetzgebung der UdSSR und der Republiken (Zivilrechtsgrundlagen** – ZRG; vgl. 6.1)
und
– **Zivilgesetzbuch der RSFSR (Zivilgesetzbuch** – ZGB; vgl. 6.2).

Die Geltung bzw. Weitergeltung dieser beiden bedeutenden zivilrechtlichen Gesetze auf dem Territorium der Russischen Föderation wurde – nach anfänglicher Unklarheit und unterschiedlichen Auffassungen in Rechtspraxis und -wissenschaft – durch Beschluß des Obersten Sowjets Rußlands vom 14. 7. 1992 bestätigt (vgl. die Anmerkungen zu den ZRG und dem ZGB). Beide Gesetze werden jedoch nur insoweit angewandt, als sie nicht dem neuen russischen Recht widersprechen. Der Stichtag hierfür ist der 12. Juni 1990, der Tag der Souveränitätserklärung Rußlands. Nach diesem Datum erlassene Gesetzgebungsakte genießen Vorrang.

Zu den Zivilrechtsgrundlagen ist in dem Beschluß des Obersten Sowjets außerdem festgelegt, daß sie nur bis zur Annahme eines neuen Zivilgesetzbuchs der Russischen Föderation und nur insoweit gelten, als sie nicht der Verfassung der Russischen Föderation widersprechen.

Zum Zivilgesetzbuch wurde in dem genannten Beschluß des Obersten Sowjets vom 14. Juli 1992 bestimmt, daß es nur insoweit angewandt wird, als es den nach dem 12. Juni 1990 angenommenen und auch anderen auf dem Territorium der Russischen Föderation geltenden Gesetzgebungsakten nicht widerspricht.

Neben den Zivilrechtsgrundlagen und dem Zivilgesetzbuch haben die bereits als Gesetze der Russischen Föderation erlassenen Regelungen über den Verbraucherschutz (**Verbraucherschutzgesetz** – VSG) und die Lieferung von Waren für den staatlichen Bedarf (**Staatsbedarfslieferungsgesetz**) bedeutenden Einfluß auf im Zusammenhang mit Vertragsbeziehungen stehende Rechtsverhältnisse.

Zu beachten sind ferner die Antimonopolgesetzgebung (vgl. VSND RSFSR, Nr. 16/1991, Pos. 499, und Nr. 47/1991, Pos. 1595), das Unternehmensgesetz (vgl. 1.1) und weitere Normativakte, insbesondere die Präsidentenerlasse zur Preispolitik und zur Gestaltung der Lieferbeziehungen, aus denen sich Ergänzungen bzw. Einschränkungen der in den Zivilrechtsgrundlagen und dem Zivilgesetzbuch fixierten grundlegenden Rechtsnormen ergeben können.

Der deutsche Geschäftspartner muß die Regelungen des russischen Vertrags- 2 rechts in sehr unterschiedlichem Maße befolgen. Der Ex- oder Importeur **kann die Anwendung von russischem Recht** aber weitgehend **vermeiden**.
Dafür existieren zwei *Möglichkeiten*:

103

6.

Erstens erkennt das russische Recht grundsätzlich die für Außenwirtschaftsverträge (nicht nur für Kaufverträge) von den Partnern getroffene Rechtswahl an (vgl. Art. 166 ZRG). Der deutsche Partner **kann** also, wenn er will, **deutsches Recht vereinbaren.** Ausländisches Recht kann übrigens darüber hinaus auch Anwendung finden, wenn eine solche Rechtswahl nicht stattfand (vgl. Rdn. 32).
Zweitens kann in Kaufverträgen von der sowohl in der BRD (vgl. BGBl. 1989 II S. 586) als auch in der Russischen Föderation (vgl. VVS SSSR, Nr. 23/1990, Pos. 428) geltenden UNO-Konvention für den internationalen Warenkauf **(Kaufrechtskonvention)** ausgegangen werden.
In beiden Staaten gilt diese Konvention als Bestandteil des jeweiligen Zivilrechts (vgl. Kaufrechtskonvention Art. 1), es sei denn, die Partner hätten die Anwendung ganz oder teilweise ausgeschlossen (vgl. Kaufrechtskonvention Art. 6).
Diese beiden Möglichkeiten, mit oder ohne von den Partnern vorgenommenen Differenzierungen, helfen, wesentliche Klippen eines Rechts zu umschiffen, das für den deutschen Geschäftsmann nicht nur schwierig zu übersehen ist, sondern sich vor allem immer noch und sicher auch auf längere Zeit in einem Prozeß des Umbruchs befindet.
Weiterhin können die **international üblichen Instrumentarien** genutzt werden, die die Vertragsgestaltung erleichtern. Erinnert sei hier an die üblichen Allgemeinen Geschäftsbedingungen der jeweiligen Branche und an die „Incoterms".
Für Spezialgebiete können die auch unter Beteiligung der damaligen UdSSR in der Europäischen Wirtschaftskommission der Vereinten Nationen entstandenen Vertragsmusterklauseln verwendet werden (z. B. ECE-Leitfaden zur Gestaltung internationaler Verträge über Consulting-Engineering, einschließlich bestimmter Aspekte der technischen Hilfe; Allgemeine Liefer- und Montagebedingungen der ECE; Leitfaden der ECE zur Gestaltung von internationalen Verträgen über industrielle Kooperation sowie Leitfaden der ECE zur Gestaltung internationaler Verträge zwischen Partnern, die sich zur Durchführung eines bestimmten Projekts zusammengeschlossen haben).

3 Vertragsgestaltungshilfen dieser Art **können auch von dem in Rußland ansässigen deutschen Unternehmer genutzt werden.** Seine Verträge unterliegen aber grundsätzlich den zwingenden Normen des russischen Zivilrechts und den dispositiven Normen dieses Rechts insoweit, als sie nicht durch anderweitige Vereinbarung ausgeschlossen worden sind. Wie in anderen Rechtsordnungen ist der letztgenannte Gestaltungsfreiraum bedeutend, denn der Anteil der zwingenden, nicht abdingbaren Normen ist im Vertragsrecht gering. Das gilt auch für die beiden hauptsächlichen Rechtsquellen ZRG und ZGB.
Natürlich unterliegt der deutsche Unternehmer wie in Deutschland so auch in Rußland dem dort geltenden öffentlichen Recht. So wie für ihn in Deutschland z. B. die Bestimmungen des Außenwirtschaftsgesetzes und des Gesetzes über die Kontrolle von Kriegswaffen gelten, ist er den entsprechenden russischen Gesetzen unterworfen. Für den russischen Geschäftspartner gilt das genauso. **Das russische öffentliche Recht hat also für den in Rußland niedergelassenen ausländischen Unternehmer selbstverständlich Geltung.**
Das russische Vertragsrecht ist nicht nur für den deutschen Außenwirtschaftspartner russischer Unternehmen von Bedeutung, wenn russisches Recht vereinbart wurde oder aufgrund der kollisionsrechtlichen Regelung zur Anwendung gelangt, sondern hat besonders **auch für den in der Russischen Föderation an-**

sässigen deutschen Unternehmer Bedeutung, sofern er keine andere Rechtswahl getroffen hat und wegen der engen Verbindung seiner unternehmerischen Tätigkeit mit den Wirtschaftsverhältnissen in Rußland vielleicht auch nicht treffen kann oder will. Schließlich darf letzterer die nicht abdingbaren, zwingenden Rechtsnormen des russischen Vertragsrechts nicht ignorieren und muß die Querverbindungen zum öffentlichen russischen Recht beachten.

Allgemeines Vertragsrecht

Vertragsabschluß

Der Vertrag wird nach russischem Recht als *zwei- oder mehrseitiges Rechtsgeschäft* definiert (vgl. Art. 26 ZRG). 4
Er gilt als abgeschlossen, wenn die Partner in der entsprechenden Form Übereinstimmung in allen *wesentlichen* Punkten erzielt haben. Wesentlich sind die *Punkte* über den Vertragsgegenstand, ferner die Punkte, die vom Gesetzgeber als wesentlich anerkannt werden, sowie die Punkte, die für die betreffende Vertragsart notwendig sind, und schließlich die Punkte, deren Vereinbarung von einem der Partner verlangt wird (vgl. Art. 58 Ziff. 1 ZRG).
Der Vertrag kann unter Anwesenden und zwischen Abwesenden geschlossen 5 werden. Der Anbietende ist an sein *Angebot* an eine konkrete Person gebunden, wenn es drei Anforderungen entspricht: Es muß alle wesentlichen Punkte des Vertrags enthalten, die Absicht zum Vertragsabschluß zum Ausdruck bringen und hinlänglich bestimmt (präzise) sein. Die Annahme eines solchen Angebots durch den Adressaten führt automatisch zum Vertragsabschluß. Wenn das Angebot auch nur in einem Punkt diesen Anforderungen genügt, gilt es als Aufforderung zur Abgabe eines Angebots.
Zulässig ist auch ein *öffentliches* Angebot. Es muß eindeutig zum Ausdruck bringen, daß zu den in ihm enthaltenen Bedingungen der Vertrag mit jedem abgeschlossen ist, der dieses Angebot annimmt; sonst handelt es sich um Reklame.
Als *Annahme* wird das vorbehaltlose Einverständnis des Adressaten mit *allen* in dem Angebot genannten Punkten des künftigen Vertrags betrachtet. Das Einverständnis zum Vertragsabschluß mit von dem Angebot abweichenden Bedingungen gilt als Gegenangebot, das der Annahme durch den ursprünglich Anbietenden bedarf.
Davon ist der Fall zu unterscheiden, daß das Angebot seinem Inhalt nach eine Teilung zuläßt, d. h., die Annahme nur in bezug auf einen Teil der im Vertragsangebot vorgesehenen Leistung erklärt werden kann. Wird demgemäß in bezug auf eine teilbare Menge die Annahme nur in bezug auf einen solchen Teil erklärt, kann der Vertrag als abgeschlossen betrachtet werden, es sei denn, der Anbietende hat die teilweise Annahme ausdrücklich ausgeschlossen oder dieser Ausschluß ergibt sich aus anderen Umständen.
Ein *mündliches* Angebot muß unverzüglich angenommen werden, wenn es keine Frist für die Annahme enthält. Ein *schriftliches* Angebot muß im Laufe der in ihm enthaltenen *Frist* angenommen werden. Fehlt eine solche Frist, muß es innerhalb einer dafür normalerweise notwendigen Zeit angenommen werden. Falls die Antwort auf ein Angebot aus irgendwelchen Gründen beim Anbieten-

6.

den mit *Verspätung* eintrifft, gilt eine solche Antwort nur dann nicht als Annahme, wenn der Anbietende den Adressaten darüber unverzüglich in Kenntnis setzt. Wenn der Anbietende diese Bedingung einhält, gilt die verspätete Annahme als neues Angebot. Der Vertrag kommt in jedem Falle erst mit dem *Zugang* der vorbehaltlosen Annahme zustande. Es gilt also nach russischem Recht die Zugangstheorie.
Ein Angebot kann vor Zugang oder spätestens gleichzeitig mit dem Zugang beim Partner *widerrufen* werden. Erfolgt ein Widerruf nach der Annahme, gilt dies als ein einseitiger Rücktritt vom Vertrag mit den dafür vorgesehenen Rechtsfolgen (vgl. Rdn. 19).

6 Zulässig ist der Abschluß von *Vorverträgen*, für die neuerdings Art. 60 ZRG eine umfassende Regelung bietet. Der Vorvertrag hat die wesentlichen Punkte des künftigen Vertrags zu enthalten. Damit hat jeder der Partner bei unbegründeter Verweigerung des Abschlusses des endgültigen Vertrags die Möglichkeit, diesen über das Gericht bzw. Arbitragegericht einzuklagen und den Verzugsschaden geltend zu machen.

Vertragsform

7 Grundsätzlich steht den Vertragspartnern die Wahl der Vertragsform frei. Im Bereich der Unternehmenstätigkeit ist jedoch allgemein die Schriftform vorgeschrieben; mündliche Verträge (vgl. Art. 43 ZGB) sind auf Alltagsgeschäfte beschränkt.
Vereinbarten die Partner, den Vertrag in eine bestimmte Form zu kleiden, gilt er erst zu dem Zeitpunkt als abgeschlossen, zu dem die Partner ihm diese Form verliehen haben, selbst wenn das Gesetz für die betreffende Vertragsart diese Form nicht vorschreibt (vgl. Art. 58 Ziff. 2 Abs. 1 ZRG).
Gesetzlich vorgeschrieben ist die (einfache) *Schriftform* für alle Verträge, die zwischen Unternehmen sowie zwischen diesen und Bürgern, soweit sie nicht mit ihrem Abschluß erfüllt sind, abgeschlossen werden (vgl. Art. 44 ZGB). Vorschriften des Zivilgesetzbuchs, wonach Verträge zwischen Bürgern erst ab einer bestimmten Summe (100 Rubel bei Kaufverträgen, 50 Rubel bei Darlehensverträgen) der Schriftform bedürfen, haben angesichts der galoppierenden Inflation in Rußland keine praktische Bedeutung mehr. Die Bedeutung mündlicher Verträge ist damit vollkommen auf Alltagsgeschäfte (Kauf im Einzelhandel) reduziert.
Der schriftliche Vertrag kann durch Aufstellung einer von den Vertragspartnern unterzeichneten Urkunde oder durch Austausch entsprechender Schriftstücke abgeschlossen werden; zur Wahrung der Schriftform genügen Telegramme, Fernschreiben und – neuerdings – auch Telefax (vgl. Art. 58 Ziff. 2 Abs. 2 ZRG).
In einzelnen Fällen fordert das Gesetz die *notarielle Beglaubigung* des unterzeichneten Vertrags, insbesondere bei Immobiliengeschäften (Kauf, Tausch oder Schenkung von Wohnhäusern und Wochenendhäusern sowie Teilen davon).

8 Die *Nichteinhaltung* der einfachen Schriftform hat nicht die Nichtigkeit des Vertrags zur Folge. Bestreitet ein Partner in diesem Fall den Abschluß des Vertrags, kann sich der andere Partner lediglich nicht auf Zeugen zur Bestätigung des Vertragsabschlusses berufen. Die Verletzung der Vorschrift über die notarielle Be-

glaubigung des Vertrags hingegen führt zu dessen Nichtigkeit. Die Nichtigkeit des Vertrags hat zur Folge, daß jeder Partner dem anderen das auf Grund des Vertrags Erhaltene zurückerstatten muß; ist die Rückgewähr in Natur nicht mehr möglich, muß der Gegenwert des Erhaltenen rückerstattet werden.

Besondere Anforderungen bestehen an die Form von **Außenhandelsverträ-** 9 **gen**. Entsprechend der Verordnung des Ministerrates der UdSSR vom 14. 2. 1978 (vgl. SPP SSSR, 6/1978, Pos. 35) müssen diese Verträge *unbedingt schriftlich* abgeschlossen werden. Dies gilt auch für Vertragsänderungen oder -ergänzungen.

Die Verletzung der insofern nach wie vor gültigen *Ministerratsverordnung von 1978 hat in jedem Falle die Nichtigkeit der betreffenden Außenhandelsverträge zur Folge.*

Demgegenüber haben die Vorschriften derselben Verordnung über die Unterzeichnung der Außenhandelsverträge durch einen bestimmten Personenkreis und mit zwei gleichzeitigen Unterschriften mit Inkrafttreten der Zivilrechtsgrundlagen ihre Geltung verloren.

Deutsche Geschäftsleute können den besonderen russischen Formvorschriften, z. B. auch für Immobiliengeschäfte, **nicht entgehen**: Werden die entsprechenden Verträge in *Rußland* abgeschlossen, gilt für ihre Form gemäß deutschem Kollisionsrecht (Art. 11 EGBGB) das Recht des Vertragsabschlußortes, d. h. russisches Recht, demzufolge haben sie nur Gültigkeit in Schriftform. Werden sie *außerhalb Rußlands* abgeschlossen, haben die betreffenden Verträge ebenfalls nur in Schriftform Gültigkeit, da die russische Gesetzgebung sie unabhängig vom Vertragsabschlußort russischem Recht unterstellt. Das gilt übrigens auch dann, wenn die UN-Kaufrechtskonvention zur Anwendung gelangt, da die Rechtsvorgängerin der Russischen Föderation, die UdSSR, wie andere Teilnehmerstaaten der Konvention von der Möglichkeit Gebrauch gemacht hat, einen Vorbehalt dahingehend zu erklären, daß ein Kaufvertrag, an dem mindestens ein Handelsunternehmen beteiligt ist, unbedingt der Schriftform bedarf.

Vertragsauslegung

In den Zivilrechtsgrundlagen werden erstmals Grundsätze für die Auslegung von 10 Verträgen aufgestellt (Art. 59). Wie international üblich, hat das Gericht zuerst vom Buchstaben des Vertrags auszugehen. Nur wenn der buchstabengemäße Inhalt nicht klar ist, sind weitere Auslegungsmittel heranzuziehen, nämlich der Vergleich der Bedingungen untereinander und der gesamte Vertragszweck. Schließlich kommt der wirkliche Vertragswille der Partner in Betracht, wobei die entsprechenden Umstände, einschließlich der dem Vertragsabschluß vorangegangenen Verhandlungen, des Briefwechsels usw., heranzuziehen sind. Die zwischen den Parteien übliche Praxis, die Handelsbräuche und letztendlich das Verhalten der Partner nach Vertragsabschluß vervollständigen die Vertragsauslegungsmethoden.

6.

Vertragserfüllung

11 Das Vertragsrecht, zumal das allgemeine, enthält nur sehr wenige Vorschriften zur Vertragserfüllung. Es beschränkt sich auf zwei zwingende Vorschriften allgemeinen Charakters:
– die Forderung, Vertragspflichten auf *gehörige Art und Weise* zu erfüllen und das *Verbot, einseitig* von der Erfüllung der Vertragspflichten *zurückzutreten*
– oder die Vertragsbedingungen zu verändern (vgl. Art. 57 Ziff. 2 ZRG).

Die Vertragserfüllung kann einem *Dritten* auferlegt werden (Erfüllungsgehilfe), es sei denn, die Notwendigkeit der persönlichen Erfüllung der Pflichten durch den Vertragspartner ergibt sich aus dem Gesetz, dem Vertrag oder der Natur der Verpflichtung (vgl. Art. 62 ZRG).

Für den *Zeitpunkt der Vertragserfüllung*, sofern er nicht konkret im Vertrag bestimmt ist, gilt allgemein, daß die Vertragsverpflichtung in einer „vernünftigen" Frist erfüllt werden soll. Der Gläubiger kann in diesem Falle wie auch bei der Zeitbestimmung „auf Aufforderung" die Vertragserfüllung jederzeit verlangen, und der Schuldner hat sie innerhalb von sieben Tagen nach Aufforderung durch den Gläubiger zu bewirken, es sei denn, aus dem Gesetz, dem Vertrag oder der Natur der Verpflichtung ergibt sich eine andere Frist (vgl. Art. 63 ZRG).

Als allgemeinen *Erfüllungsort* bestimmt das Gesetz für natürliche Personen den Wohnort, für juristische Personen den Sitz. Davon bestehen jedoch bei wichtigen Leistungsarten folgende Ausnahmen:
– Immobilien – Belegenheitsort;
– zur Beförderung bestimmte Ware bzw. andere Vermögen – Übergabe an ersten Frachtführer;
– andere Waren bzw. Vermögen – Herstellungs- oder Aufbewahrungsort;
– Geldschuld – Wohnort bzw. Sitz zum Zeitpunkt der Entstehung der Schuld bzw. neuer Wohnort bzw. Sitz bei Wohnort- bzw. Sitzwechsel des Schuldners, sofern der Schuldner den Gläubiger davon in Kenntnis gesetzt hat (vgl. Art. 64 ZRG).

Der Gläubiger kann die *teilweise Erfüllung* eines Vertrags ablehnen, es sei denn, sie ist gesetzlich gestattet, vertraglich vereinbart oder ergibt sich aus der Natur der Verpflichtung (vgl. Art. 170 ZGB).

12 Enthielt das Zivilgesetzbuch von 1964 keine allgemeine Vorschrift über den *Preis*, da dieser unabhängig vom Vertrag in der Regel durch staatliche Preisvorschriften festgelegt wurde, gehen die Zivilrechtsgrundlagen von 1991 vom vertraglich vereinbarten Preis als Regelfall aus. Sofern staatliche Tarife oder andere Preisvorschriften bestehen, müssen diese der vertraglichen Preisvereinbarung zugrunde gelegt werden (vgl. Art. 65 Ziff. 1 ZRG). Aber im Unterschied zu früher treten staatliche Preise nicht automatisch an die Stelle von Preisen, die in den Verträgen falsch oder gar nicht vereinbart worden sind. Preisveränderungen sind nur in gesetzlich oder vertraglich vereinbarten Fällen und zu den dort vorgesehenen Bedingungen zulässig (vgl. Art. 65 Ziff. 2 ZRG).

13 Von Interesse für **Außenhandelsverträge**, insbesondere **Barterverträge**, ist die Regelung über den *gegenseitigen Vertrag* (vgl. Art. 177 ZGB). Leistung und Gegenleistung müssen bei gegenseitigen Verträgen *gleichzeitig* erfüllt werden, sofern sich nichts anderes aus Gesetz, Vertrag oder der Natur der Verpflichtung

ergibt. Darauf gestützt kann jeder Vertragspartner – wie nach § 320 BGB – die Einrede des nichterfüllten Vertrags erheben und seine Leistung demgemäß zurückbehalten, wenn der andere Partner seinerseits nicht die entsprechende Verpflichtung erfüllt.

Sicherung der Vertragserfüllung

Das Gesetz erkennt als Sicherungsleistungen für eine Verpflichtung die Vertragsstrafe, das Pfand, die Bürgschaft (Garantie) und die Anzahlung (Draufgabe) an. Die größte Verbreitung von diesen Sicherungsinstrumenten erhielt die *Vertragsstrafe*. Der Gesetzgeber sieht meistens in Regeln, Ordnungen und anderen Rechtsakten, die bestimmten Verträgen gewidmet sind, Vorschriften über den Rechtsgrund und die Höhe von Vertragsstrafen vor. Die Vertragspartner können in der Regel verschiedene Fälle für die Anwendung der Vertragsstrafe vereinbaren. 14

Die Vertragsstrafe gilt ebenso als *Form der zivilrechtlichen Verantwortlichkeit* wie der Schadenersatz. Die Normen über den Eintritt der Verantwortlichkeit gelten deshalb für die Vertragsstrafe und den Schadenersatz gleichermaßen. Im Gesetz oder Vertrag ist allerdings das Verhältnis zwischen beiden zu klären. Es geht meist darum, ob eine zu zahlende Vertragsstrafe auf den Schadenersatz anzurechnen ist oder nicht. In den Zivilrechtsgrundlagen und im Zivilgesetzbuch sind *vier Möglichkeiten* für die Anwendung der Vertragsstrafe vorgesehen:
– die Vertragsstrafe ist *Strafe*, d. h., der Gläubiger kann sie zusätzlich zum Schadenersatz verlangen;
– die Vertragsstrafe wird auf den Schadenersatz *angerechnet*, d. h., sie geht in einen möglichen Schadenersatz ein;
– die Vertragsstrafe wird *alternativ* zum Schadenersatz eingesetzt, d. h., es kann entweder Vertragsstrafe oder Schadenersatz gefordert werden;
– die Vertragsstrafe ist *ausschließliche Folge* einer Verletzung von Vertragspflichten, d. h., Schadenersatz kann nicht gefordert werden.

Wird das Verhältnis zwischen Vertragsstrafe und Schadenersatz weder im Gesetz noch im Vertrag geregelt, gilt der *Grundsatz, daß die Vertragsstrafe auf den Schadenersatz anzurechnen ist*.

Als Strafe wird die Vertragsstrafe nur in zwei Fällen der Verletzung des Liefervertrags vorgesehen: bei einer Fehlmenge und bei Lieferung nicht qualitätsgerechter (darunter auch nicht kompletter) Erzeugnisse.

Am anderen Ende der Skala der Einwirkung der Vertragsstrafe auf den Rechtsverletzer steht als schwächste Form der materiellen Verantwortlichkeit die Beschränkung auf die Vertragsstrafe (Ausschluß von Schadenersatz). Sie wird vor allem im Transportrecht bei der Nichtbereitstellung von Waggons oder Schiffen zur Beladung angewandt.

Die alternative Anwendung von Vertragsstrafe und Schadenersatz spielt in der Praxis keine Rolle.

Ob nun die Vertragsstrafe durch Gesetz vorgeschrieben ist oder im Vertrag vereinbart wurde, das Gericht hat auf jeden Fall die Möglichkeit, ihre *Höhe herabzusetzen*, wenn diese in einem unangemessenen Verhältnis zu dem angerichteten

6.

Schaden steht. Das Gericht hat dabei den Grad der Erfüllung der Verpflichtung und die berechtigten Interessen der Parteien zu berücksichtigen.

15 Bis in die jüngste Zeit hinein war eine andere Art der Sicherheitsleistung, *das Pfand*, nur in wenigen Artikeln des Zivilgesetzbuchs (Art. 192–202) geregelt. Nun wurde mit einem am 29. 5. 1992 angenommenen Gesetz über das Pfand (vgl. VSND RF, Nr. 23/1992, Pos. 1239) ein umfangreicher Katalog für Objekte des Pfandrechts aufgestellt. Verpfändet werden können im Prinzip alle Sachen oder Forderungen, mit Ausnahme der vom Gesetz direkt untersagten. Zu letzteren gehören Forderungen mit persönlichem Charakter, z. B. Alimente.

Das Gesetz schreibt für einzelne Pfandarten die *Registrierung bei staatlichen Organen* vor. Alle Pfandgeber (gemeint sind natürlich Unternehmer) haben außerdem ein Pfandbuch zu führen. Das Pfandregister und das Pfandbuch müssen jeder interessierten Person zugänglich sein. Der Zugriff zu dem verpfändeten Vermögen erfolgt, wenn das Gesetz keine andere Regelung enthält, auf Gerichtsbeschluß (Arbitrage- oder Schiedsgericht). Die Realisierung des verpfändeten Vermögens wird in der üblichen vom Gericht für seine Entscheidungen vorgesehenen Vollstreckung vorgenommen. Reicht die beim Verkauf des Pfandgegenstands erzielte Summe zur Begleichung der Verpflichtung nicht aus, kann in das übrige Vermögen des Schuldners vollstreckt werden. Damit verliert allerdings der Pfandberechtigte sein auf dem Pfand beruhendes Vorrecht.

Im Gesetz sind einzelne Arten von *Pfandobjekten* hervorgehoben, wie Betriebe, Bauten, Gebäude, Ausrüstungen und andere Objekte, die unmittelbar mit dem Grund und Boden verknüpft sind, die sich in der Zirkulation oder Verarbeitung befinden, sowie Rechte.

16 Die *Bürgschaft* ist wie folgt geregelt: Bei Verletzung der Verpflichtung sind Bürge und Schuldner gegenüber dem Gläubiger als solidarische Schuldner verantwortlich: Der Bürge haftet in demselben Umfang wie der Schuldner, einschließlich für Zinsen. Diese Regelung trägt dispositiven Charakter, d. h., die Partner können davon abweichende Vereinbarungen treffen. Der Bürge muß im Falle der Klage gegen ihn den Schuldner mit einbeziehen und den Schuldner informieren, wenn er die Verpflichtung für diesen erfüllt. Unabdingbar ist ferner das Recht des Bürgen, gegen die Klage alle Einwände zu erheben, die auch dem Schuldner selbst zustehen. Der Bürge erwirbt, ebenfalls unabdingbar, wenn er die Verpflichtung erfüllt, alle Rechte des Schuldners.

17 Die *Anzahlung* (Draufgabe) ist in der üblichen Weise geregelt: Wenn die Partei, die die Anzahlung gegeben hat, für die Verletzung des Vertrags verantwortlich ist, verfällt sie. Hat die Partei die Verpflichtung verletzt, die die Anzahlung erhalten hat, ist sie in doppelter Höhe zurückzugewähren. Wichtig ist, daß bei Fehlen einer anderweitigen Vereinbarung im Vertrag die Partei, die die Verpflichtung verletzt, dem Partner den Schaden unter Anrechnung der erfolgten Anzahlung ersetzen muß.

Forderungsabtretung und *Schuldübernahme* ändern grundsätzlich nichts an der Verpflichtung. Damit gehen auch die Sicherheitsleistungen zum neuen Gläubiger bzw. Schuldner über. Allerdings haben Bürge bzw. Pfandgeber bei Schuldübernahme ein Einspruchsrecht.

6.

Schadenersatz

Der Schadenersatz gilt *neben der Vertragsstrafe* als *Hauptform der materiellen Verantwortlichkeit*. Der Schadenersatz schließt in der Regel die Ausgaben, den Verlust und die Beschädigung des Vermögens ein, die dem in seinen Rechten Verletzten entstanden sind, sowie die Einkünfte, die der Geschädigte bei Erfüllung der Verpflichtung hätte erzielen können. Im Gesetz werden häufig die Zusammensetzung des Schadenersatzes oder die Höhe des Schadenersatzes in Rubeln begrenzt. 18

Das geltende Recht beschränkt sich auf den „zugefügten Schaden". Zu ersetzen sind nur die real entstandenen, nicht möglicherweise entstehende Schäden.

Die Zahlung von Vertragsstrafe oder Schadenersatz befreit den Schuldner nicht von der Erfüllung der Verpflichtung in natura. Speziell geregelt ist der Fall, daß die Verpflichtung in der Übergabe einer individuell bestimmten Sache besteht. Der Gläubiger behält in diesem Fall das Recht auf Übergabe der Sache, es sei denn, einem weiteren Gläubiger, der ebenfalls dieses Recht hat, wurde die Sache bereits übergeben. Bei mehreren Gläubigern, wie in diesem Fall, hat die Übergabe an den Gläubiger zu erfolgen, dessen Recht auf den Gegenstand zuerst begründet wurde; läßt sich dies nicht feststellen, ist die Sache an den Gläubiger zu übergeben, der sein Recht zuerst beim Gericht eingeklagt hat.

Verantwortlichkeit bei Vertragsverletzung

Nach dem Zivilrecht kann die materielle Verantwortlichkeit für Vertragsverletzungen, wenn Gesetz oder Vertrag nichts anderes vorschreiben, nur bei Verschulden in Form von Vorsatz oder Fahrlässigkeit eintreten. Dabei gilt die Schuldvermutung in bezug auf den Verletzer; er gilt als schuldig, solange er nicht das Gegenteil beweist. Mitwirkendes Verschulden des Geschädigten führt zu einer entsprechenden Verminderung des Schadenersatzes bzw. der Vertragsstrafe. 19

Bis in die jüngste Zeit gab es nur wenige Ausnahmen vom Verschuldensprinzip, hauptsächlich im Transportrecht. Eine schuldunabhängige Einstandspflicht ist aber nunmehr zu einem allgemeinen Prinzip erhoben worden, und zwar für die Verletzung aller Pflichten, die sich aus der unternehmerischen Tätigkeit ergeben (vgl. Art. 71 Ziff. 2 ZRG). Befreiend wirkt hier nur unabwendbare Gewalt, nicht jedoch die Verletzung von Verpflichtungen seitens der Vertragspartner des Schuldners oder das Fehlen der zur Vertragserfüllung notwendigen Waren auf dem Markt (ebenda).

Als weitere Ausnahme vom Verschuldensprinzip kann sich der Schuldner bei Verzug nur im Falle der Gläubigerverursachung befreien. Er haftet während des Verzugs auch für den Zufall (vgl. Art. 72 ZRG). Bei Verzug mit einer Geldleistung kommt zur Vertragsstrafe bzw. zum Schadenersatz noch die Zahlung von Zinsen in einer vom Gesetz oder Vertrag vorgesehenen Höhe hinzu.

6.

Vertragsbeendigung

20 Die Beendigung des Vertragsverhältnisses ist grundsätzlich in den Zivilrechtsgrundlagen geregelt (vgl. Art. 73); die dort enthaltene Aufzählung ist beispielhaft; weitere Beendigungsgründe können im Gesetz oder Vertrag vorgesehen sein.

Kaufvertrag

21 Das russische Zivilrecht unterscheidet den Kaufvertrag vom Liefervertrag. Er ist im wesentlichen für Beziehungen gedacht, an denen Bürger als Privatpersonen beteiligt sind, während der Liefervertrag nur auf Beziehungen zwischen Unternehmern anwendbar ist. Als *Gegenstand* des Kaufvertrags wird Vermögen genannt, Forderungen eingeschlossen. Die Zivilrechtsgrundlagen haben den bisher im Zivilgesetzbuch auf Konsumtionsmittel eingeschränkten Gegenstand des Kaufvertrags entsprechend den marktwirtschaftlichen Bedingungen auf den Kauf an der Börse, auf Auktionen, bei öffentlichen Versteigerungen sowie den Verkauf von Valutawerten und Wertpapieren ausgedehnt (vgl. Art. 74 Ziff. 2 ZRG).

Verletzt der Verkäufer seine Pflicht zur Übergabe der Kaufsache, hat der Käufer nicht nur das Recht auf Herausgabe, sondern auch gleichzeitig auf Schadenersatz. Bei Nichtannahme durch den Käufer kann der Verkäufer Annahme und Bezahlung verlangen bzw. den Rücktritt vom Vertrag erklären. Den in einigen Ländern bekannten Selbsthilfeverkauf oder ein Zurückbehaltungsrecht gibt es in Rußland nicht.

Die in den Zivilrechtsgrundlagen und im Zivilgesetzbuch enthaltenen Normen über die Qualität des Kaufvertragsgegenstands sind durch die weitergehenden Normen des Verbraucherschutzgesetzes überlagert (vgl. Rdn. 25).

Liefervertrag

22 Der Liefervertrag unterscheidet sich vom Kaufvertrag nicht nur durch die Subjektseite (Beziehungen zwischen Unternehmen), sondern auch durch den *Vertragszweck* (Erwerb der Ware zur unternehmerischen Nutzung bzw. zu anderen, nicht für den persönlichen Gebrauch bestimmten Zwecken; vgl. Art. 79 Ziff. 1 ZRG). Im Unterschied zum ZGB sehen die ZRG aber die subsidiäre Anwendung der Bestimmungen über den Kaufvertrag auf den Liefervertrag vor (vgl. Art. 79 Ziff. 2 ZRG).

Wesentliche Fragen des Liefervertrags regeln die Verordnungen des Ministerrates der UdSSR vom 28. Juli 1988 über die Lieferung von Erzeugnissen produktionstechnischer Bestimmung und über die Lieferung von Konsumgütern die bisher ihre Gültigkeit behalten haben[1]. Bei diesen Verordnungen handelt es sich zweifellos um Relikte der früheren Planwirtschaft, da sie von Verträgen ausge-

---

1 Ihre Weitergeltung wurde – soweit sie nicht Kapitel 9 der ZRG oder anderen Gesetzen widersprechen – durch Beschluß des Obersten Sowjets der Russischen Föderation vom 3. 3. 1993 (VSND RF, Nr. 11/1993, Pos. 393) erneut bestätigt (Anm. d. Hrsg.).

hen, die auf einer für beide Partner verbindlichen Planauflage beruhen, während gegenwärtig der größte Teil der Verträge nach dem Ermessen der Partner abgeschlossen wird. Künftig soll das auf verbindlichen staatlichen Auflagen beruhende System der materiell-technischen Versorgung und der zentralisierten Ressourcenverteilung vollständig abgeschafft werden.
Die genannten Lieferverordnungen enthalten eine ganze Reihe von Vorschriften, z. B. zur Preisregelung, die bereits jetzt überholt sind und nicht mehr gelten. Die Preise können seit dem 1. 1. 1992 grundsätzlich frei vereinbart werden. Die staatliche Preisregulierung ist nur noch in bezug auf einen begrenzten Kreis von Waren und Dienstleistungen erhalten geblieben, so z. B. für Energieträger und Gütertransporttarife sowie Erzeugnisse von Monopolbetrieben, die in einem speziellen Register des Antimonopolkomitees geführt werden. Die örtlichen Organe haben das von ihnen auch häufig genutzte Recht, Preisobergrenzen verbindlich festzulegen.
Andere Bestimmungen der Lieferverordnungen sind noch uneingeschränkt gültig, so die für Gründe zur einseitigen Erfüllungsverweigerung, die ansonsten verboten ist, und zwar: die Lieferung von Waren mangelnder Qualität; die von der Bank erklärte Zahlungsunfähigkeit des Käufers; ein überhöhter Preis und die Weigerung des Käufers, dem Verkäufer Aufwendungsersatz bzw. Schadenersatz für den Fall des Rücktritts durch den Käufer zu bezahlen.
Die umfangreichen in den Verordnungen vorgesehenen Vertragsstrafen für die verschiedenen Vertragsverletzungen sowie der Schadenersatz in einer Reihe von Fällen können durch Vereinbarung der Partner verändert werden.

Ex- und Importverträge

Seit Ende 1991 dürfen alle in der Russischen Föderation registrierten Unternehmen selbständig Außenhandelstätigkeit ausüben (vgl. 10.1 Ziff. 1). Die dazu mit den ausländischen Partnern abgeschlossenen Verträge unterliegen bei entsprechender vertraglicher Vereinbarung bzw. kollisionsrechtlicher Verweisung dem russischen Vertragsrecht in der bisher behandelten Form, insbesondere den Rechtsnormen über den Kaufvertrag. Insofern bedürfen die Ex- und Importverträge keiner besonderen Erwähnung.
Der russische Ex- und Import wird aber nach wie vor überwiegend über spezialisierte Außenhandelsunternehmen, die praktisch mit den früheren Allunionsaußenhandelsvereinigungen identisch sind, abgewickelt. Mangelnde eigene Erfahrung auf den Außenmärkten und fehlende eigene Absatzstrukturen drängen die russischen Wirtschaftsunternehmen dazu. Auch die jüngsten Maßnahmen zur Regelung des Exports strategisch wichtiger Rohstoffe, die den Hauptteil des russischen Exports ausmachen (vgl. Gruppe 10, Rdn. 8; 10.8), sind ein administrativer Zwang in dieser Richtung. Die zwischen den Exportbetrieben bzw. Beziehern von Importwaren und den spezialisierten Außenhandelsunternehmen abgeschlossenen Export- und Importverträge unterstehen einem speziellen rechtlichen Regime, und insofern bedürfen sie der besonderen Behandlung.
Das spezielle rechtliche Regime für Ex- und Importverträge gilt für alle in der Russischen Föderation ansässigen Unternehmen, unabhängig von der Eigentumsform, d. h. **auch für ausländische Unternehmen oder Unternehmen mit**

6.

ausländischer Beteiligung, sofern sie derartige Export- und Importverträge mit spezialisierten Außenhandelsunternehmen abschließen. In Ermangelung eigener Normativakte der Russischen Föderation werden die Vertragsbedingungen zwischen den Außenhandelsunternehmen und den inländischen Ex- und Importpartnern bis auf weiteres nach weitergeltenden Bestimmungen der UdSSR abgewickelt. Es handelt sich dabei um die „Grundbedingungen für die Regelung der Vertragsbeziehungen bei der Realisierung von Ex- und Importoperationen", die durch die Verordnung Nr. 888 des Ministerrates der UdSSR vom 25. 7. 1988 (vgl. SPP SSSR, Nr. 24–25/1988, Pos. 70, S. 436–447) bestätigt wurden (im folgenden Export-Importbedingungen). Sie wurden in der Anfangsphase der Wirtschaftsreform angenommen, als der Staat bereits formal auf das Außenhandelsmonopol verzichtet hatte, aber die Außenhandelsbeziehungen noch stark administrativ gesteuert wurden. Insofern tragen die Export-Importbedingungen weitgehend administrativen, zumindest regulativen Charakter. Nach dem Präsidentenerlaß über die Liberalisierung der Außenwirtschaftstätigkeit (vgl. 10.1) wurde ihre alsbaldige Aufhebung oder mindestens ihre radikale Revision im Sinne des Liberalisierungserlasses erwartet. Die erneute Konzentration des Außenhandels in den Händen der früheren Monopolorganisationen mit Hilfe der Bestimmungen über den Export sogenannter strategisch wichtiger Rohstoffe (vgl. 10.8) weist den Export-Importbedingungen aber wiederum eine Schlüsselfunktion im Regelungssystem der russischen Außenwirtschaft zu.

24 Die Export-Importbedingungen gelten nicht nur für den Waren-, sondern auch den Dienstleistungsverkehr und die wissenschaftlich-technischen Beziehungen. Die Hauptform für die Vertragsbeziehungen der Außenhandelsunternehmen mit ihren Inlandspartnern bildet der *Kommissionsvertrag*. Im Import schreiben ihn Export- und Importbedingungen direkt als ausschließliche Vertragsform vor. Im Export können die Vertragspartner zwar zwischen dem Liefer-, Kommissions- und Auftragsvertrag wählen, aber praktisch *dominiert* er auch hier, insbesondere seit er durch Präsidentenerlaß für den Export strategisch wichtiger Rohstoffe, d. h. für die Masse der Exportverträge, zur alleinigen Vertragsform bestimmt wurde (vgl. 10.8 Ziff. 2).

Im Ex- und Import bedeutet der Kommissionsvertrag, daß sich das Außenhandelsunternehmen verpflichtet, im Auftrag des Exporteurs bzw. Importeurs mit dem Auslandspartner im eigenen Namen einen Vertrag abzuschließen und zu realisieren, während der Exporteur bzw. Importeur sich verpflichtet, dem Außenhandelsunternehmen dafür eine Provision zu zahlen.

Beim Abschluß des Auslandsvertrags hat das Außenhandelsunternehmen die Interessen des Inlandspartners zu wahren. Zu diesem Zweck können dessen Vertreter zu den Verhandlungen mit dem ausländischen Kunden hinzugezogen werden, kann im Kommissionsvertrag vereinbart werden, daß der Entwurf des Vertrags mit dem Auslandspartner der Zustimmung durch den Exporteur bzw. Importeur bedarf.

Verletzt der ausländische Vertragspartner den Vertrag, ist das Außenhandelsunternehmen gegenüber seinem Inlandspartner in dem Umfang und in der Währung verantwortlich wie der Auslandspartner ihm gegenüber, d. h., es hat das, was es von diesem erlangt, an den Inlandspartner herauszugeben. Wenn das Außenhandelsunternehmen versäumt, begründete Forderungen gegen seinen ausländischen Vertragspartner durchzusetzen, haftet es seinem Inlandspartner

gegenüber für die entgangenen Vertragsstrafen oder Schadenersatzzahlungen mit seinen eigenen Valutamitteln.
Damit scheinen die Interessen des Exporteurs bzw. Importeurs ausreichend gewahrt. Das eigentliche Problem besteht aber darin, daß das inländische Produktions- oder Handelsunternehmen meistens gar nicht übersehen kann, welche Bemühungen das Außenhandelsunternehmen tatsächlich unternimmt, um die Interessen seines Inlandspartners im Außenverhältnis zu vertreten. Die Möglichkeiten des inländischen Unternehmens, seine Forderungen gegen das Außenhandelsunternehmen mit einer Klage geltend zu machen, stoßen in der Regel auf eine schwierige Beweislage und sind angesichts der ökonomischen Abhängigkeitsverhältnisse, verstärkt durch das Regime beim Export strategisch wichtiger Rohstoffe, in der Realität sehr begrenzt.

Verbraucherschutz (Produkthaftung)

Eine absolute Neuerung im russischen Recht ist die gesetzliche Regelung des Verbraucherschutzes (**Gesetz über den Verbraucherschutz – Verbraucherschutzgesetz – VSG**; 6.3), die sich auf alle Vertragspartner erstreckt. Mit diesem Gesetz wird für Rußland eine dem deutschen Produkthaftungsgesetz vergleichbare Regelung eingeführt, die auf dem Prinzip der Gefährdungshaftung beruht. Der Verbraucherschutz durchbricht die traditionellen Grenzen des Vertragsrechts, indem insbesondere der Hersteller in die Verantwortlichkeitsregelung einbezogen wird, unabhängig davon, ob er mit dem Verbraucher in vertraglichen Beziehungen steht oder nicht, wobei in der Praxis meist das letztere vorkommt.

Grundsätze

Das Verbraucherschutzgesetz geht von dem Grundsatz aus, daß der Hersteller bzw. Verkäufer dem Verbraucher gegenüber dafür verantwortlich ist, eine *Ware hergestellt bzw. abgesetzt zu haben. (der Ausführende einer Werk- bzw. Dienstleistung ein Werk übergeben bzw. eine Dienstleistung erwiesen zu haben), die den staatlichen Standards, Vertragsbedingungen oder üblichen Anforderungen entspricht.* Außerdem haben der Verkäufer, Hersteller oder Ausführende dem Verbraucher Informationen über die Ware bzw. Werk- oder Dienstleistung zur Verfügung zu stellen (vgl. Art. 4 VSG). Verletzen der Verkäufer, Hersteller oder Ausführende diese Pflichten, sind sie dem Verbraucher nach Maßgabe des Gesetzes für daraus entstehende Schäden, insbesondere infolge eines Mangels der Ware bzw. des Werkes oder der Dienstleistung oder einer unzutreffenden bzw. unvollständigen Information, verantwortlich (vgl. Art. 10ff. VSG).
Als *Mangel* wird eine einzelne Abweichung der Ware bzw. der Werk- bzw. Dienstleistung vom Standard, vom Vertrag oder von den üblichen Anforderungen betrachtet, einschließlich der Mängel in der Information über die Ware. Als *wesentlicher* Mangel gilt derjenige, der die Nutzung unmöglich oder unzulässig macht, nicht oder nur mit großem Aufwand zu beseitigen ist, die Ware oder die Werk- oder Dienstleistung zu einer anderen als im Vertrag vorgesehenen macht bzw. nach der Beseitigung wiederkehrt (vgl. Präambel VSG).

6.

Hervorzuheben ist, daß im Unterschied zu § 459 BGB die „unerhebliche Minderung des Wertes oder der Tauglichkeit" nicht vorkommt. Das russische Gesetz kennt auch nicht die „zugesicherte Eigenschaft" nach § 459 Ziff. 2 BGB. Die Mehrzahl der Normen des Verbraucherschutzgesetzes haben *zwingenden Charakter,* d. h., sie können von den Vertragspartnern nicht abbedungen werden. Vertragsbedingungen, die die Rechte des Verbrauchers einschränken, sind nichtig und begründen, wenn ihre Anwendung dem Verbraucher einen Schaden zugefügt hat, die Schadenersatzpflicht des Verkäufers, Herstellers oder Ausführenden (vgl. Art. 14 VSG).

Verbraucherschutzvorschriften

26 Der Verbraucher hat das Recht auf Schutz seines Lebens, seiner Gesundheit, der Umwelt und seines Vermögens in der Hinsicht, daß der Staat verpflichtet ist, entsprechende Standards zu erlassen bzw. den Vertrieb von gefährlichen Waren zu stoppen. Vorgesehen ist auch eine Nutzungs- bzw. Haltbarkeitskennzeichnung.

Werden durch Gesetz oder staatlichen Standard bestimmte Anforderungen erhoben, ist die Ware zertifikatspflichtig. Der Vertrieb von Waren bzw. die entsprechende Werk- oder Dienstleistung ohne das notwendige Zertifikat sind untersagt. *Der Import erfolgt* in diesem Falle *nur auf der Grundlage eines von dem dazu zuständigen Organ ausgestellten Zertifikats.* Wird eine entsprechende Gefährdung durch die Ware (die Werk- oder Dienstleistung) festgestellt, sind Produktion und Vertrieb bzw. die Leistung einzustellen, u. U. muß ein Rückruf vorgenommen werden.

Dem Schutz des Verbrauchers dienen weiterhin ausführlich geregelte Informationspflichten des Verkäufers, Herstellers oder Ausführenden. Sie umfassen Angaben über den Hersteller, die Verbrauchseigenschaften der Ware, die Haltbarkeits- und Nutzungsfristen u. a. (vgl. Art. 6–8 VSG).

Verantwortlichkeitsregelung

27 Dem in seinen Rechten verletzten Verbraucher stehen grundsätzlich Vertragsstrafe und Ersatz des darüber hinausgehenden Schadens zu (vgl. Art. 11 VSG). Beides soll der Schädiger freiwillig auf Anforderung leisten. Muß er nach einer Klage vom Gericht zur Erfüllung dieser Forderungen gezwungen werden, kann das Gericht vom Schädiger eine Sanktion in Höhe des Streitwerts zugunsten des Staates einziehen. Damit korrespondiert die Bestimmung, daß der Geschädigte bzw. die ihn vertretende gesellschaftliche Organisation keine Gerichtskosten zu bezahlen haben (vgl. Art. 16 und 43 VSG).

Das Gesetz enthält keine Begrenzung in bezug auf die Höhe des Schadenersatzes, es geht im Gegenteil von einem vollen Schadensausgleich aus (vgl. Art. 12 Ziff. 1 VSG). Eine Selbstbeteiligung des Geschädigten und ein Haftungshöchstbetrag wie nach deutschem Produktionshaftungsgesetz (§§ 10 und 11) sind nicht vorgesehen.

Erstmalig im russischen Recht begründet das Gesetz neben dem Ersatz des Vermögensschadens auch den Ersatz des „moralischen Schadens" des Geschädigten (vgl. Art. 13 VSG), worunter wohl Schmerzensgeld zu verstehen ist. Im Unterschied zu dem objektiven Charakter der Verantwortlichkeit für andere Schäden fordert das Gesetz für den Ersatz des moralischen Schadens jedoch eine Schuld des Schädigers. Neu ist auch, daß die Höhe des Schadens in diesem Falle, wenn gesetzlich nichts anderes vorgesehen ist, vom Gericht bestimmt wird.

Zu der damit schon sehr umfassenden Verantwortlichkeit können für den Verursacher noch Sanktionen staatlicher Organe für die Verletzung von Verbraucherrechten bis zu einer Million Rubel hinzukommen (vgl. Art. 41 VSG).

Allerdings wird die russische Verantwortlichkeitsregelung, die in bezug auf die Höhe und die Rechtsfolgen wesentlich strenger ist als die deutsche, durch die breiteren Möglichkeiten der Befreiung von Verantwortlichkeit wieder gemildert. Zwar haftet der Hersteller nach dem russischen Gesetz im Unterschied zum deutschen Produkthaftungsgesetz selbst dann, wenn die gefährdende Eigenschaft nach dem vorliegenden Niveau von Wissenschaft und Technik nicht zu erkennen war, andererseits werden aber Verkäufer, Hersteller und Ausführender von der Verantwortung befreit, wenn der Schaden auf höhere Gewalt und auf Verschulden des Geschädigten zurückzuführen ist.

Lieferungen für den staatlichen Bedarf

Abweichend vom allgemeinen Vertragsrecht und außerhalb der üblichen Vertragstypologie sind die Vertragsbeziehungen zur Deckung des staatlichen Bedarfs geregelt (**Gesetz über die Lieferung von Erzeugnissen und Waren des staatlichen Bedarfs – Staatsbedarfslieferungsgesetz;** 6.4). Die Bestimmungen dieses Gesetzes entsprechen bzw. ähneln zumindest den auch in anderen Ländern, darunter in der Bundesrepublik, üblichen Regeln für das öffentliche Auftragswesen. Zugleich können sie wohl zu Recht als eine gewisse Fortsetzung der staatlichen Planwirtschaft und Ressourcenbewirtschaftung betrachtet werden, wenn es zutreffend ist, daß etwa ein Drittel der industriellen Erzeugnisse Rußlands für den staatlichen Bedarf bestimmt ist und über das im Gesetz vorgesehene besondere Liefersystem realisiert wird. Der dafür bis in die jüngste Zeit prägende Begriff „Staatsauftrag" wird in dem Gesetz allerdings vermieden und durch den Begriff „Auftrag für den Ankauf und die Lieferung von Erzeugnissen für den staatlichen Bedarf" (vgl. Präambel Staatsbedarfslieferungsgesetz) ersetzt. Zentraler Begriff in dem neuen Liefersystem ist der „Staatskontrakt". Für ihn besteht keine generelle Vertragsabschlußpflicht. Allerdings dürfen Monopolbetriebe den Vertragsabschluß grundsätzlich nicht verweigern (vgl. Art. 5 Ziff. 2 Staatsbedarfslieferungsgesetz). Das kommt bei der noch vorherrschenden Konzentration der Produktion in Großbetrieben einem Kontrahierungszwang zumindest nahe. Darüber hinaus hat die Regierung das Recht, für einzelne Herstellerbetriebe direkt ein zwingendes Vertragsabschlußverfahren einzuführen.

Das besondere Liefersystem für den staatlichen Bedarf hat auch Bedeutung für ausländische Unternehmen bzw. Unternehmen mit ausländischer Beteiligung; denn Lieferer von Erzeugnissen für den staatlichen Bedarf (Auftragnehmer) können Unternehmen „unabhängig von der Eigentumsform" sein. Das schließt Unternehmen mit ausländischen Investitionen ein.

28

6.

Allerdings kommt für sie eine Kontrahierungspflicht nicht nur deshalb nicht **in Frage**, weil sie die im Gesetz genannte Voraussetzung (Monopolstellung) wohl kaum erfüllen dürften, sondern weil sich eine solche Verpflichtung auch nicht mit ihrer gesetzlich garantierten wirtschaftlichen und rechtlichen Selbständigkeit vertragen würde. Sie **können aber durchaus von sich aus** an einer Teilnahme an Staatslieferbeziehungen **interessiert sein, da mit dem Abschluß der entsprechenden Lieferverträge eine Reihe von Vergünstigungen verbunden sind** (vgl. Rdn. 29 und 30).

Staatsbedarf

29 Der *Begriff* des staatlichen Bedarfs ist außerordentlich weit gefaßt. Darunter fallen nicht nur Erzeugnisse für staatliche Organe oder Verteidigungszwecke, sondern auch Lieferungen für die Realisierung staatlicher Programme (sog. Zielprogramme) und die Erfüllung von Exportverpflichtungen der Russischen Föderation (vgl. Art. 1 Ziff. 2 Staatsbedarfslieferungsgesetz). Die Lieferungen werden aus dem Haushalt oder aus mit staatlicher Garantie versehener Mittelaufnahme finanziert. Über diese Mittel verfügen staatliche Auftraggeber, die auch für die Realisierung der Zielprogramme die Verantwortung tragen. Sie werden von der Regierung ernannt und vom Obersten Sowjet oder nur von der Regierung der Russischen Föderation bzw. der Republiken oder den jeweiligen regionalen Verwaltungsorganen bestätigt (vgl. Art. 2 und 3 Staatsbedarfslieferungsgesetz).

Staatskontrakt

30 Obwohl der Staatsauftraggeber als Käufer auftritt, geht der Staatskontrakt über einen Kauf- oder auch Werkvertrag hinaus. Er regelt in umfassender Weise die ökonomischen, rechtlichen und organisatorisch-technischen Beziehungen des Auftragnehmers mit dem Staatsauftraggeber (vgl. Art. 3 Staatsbedarfslieferungsgesetz). Seine Besonderheit besteht darin, daß nicht nur die nachfolgende Leistung bezahlt wird, sondern die Auftragnehmer mit finanziellen Ressourcen zur Realisierung der Staatskontrakte ausgestattet werden, wobei sie sich selbst um die materiellen Ressourcen zur Erfüllung des Kontrakts zu kümmern haben. Auf jeden Fall dürfte die hier angesprochene *Vorfinanzierung bzw. Zahlungsgarantie* für die Unternehmen von besonderem Interesse sein.
Die Auftragnehmer werden durch Ausschreibungen und andere, den Wettbewerb sichernde Maßnahmen ausgewählt.
Ihnen wird von den Staatsauftraggebern garantiert, daß die in Erfüllung des Staatskontrakts an Dritte gelieferten Erzeugnisse zu den im Staatskontrakt vorgesehenen Preisen bezahlt werden.
Der Staatsauftraggeber kann seine Funktionen teilweise vertraglich an Verwaltungsorgane und Unternehmen übertragen, so daß auch zwischen die eigentlichen Auftraggeber und Auftragnehmer eingeschaltete Dritte als Partner des Staatskontrakts in Frage kommen.
Als besondere Förderungsmaßnahmen für den Auftragnehmer können Steuervergünstigungen, Subventionen, Kredite, Sondervalutamittel u. a. wirtschaftliche Vergünstigungen gewährt werden (vgl. Art. 4 Staatsbedarfslieferungsgesetz).

6.

Verantwortlichkeit für Vertragsverletzungen

Für die Nicht- oder Schlechterfüllung der Staatskontrakte sind empfindliche Sanktionen, und zwar Vertragsstrafe, Schadenersatz – allein eine ernstzunehmende Drohung – und der Entzug eingeräumter Förderungsmaßnahmen vorgesehen. 31

Für Lieferverzug wird eine Vertragsstrafe in Höhe von 50 % (!) des vom Verzug betroffenen Vertragswerts erhoben, außerdem ist Schadenersatz möglich. Die Nichteinhaltung der Qualitätsanforderungen und die nicht komplette Lieferung werden mit dem Lieferverzug gleichgesetzt. Unklar bleibt hierbei das Verhältnis zwischen der Vertragsstrafe für Qualitätsverletzungen und der Lieferverzugsstrafe. Die Kumulation beider Vertragsstrafen sollte vertraglich geregelt und eine Höchstgrenze für alle Vertragsstrafen, unabhängig vom Verantwortlichkeitsbestand, vereinbart werden.

Trotz der verschärften Verantwortlichkeitsregelung für die Nicht- oder Schlechterfüllung der Staatskontrakte hat der Staatsauftraggeber außerdem noch ein unbeschränktes, nicht notwendig zu begründendes Rücktrittsrecht, wenn auch unter der Bedingung des vollen Schadenersatzes für den Auftragnehmer. Weiterhin darf der Staatsauftraggeber die Bezahlung verweigern, wenn die Erzeugnisse nicht den staatlichen Gütevorschriften entsprechen.

Für Streitigkeiten zwischen dem Staatsauftraggeber und dem Auftragnehmer sind die Gerichte oder Arbitragegerichte zuständig.

Anwendung ausländischen Rechts

Die Geschäftsfähigkeit eines **ausländischen Bürgers** bestimmt sich nach dem Recht des Landes, dessen Bürger er ist, bei Staatenlosen nach dem Recht des Landes, in dem dieser seinen ständigen *Wohnsitz* hat, (vgl. Art. 160 Ziff. 2 und 3 ZRG). Soweit es sich aber um in der Russischen Föderation abgeschlossene Verträge oder um Verpflichtungen aus in Rußland zugefügtem Schaden geht, hat die russische Gesetzgebung Vorrang (vgl. Art. 160 Ziff. 4). 32

Die Zivilrechtsfähigkeit einer **ausländischen juristischen Person** bestimmt sich nach dem *Gründungsort* (vgl. Art. 161 ZRG).

Auf die Form eines *im Ausland abgeschlossenen Vertrags* wird das Recht des *Abschlußortes* angewendet, bei Verträgen über *Immobilien*, die in der Russischen Föderation belegen sind, gilt immer das *Recht der Russischen Föderation*; ist ein Vertrag unter Verletzung der für ihn gültigen Formvorschriften abgeschlossen worden, seine Form genügt aber den russischen Vorschriften, so behält er seine Gültigkeit (vgl. Art. 165 Ziff. 1 Abs. 1 und 3 ZRG).

Die Form von Außenwirtschaftsverträgen, die von russischen juristischen Personen und Bürgern abgeschlossen wurden, unterliegen *unabhängig vom Abschlußort dem russischen Recht* (vgl. Art. 165 Ziff. 1 Abs. 2 ZRG). Auf die Form und die Fristen einer Vollmacht wird das Recht des Landes angewendet, in dem die Vollmacht erteilt wurde; auch hier gilt aber, daß Verletzungen der Form unerheblich sind, wenn die Anforderungen des russischen Rechts erfüllt werden (vgl. Art. 165 Ziff. 3 ZRG).

Auf die **Rechte und Pflichten aus Außenhandelsverträgen** wird das Recht

6.

des Landes angewendet, das die Parteien beim Vertragsabschluß oder später vereinbart haben. Fehlt eine solche Vereinbarung, wird das Recht des Landes angewendet, wo die Partei, die die *vertragsbestimmende Leistung* erbringt, gegründet wurde, ihren Wohnsitz oder Haupttätigkeitssitz hat (Art. 166 ZRG). So gilt bei den entsprechenden Vertragsarten das Recht des Verkäufers, des Darlehensgebers, des Lizenzgebers, des Lagerhalters, des Kommissionärs, des Beauftragten, des Spediteurs, des Versicherers usw. Bei Verträgen über die **Gründung eines gemeinsamen Unternehmens** mit ausländischer Beteiligung gilt *das Recht des Gründungsorts* dieses Unternehmens.

7. Steuerrecht

von Dr. jur. Axel Ottinger

Allgemeines Steuerrecht	123
Steuersystem	123
Steuerarten und ihre Verteilung auf die Haushalte	125
Pflichten, Rechte und Rechtsschutz der Steuerschuldner	126
Steuervergünstigungen	127
Gewinnsteuer der Unternehmen	128
Steuergegenstand	128
Steuersätze	129
Steuervergünstigungen	129
Verfahren der Steuerentrichtung	130
Einkommensteuer der Unternehmen	130
Steuergegenstand	131
Steuersätze	131
Steuervergünstigungen	132
Verfahren der Steuerentrichtung	132
Mehrwertsteuer	133
Steuergegenstand	133
Steuersätze	134
Steuervergünstigungen	134
Verfahren der Steuerentrichtung	134
Akzisen (Verbrauchsteuern)	135
Steuergegenstand	135
Akzisensätze	135
Verfahren der Akzisenentrichtung	135
Vermögensteuer der Unternehmen	136
Steuergegenstand	136
Steuersatz	136
Steuervergünstigungen	136
Verfahren der Steuerentrichtung	136
Besteuerung von Einkünften aus Versicherungstätigkeit	137
Steuergegenstand	137
Steuersatz	137
Steuervergünstigungen	137

7.

Verfahren der Steuerentrichtung	137
Besteuerung von Bankeinkommen	138
Steuergegenstand	138
Steuersätze	138
Steuervergünstigungen	139
Verfahren der Steuerentrichtung	139
Besteuerung von Wertpapiergeschäften	139
Steuergegenstand	140
Steuersätze	140
Steuervergünstigungen	140
Verfahren der Steuerentrichtung	140
Einkommensteuer natürlicher Personen	141
Steuergegenstand	141
Steuersätze	141
Steuervergünstigungen	141
Verfahren der Steuerentrichtung	142
Grundsteuer	142
Steuergegenstand	142
Steuersätze	142
Steuervergünstigungen	142
Verfahren der Steuerentrichtung	143
Staatliche Gebühren	143
Steuergegenstand	143
Gebührensätze	143
Vergünstigungen	143
Verfahren der Gebührenentrichtung	143
Übrige Steuern und Gebühren	144

7.

Ende 1991 hat der Oberste Sowjet der Russischen Föderation ein Paket von etwa 20 Steuergesetzen verabschiedet, die in ihrer Masse mit Beginn des Jahres 1992 in Kraft gesetzt wurden. Manchen Regelungen, insbesondere den sehr hohen Steuersätzen, ist allerdings anzumerken, daß das neue Steuerrecht noch stark dem konfiskatorischen Charakter des früheren Abgabensystems verhaftet ist, das die Gewinne der Staatsbetriebe fast ausschließlich dem Staatshaushalt einverleibte. Auch mangelt es dem neuen Steuersystem noch an Stabilität, was sich in relativ häufigen, kurzfristigen Änderungen der Steuergesetze niederschlägt. Abgesehen davon, kann von einer durchgreifenden Wirkung der Steuerpolitik auf die Wirtschaftsentwicklung Rußlands noch keine Rede sein.
Unter den umfangreichen, z. T. auch unübersichtlichen Quellen des russischen Steuerrechts kann man folgende Hauptbestandteile ausmachen:
– **Verfassung der Russischen Föderation in der Neufassung vom April 1992** (insbesondere die Artikel 72, 81^1, 81^5, 84^1 und 158);
– allgemeine Steuergesetze übergreifenden Charakters, insbesondere **Gesetz über die Grundlagen des Steuersystems** (StSystG; vgl. 7.1), **Gesetz über die Grundlagen der Haushaltsordnung und des Haushaltsprozesses** (HaushOrdG; vgl. 7.2) und **Gesetz über den Staatlichen Steuerdienst** (StDienstG; vgl. 7.3);
– **Spezialgesetze zu den einzelnen Steuer- und Abgabenarten** (vgl. 7.4–7.15);
– **internationale Abkommen der UdSSR zu Steuerfragen**, die für die Russische Föderation als Rechtsnachfolger der ehemaligen UdSSR verbindlich sind und von dieser weiterhin angewandt werden, **mit der BRD insbesondere das Abkommen vom 24. 11. 1981 zur Vermeidung der Doppelbesteuerung** (BGBl. II 1983, S. 2) **und das Kapitalschutzabkommen vom 13. 6. 1989** (BGBl. II 1990, S. 343).
Neben diesen Hauptquellen des in der Russischen Föderation geltenden Steuerrechts gelangen auch einzelne Bestimmungen der Gesetzgebung der ehemaligen UdSSR zur Anwendung, soweit sie nicht der Verfassung und anderen Gesetzen Rußlands widersprechen.

Allgemeines Steuerrecht

Steuersystem

Das Steuersystem der Russischen Föderation besteht aus einer Vielzahl von Steuern, Abgaben, Gebühren und anderen obligatorischen Abführungen an den Staatshaushalt oder an nichthaushaltsgebundene öffentliche Fonds, die im einzelnen in dem Gesetz über die Grundlagen des Steuersystems (StSystG; vgl. 7.1) bestimmt sind und die in dem Verfahren erhoben werden, das in Spezialgesetzen (vgl. 7.4–7.15) vorgesehen ist.
Das StSystG unterscheidet Steuern, Abgaben, Gebühren und sonstige Zahlungen, ohne diese ausdrücklich voneinander abzugrenzen. Es faßt diese verschiedenen Arten von obligatorischen Abführungen unter dem Begriff „Steuern" zusammen, dem damit ein weitgefaßter Inhalt verliehen wird (vgl. Art. 2 StSystG). Alle Geldleistungen an die öffentliche Hand werden als gleichrangig betrachtet,

7.

unabhängig davon, ob es sich um Geldleistungen ohne konkrete Gegenleistung, wie im Fall der Steuern im engeren Sinne, oder um solche mit entsprechender Gegenleistung seitens der Behörden handelt, wie im Falle der Gebühren und einer Reihe von Abgaben. *Als entscheidend wird ihr Charakter als obligatorische Abführung angesehen.*

2 Das Steuersystem der Russischen Föderation beruht auf einer Reihe grundlegender *Prinzipien*, die auf seine Legalität und Stabilität abzielen. Dazu gehört der Grundsatz, daß Steuern (im weitesten Sinne) wie auch Steuervergünstigungen nur auf gesetzlicher Grundlage und vorrangig vom Obersten Sowjet der Russischen Föderation eingeführt und abgeschafft werden dürfen. Gesetze zur Änderung der Höhe der Steuern, soweit dadurch den Steuerschuldnern Nachteile entstehen, haben keine rückwirkende Rechtskraft (vgl. Art. 1 StSystG). Ein und derselbe Gegenstand kann mit ein und derselben Steuerart nur einmal in der durch Gesetz geregelten Weise besteuert werden (vgl. Art. 6 StSystG). Die Gewährung von Steuervergünstigungen, die individuellen Charakter tragen, ist unzulässig (vgl. Art. 10 StSystG).

Änderungen von Steuern und Steuersätzen gelten als Steuerreform, die eine gesonderte Beschlußfassung des russischen Parlaments entsprechend dem Gesetz über die Grundlagen der Haushaltsordnung und den Haushaltsprozeß (HaushOrdG; vgl. 7.2) erfordern (vgl. Art. 26 StSystG i. V. m. Art. 23 HaushOrdG).

3 Die *institutionellen Grundlagen* des russischen Steuersystems sind in dem Gesetz über den Staatlichen Steuerdienst (StDienstG; vgl. 7.3) verankert. Dem Steuerdienst obliegt die Kontrolle über die Einhaltung der Steuergesetzgebung, die Richtigkeit der Berechnung sowie über die Vollständigkeit und Rechtzeitigkeit der Abführung der Steuern (vgl. Art. 1 und 6 StDienstG).

Der Steuerdienst bildet ein einheitliches System, an dessen Spitze die Staatliche Hauptsteuerinspektion beim Finanzministerium der Russischen Föderation steht und dem die Staatlichen Steuerinspektionen bei den Finanzministerien der Republiken sowie der anderen national-territorialen Einheiten der Russischen Föderation angehören.

Die staatlichen Steuerinspektionen arbeiten bei der Kontrolle über die Erfüllung der Steuerbescheide mit den für die Registrierung der Unternehmen zuständigen Verwaltungsorganen zusammen (vgl. Art. 4 StDienstG). Sie informieren die Staats- und Verwaltungsorgane aller Ebenen über die Einhaltung der Steuergesetzgebung sowie über die fälligen und tatsächlich abgeführten Steuern an die jeweiligen Haushalte oder Fonds. Die Rechte und Pflichten sowie die Verantwortlichkeit der Steuerinspektionen und ihrer Amtspersonen sind im Gesetz über den Steuerdienst geregelt, die interne Struktur des Steuerdienstes ist durch Präsidentenerlaß geordnet; beide Normativakte verdienen beim Verkehr der Unternehmen mit den Steuerbehörden Beachtung (vgl. StDienstG, insbes. Art. 6ff.). Noch mangelt es in der Praxis an qualifizierten Steuerinspektoren, wie andererseits der für das einwandfreie Funktionieren des Steuersystems notwendige Berufsstand der Steuerberater und Wirtschaftsprüfer erst im Entstehen begriffen ist.

7.

Steuerarten und ihre Verteilung auf die Haushalte

Das StSystG bestimmt die einzelnen Steuerarten und verteilt sie auf die verschiedenen Haushalte. Entsprechend dem föderativen Staatsaufbau stehen einige Steuerarten dem Föderationshaushalt, andere den Haushalten der Republiken und national-territorialen Einheiten und dritte den örtlichen Haushalten zu. Im einzelnen werden die Steuern wie folgt bestimmt und auf die drei Ebenen aufgeteilt (Art. 18 StSystG):
a) *Föderationssteuern* (Art. 19 StSystG)
Von den 16 dazugehörenden wichtigsten Steuern fließen acht Steuern dem Föderationshaushalt zu, und zwar die Mehrwertsteuer, die Akzisen (Verbrauchsabgaben), die Bank-, Versicherungs-, Börsen- und Wertpapiersteuern, die Zölle sowie die Gebühr für den Gebrauch der Bezeichnung „Rußland", „Russische Föderation" und von Wortverbindungen auf dieser Grundlage.
Die meisten anderen Steuern, darunter die Gewinnsteuer der Unternehmen und die Einkommensteuer der natürlichen Personen, werden nach einem bei der Bestätigung der Haushalte der verschiedenen Ebenen bestimmten Verhältnis an die Haushalte der Republiken und national-territorialen Einheiten abgeführt. Die Abgaben für die Nutzung der Naturressourcen werden zwischen dem Föderationshaushalt und den Haushalten der Republiken und national-territorialen Einheiten aufgeteilt.
Straßensteuern und Rekultivierungsabgaben werden an die für diese Zwecke bestehenden speziellen Fonds abgeführt.
Einige weniger bedeutende Steuern, darunter die Erbschaft- und Schenkungsteuer, stehen vorbehaltlich anderweitiger gesetzlicher Regelung den örtlichen Haushalten zu.
b) *Steuern der Republiken, Regionen, Gebiete, autonomen Gebiete und Bezirke* (Art. 20 StSystG)
Dazu gehören vier Steuerarten: die Vermögensteuer der Unternehmen, die Forstabgaben, die Wasserentnahmegebühren sowie eine Abgabe für die Erfordernisse von Bildungseinrichtungen, die von juristischen Personen erhoben wird.
Die konkreten Sätze für diese Abführungen werden durch Gesetze bzw. Beschlüsse auf der entsprechenden Ebene festgelegt.
c) *Örtliche Steuern* (Art. 21 StSystG)
Hierzu zählen insgesamt 23 verschiedene Steuerarten. Davon haben nur drei Steuerarten allgemein obligatorischen Charakter: die Vermögensteuer natürlicher Personen, die Grundsteuer und die Registrierungsgebühren für Unternehmenstätigkeit, d. h., diese Abgaben werden unbedingt auf dem gesamten Territorium der Russischen Föderation erhoben, während die übrigen Abgaben, z. B. Kurtaxe, Handelsgewerbegenehmigungsgebühren, auf Beschluß der jeweiligen örtlichen Organe erhoben werden können, d. h., sie tragen fakultativen Charakter.
Ausländische Unternehmer müssen über die zulässigen Steuern, ihre Höhe und die zuständigen Steuereinzugsebenen informiert sein, um ihrer Steuerpflicht ordnungsgemäß nachkommen zu können, aber auch um unzulässige Steuerforderungen abwehren zu können. Die meisten der für ausländische Unternehmer ins Gewicht fallenden Steuern sind Föderationssteuern. Um sie aber

7.

nicht dem falschen Haushalt zuzuführen, sollte man die Hilfe der örtlich zuständigen Finanzbehörde in Anspruch nehmen. **Weiterhin muß darauf aufmerksam gemacht werden, daß russische Steuerbehörden entgegen den Bestimmungen des nach wie vor gültigen Doppelbesteuerungsabkommens mit der BRD Steuern von deutschen Investoren in vollem Umfang erheben. Gegen solche unrichtigen Steuerbescheide kann jedoch, wie die Praxis zeigt, auf dem Rechtsweg erfolgreich vorgegangen werden.**

Pflichten, Rechte und Rechtsschutz der Steuerschuldner

5 *Steuerschuldner* sind diejenigen juristischen und natürlichen Personen, die durch Gesetz zur Steuerzahlung verpflichtet sind (Art. 3 StSystG). Ihre Hauptpflicht besteht darin, die Steuern fristgemäß, vollständig und an den zuständigen Haushalt abzuführen (Art. 11 StSystG). Zu diesem Zweck ist der Steuerschuldner zur Buchführung und zur Berichterstattung über seine Finanz- und Wirtschaftstätigkeit verpflichtet. Die entsprechenden Unterlagen sind mindestens fünf Jahre aufzubewahren. Alle für die Steuerberechnung und -entrichtung notwendigen Unterlagen und Nachweise sind den Steuerbehörden vorzulegen.
Unternehmen mit ausländischen Investitionen (vgl. Gruppe 1, Rdn. 36) können Buchführung und Rechnungswesen nach eigener Wahl entweder entsprechend den in der Russischen Föderation oder in ihrem Herkunftsland üblichen Regeln gestalten (vgl. Art. 30 AIG). **In der Praxis wird der deutsche Unternehmer bzw. Investor seine Buchhaltung sowohl nach russischen als auch deutschen Vorschriften führen, um seinen Steuerpflichten in beiden Ländern nachkommen zu können.**

6 Für Verletzung seiner Steuerpflichten ist der Steuerschuldner verwaltungs- und evtl. strafrechtlich verantwortlich. Bei *Steuerhinterziehung* werden die verheimlichten oder zu niedrig angegebenen Steuersummen eingezogen, und es wird eine Geldbuße in Höhe dieser Summen verhängt (Art. 13 StSystG). Im Wiederholungsfalle verdoppelt sich die Geldbuße, und bei Vorsatz kann die Geldstrafe durch Gerichtsentscheid bis auf das Fünffache der hinterzogenen Steuersumme festgesetzt werden.
Bei *Verzug mit der Steuerzahlung* werden vom Steuerschuldner Verzugszinsen in Höhe von 0,2 % der nicht gezahlten Steuersumme für jeden Verzugstag eingezogen (vgl. Art. 13 Ziff. 1 Buchst. c) StSystG).
Steuerschulden, Geldbußen und Verzugszinsen werden von *juristischen Personen* im unstreitigen Verfahren eingezogen. Bei schwerwiegenden Verletzungen von Steuerpflichten können die Steuerbehörden eine Reihe weiterer folgenschwerer gerichtlicher Schritte einleiten, so das Verbot der unternehmerischen Tätigkeit beantragen, auf Liquidation des Unternehmens klagen oder die Nichtigkeit bestimmter Rechtsgeschäfte mit nachfolgender Einziehung der daraus erzielten Einkünfte betreiben (Art. 14 StSystG).
Dem Steuerschuldner stehen zur Wahrnehmung seiner Interessen bestimmte *Rechte* gegenüber den Steuerbehörden zu (vgl. Art. 12 StSystG). So kann er Einsicht in die Prüfungsprotokolle der Steuerbehörden verlangen, Erläuterungen zu seiner Steuerzahlung geben, Steuervergünstigungen beantragen und schließlich gegen Steuerbescheide und Amtshandlungen der Mitarbeiter der Steuerbehörden Beschwerde einlegen.

Der *Rechtsschutz der Steuerschuldner* besteht in gerichtlichen und außergerichtlichen Rechtsbehelfen (vgl. Art. 17 StSystG). Da es noch keine speziellen Finanzgerichte gibt, haben juristische Personen gerichtliche Rechtsbehelfe beim Arbitragegericht und natürliche Personen beim ordentlichen Gericht vorzubringen.
Das Verfahren für außergerichtliche Rechtsbehelfe ist im Gesetz über den Steuerdienst geregelt. Es sieht vor, daß Beschwerden gegen Amtshandlungen von Mitarbeitern der Steuerbehörden bei der staatlichen Steuerinspektion, in der die betreffende Amtsperson tätig ist, einzulegen sind (vgl. Art. 14 StDienstG). Die Steuerinspektion hat die Beschwerde innerhalb eines Monats nach ihrem Eingang zu bearbeiten und eine Entscheidung zu treffen. Bei Nichteinverständnis mit der Entscheidung kann wiederum innerhalb eines Monats Beschwerde bei der übergeordneten Steuerinspektion erhoben werden; richtet sich die Beschwerde gegen die Staatliche Hauptsteuerinspektion beim Finanzministerium der Russischen Föderation, ist sie beim Obersten Arbitragegericht einzureichen. Die Beschwerden gegen Amtshandlungen der Mitarbeiter der Steuerinspektionen haben keine aufschiebende Wirkung.
Die Steuerbehörden sind gegenüber dem Steuerschuldner für die Wahrung des Geschäfts- und Bankgeheimnisses verantwortlich. Für einen evtl. entstandenen Schaden, einschließlich entgangener Gewinn, ist Schadenersatz zu leisten (vgl. Art. 16 StSystG).

Steuervergünstigungen

Steuervergünstigungen sind generell für *Kleinunternehmen* (bis zu 200 Beschäftigten) vorgesehen (vgl. im einzelnen das Gesetz über den Investitionssteuerkredit – InvStKrG; 7.15).
Die mit dem Steuerkredit beabsichtigte Steuervergünstigung betrifft zwei Steuerarten, die Gewinn- und die Vermögensteuer der Unternehmen, und stellt einen Aufschub der Steuerentrichtung für den Zeitraum von in der Regel zwei Jahren dar. Um in den Genuß dieser Vergünstigung zu gelangen, muß mit den zuständigen örtlichen Steuerbehörden eine Kreditvereinbarung abgeschlossen werden, mit der auch zugleich über die konkrete Höhe des Steuerkredits befunden wird. Das Gesetz schreibt vor, daß die Vergünstigung höchstens 50 % des zu entrichtenden Steuerbetrags ausmachen darf. Es ermöglicht Kleinunternehmen aller Rechts- und Eigentumsformen darüber hinaus, bei den örtlichen Verwaltungen der Sowjets der Volksdeputierten sogenannte zweckgebundene Steuervergünstigungen zu erwirken, über die ebenfalls eine Kreditvereinbarung abgeschlossen wird. Eine solche zweckgebundene Steuervergünstigung kann gewährt werden, wenn die Antragsteller besonders wichtige Aufträge zur sozialökonomischen Entwicklung der jeweiligen Territorien erfüllen oder der Bevölkerung des entsprechenden Territoriums besonders wichtige Dienstleistungen zur Verfügung stellen. Die örtlichen Sowjets können allerdings derartige Vergünstigungen nur im Rahmen der ihren Haushalten gesetzlich zufließenden Steuerzahlungen gewähren.
Unternehmen mit ausländischen Investitionen können Steuervergünstigungen in Übereinstimmung mit dem Gesetz über Auslandsinvestitionen (AIG) **er-**

7.

halten, insbesondere wenn sie in Schwerpunktbereichen der Volkswirtschaft, in Vorzugsregionen (vgl. Art. 28 AIG) oder in freien Wirtschaftszonen (Art. 42 AIG) tätig sind. Die Steuervergünstigungen müssen von Fall zu Fall beantragt und mit den zuständigen staatlichen Organen vereinbart werden.

Gewinnsteuer der Unternehmen

Zu den wichtigsten Steuerarten gehört die Gewinnsteuer der Unternehmen, die auf der Grundlage des Gesetzes über die Gewinnsteuer der Unternehmen und Organisationen (GewinnStG; vgl. 7.4) erhoben wird.

Steuergegenstand

9 Als Grundlage für die Errechnung des steuerpflichtigen Gewinns wird zunächst vom Bruttogewinn ausgegangen, der dann im gesetzlich festgelegten Verfahren in enumerativ dargestellten Fällen durch Zu- oder Abschlagsrechnungen vermindert bzw. erhöht werden kann (vgl. Art. 2 GewinnStG).
Der zu versteuernde Gewinn wird in einer Weise ermittelt, die es dem Steuerschuldner nicht gestattet, alle Aufwendungen für die Herstellung und Veräußerung der Erzeugnisse, Werk- und Dienstleistungen in Abzug zu bringen. Es dürfen nur die Aufwendungen abgezogen werden, die in die Selbstkosten eingehen (vgl. Art. 2 Ziff. 3 GewinnStG). Die mit der Entlohnung der Beschäftigten des Unternehmens verbundenen Kosten dürfen dabei nur in eingeschränktem Maße in die Selbstkosten einbezogen werden. Es wird nämlich ein normierter Lohnkostensatz pro Beschäftigten des Unternehmens im Bereich seiner Grundtätigkeit vorgegeben, der mit den tatsächlich entstandenen Lohnkosten selten deckungsgleich ist.
Bei der Novellierung des Gewinnsteuergesetzes hat man diesem Umstand mehr oder weniger Rechnung getragen und festgelegt, wie zu verfahren ist, wenn die tatsächlichen Lohnkosten den vorgegebenen Normsatz übersteigen. Soweit die tatsächlichen Lohnkosten sich hinsichtlich ihrer Höhe im Rahmen eines verdoppelten Normsatzes bewegen, sind Gewinnsteuern nach dem Steuersatz von 32 % für die den normierten Satz übersteigenden Lohnkosten zu entrichten. Wird auch dieser Rahmen überschritten, dann werden die darüber hinausgehenden Lohnkosten nach einem Gewinnsteuersatz von 50 % besteuert. Den normierten Lohnkostensatz für die in der Haupttätigkeit der Unternehmen Beschäftigten schlägt die Regierung der Russischen Föderation jedes Jahr neu vor; er wird vom Obersten Sowjet anschließend bestätigt.
Bei Vermögensverkauf wird der steuerpflichtige Gewinn unter Berücksichtigung des Inflationsindex ermittelt (vgl. Art. 2 Ziff. 4 GewinnStG).
Bei ausländischen juristischen Personen unterliegt nur der durch ihre Tätigkeit in der Russischen Föderation erzielte Gewinnanteil der Besteuerung, nicht aber der Gewinn aus Außenhandelsgeschäften, wenn die betreffende ausländische juristische Person Eigentümer der Ware, der Werk- oder Dienstleistung wird, bevor diese die Grenze zur Russischen Föderation passiert (Art. 3 Buchst. a) GewinnStG).

7.

Die ausländischen juristischen Personen müssen ihren aus einer Tätigkeit in der Russischen Föderation erzielten Gewinnanteil selbst bestimmen und den Steuerbehörden angeben. Wenn dies nicht möglich ist, errechnet die Steuerbehörde den Gewinn auf der Grundlage des Bruttoertrags oder der getätigten Aufwendungen, ausgehend von einer Rentabilitätsrate von 25 % (Art. 3 Buchst. c) GewinnStG).

Steuersätze

Für Unternehmen, einschließlich **ausländischer juristischer Personen**, beträgt der Gewinnsteuersatz 32 %, für Börsen, Maklerbüros und Vermittlerunternehmen 45 % (Art. 5 GewinnStG). Davon abweichende Steuersätze gelten für einige gesondert aufgezählte Ertragsarten, z. B. für Dividenden, Zinsen aus Aktien, Obligationen und andere in der Russischen Föderation ausgegebene Wertpapiere, und zwar in Höhe von 15 %, für Einnahmen aus Spielkasinos, anderen Spielhäusern sowie Spielgeschäften mit Geld- und Sachgewinnen, aus dem Betreiben von Videotheken sowie dem Verleih von Video- und Audiokassetten in Höhe von 90 % (Art. 10 GewinnStG). **Diese abweichenden Steuersätze sind auch von ausländischen juristischen Personen zu entrichten.** 10

Besondere Steuersätze gelten für ausländische juristische Personen bei Einkünften, die nicht mit ihrer Tätigkeit in der Russischen Föderation zusammenhängen, und zwar in Höhe von 15 % bei Einkünften aus Dividenden und Zinsen sowie aus Beteiligung an Unternehmen mit ausländischen Investitionen, in Höhe von 20 % bei Einnahmen aus der Nutzung von Urheberrechten und Lizenzen sowie aus Verpachtung und in Höhe von 6 % bei Frachteinnahmen (Art. 11 GewinnStG).

Steuervergünstigungen

Steuervergünstigungen werden allen Unternehmen für die Finanzierung von Investitionen zur Erweiterung der eigenen produktiven Kapazitäten und nicht mit der Produktion verbundenen Bereiche gewährt, sofern sie ihre eigenen Abschreibungen und Amortisationsfonds für diese Zwecke voll ausschöpfen. Das geschieht, indem der von den Unternehmen dafür verwendete Gewinnanteil nicht der Besteuerung unterworfen wird (Art. 7 Ziff. 1 Buchst. a) GewinnStG). 11

Umfangreiche Vergünstigungen werden für Maßnahmen des Umweltschutzes, für Aufwendungen zu sozialen und Wohltätigkeitszwecken sowie zur Unterhaltung von Objekten des Gesundheitswesens, der Bildung, der Kultur und des Sports gewährt.

Für den deutschen Unternehmer, der in der Russischen Föderation geschäftlich tätig wird, ist von besonderem Interesse, daß deutsche juristische Personen nach dem Doppelbesteuerungsabkommen BRD/UdSSR berechtigt sind, innerhalb eines Jahres, gerechnet vom Erhalt des Einkommens, einen Antrag auf Steuersenkung bzw. -aufhebung nach dem vom Staatlichen Steuerdienst der Russischen Föderation vorgesehenen Verfahren zu stellen. Bei Fristverstreichung wird der Antrag nicht bearbeitet.

7.

Verfahren der Steuerentrichtung

12 **Ausländische juristische Personen** müssen sich als Steuerschuldner von der zuständigen Steuerbehörde am Sitz ihrer ständigen Vertretung in der Russischen Föderation registrieren lassen. Die Gewinnsteuer wird jährlich berechnet. Der Steuerbescheid mit der berechneten Steuersumme und den Zahlungsfristen wird der **ausländischen juristischen Person** zugestellt (Art. 9 Ziff. 6 GewinnStG).Grundlage für den Steuerbescheid bilden die der Steuerbehörde spätestens bis zum 15. April des Folgejahres vorzulegende Jahresabrechnung über die Tätigkeit in der Russischen Föderation sowie die ebenfalls einzureichende Einkommenserklärung (Art. 9 Ziff. 7 GewinnStG).

Für **Unternehmen mit ausländischen Investitionen** ist eine quartalsweise Steuervorauszahlung im Umfang von 1/4 der jährlichen Steuerschuld festgelegt, wobei Zahlungstermin der 15. des letzten Monats im Quartal ist (Art. 9 Ziff. 4 GewinnStG). Sie müssen der Steuerbehörde außer dem Jahresabschluß und der Einkommenserklärung das Gutachten eines Wirtschaftsprüfers über die Richtigkeit der Rechnungslegung vorlegen. Bei Nichtvorlage des Gutachtens im Verlaufe des auf das Berichtsjahr folgenden Jahres kann der Steuerschuldner zur Verantwortung gezogen werden (Art. 9 Ziff. 10 GewinnStG).

Einkommensteuer der Unternehmen

13 Während das Gesetz über die Gewinnsteuer der Unternehmen sowie die anderen Steuergesetze seit dem 1. Januar 1992 geltendes Recht sind, ist das Gesetz über die Einkommensteuer der Unternehmen (EinkStUG; vgl. 7.5) vom Gesetzgeber noch nicht in Kraft gesetzt worden. Für die einheimischen Unternehmen soll mit dem Inkrafttreten dieses Gesetzes zugleich das Gesetz über die Gewinnsteuer der Unternehmen seine Gültigkeit verlieren, somit also in absehbarer Zeit der Übergang von der Gewinn- zur Einkommenbesteuerung vollzogen werden.

Für **ausländische juristische Personen** indessen sieht das EinkStUG vor, daß ihnen die Möglichkeit der Wahl zwischen Gewinn- und Einkommensteuer zusteht, d. h., wenn das EinkStUG in Kraft tritt, kann der ausländische Partner selbst entscheiden, ob er Gewinnsteuer oder Einkommensteuer entrichten will (Art. 6 Ziff. 5 EinkStUG). **Dazu ist ein Vergleich vor allem der vorgesehenen Vergünstigungen und der Legaldefinition des jeweiligen Steuergegenstands beider gesetzlicher Regelungen anzuraten, um die günstigste Variante auswählen zu können.** Von Bedeutung könnte in diesem Vergleich auch die im EinkStUG vorgesehene spezielle Regelung der Besteuerung für die unterschiedlichen rechtlich-organisatorischen Unternehmensformen sein, wie sie im Art. 14ff. EinkStUG enthalten ist.

7.

Steuergegenstand

Steuergegenstand der Einkommensteuer ist der Bruttoertrag, vermindert um die 14
Summe der zu den Selbstkosten der Produktion zählenden Aufwendungen wie
auch um die Mehrwertsteuer und die Akzisen. Während bei der Gewinnsteuer
die Lohnkosten wenigstens teilweise als zu den Selbstkosten zählende Aufwendungen gelten, wird bei der Einkommensteuer von vornherein festgelegt, daß
die Lohnkosten überhaupt nicht zu den abzugsfähigen Selbstkosten gehören
(Art. 4 Ziff. 1 EinkStUG).
Der Bruttoertrag wird als Summe der Erlöse aus der Veräußerung von Erzeugnissen (Werk- und Dienstleistungen), von Grundfonds und anderem Vermögen
des Unternehmens sowie der Erlöse aus nicht mit Verkauf verbundenen Operationen, vermindert um die Aufwendungen für diese Operationen, definiert (Art. 4
Ziff. 2 EinkStUG). Dabei gilt als Erlös die Summe der Geldmittel, die auf dem
Bankkonto oder in der Kasse des Unternehmens zum Ende der Steuerperiode
faktisch eingegangen ist.
Die Erlöse aus Operationen ohne Verkaufstätigkeit umfassen die Eingänge aus
Vermögensverpachtung, Geld- und Konventionalstrafen, Einkünfte aus Obligationen, Zinsen für ausgereichte Darlehen und andere Einkünfte, die als Gewinn verbucht wurden. Hierzu zählen auch die Dividenden auf Aktien und andere Einkünfte aus Kapitalanlagen in anderen Unternehmen.
Spezielle Vorschriften gelten zur Bestimmung des Steuergegenstands bei Veräußerung von Unternehmensvermögen sowie für Unternehmen, die mit gekauften
Waren handeln oder eine Vermittlertätigkeit ausüben (Art. 4 Ziff. 4–6 EinkStUG).

Steuersätze

Die Steuersätze richten sich nach den verschiedenen Arten unternehmerischer 15
Tätigkeit. In der Regel beträgt der Steuersatz für inländische Unternehmen sowie **ausländische juristische Personen** gleichermaßen 18 % (Art. 7 Ziff. 1
EinkStUG).
Die Staatsorgane der zur Russischen Föderation gehörenden Republiken, Regionen, Gebiete sowie der Städte Moskau und St. Petersburg können im Rahmen dieser 18 %-Grenze, die nicht überschritten werden darf, die Steuersätze
konkretisieren, z. B. können statt fester Steuersätze progressive festgelegt werden, wobei jede Abweichung für alle Unternehmen des entsprechenden Territoriums einheitlich gelten soll.
Bei Unternehmen mit Einkünften aus Wirtschaftsprüfungs- und Beratertätigkeit
gilt ein Steuersatz von 25 %.
Börsen, Maklerkontore und andere Unternehmen, die Einkünfte aus Vermittlertätigkeit erzielen, entrichten die Steuer zu einem Satz von 45 %.
Unternehmen, deren Einkünfte durch Betreiben von Videosalons, Spielautomaten und Spielkasinos bzw. aus Versteigerungen zustande kommen, zahlen die
Steuer zu einem Steuersatz von 70 % (Art. 7, Ziff. 2–4 EinkStUG).

7.

Steuervergünstigungen

16 Vergünstigungen zur Einkommensteuer der Unternehmen werden in Form der Steuerbefreiung, der Herabsetzung des zu versteuernden Einkommens sowie der Minderung des Steuersatzes gewährt (Art. 8–12 EinkStUG).
Von der Einkommensteuer vollständig befreit sind z. B. Einkünfte spezialisierter orthopädischer Unternehmen aus der Herstellung von Prothesen (Art. 9 Ziff. 1 EinkStUG).
Das zu versteuernde Einkommen wird um die Summe der Aufwendungen zur Tilgung von Krediten herabgesetzt, die für Investitionen in die Herstellung von Lebensmitteln, Kindernahrung, Arzneimitteln und Medizintechnik, von Baumaterialien und Waren des täglichen Bedarfs sowie zur Erweiterung von Rohstoffressourcen aufgenommen wurden. Eine von der Regierung der Russischen Föderation bestätigte Produkten- und Rohstoffliste kann von Interessenten eingesehen werden (Art. 8 Ziff. 1 Buchst. a) EinkStUG).
Die Steuersätze werden um 50 % gemindert, wenn das entsprechende Unternehmen einen Anteil von mindestens 50 % Invaliden bzw. von mindestens 70 % Invaliden und Rentnern an der Gesamtzahl der Mitarbeiter nachweisen kann (Art. 10 Abs. 1 EinkStUG).
Im Vergleich zum Gesetz über die Gewinnsteuer der Unternehmen wird der Kreis der vollständig von der Einkommensteuer befreiten Unternehmen auf Kultureinrichtungen, Theater und Konzertorganisationen erweitert (Art. 9 Ziff. 1 EinkStUG).Weiterhin ist eine zeitlich befristete Steuerbefreiung für bestimmte Einkünfte vorgesehen (Befristung auf fünf Jahre bzw. auf ein Jahr), die mit der Nutzung von Patenten und Geschmacksmustern zusammenhängen (Art. 9 Ziff. 2 und 3 EinkStUG).
Interessant ist die Bestimmung, derzufolge jener Teil der Einkünfte, die *reinvestiert* werden (zur technischen Umrüstung, zur Rekonstruktion und/oder zur Erweiterung der Produktion), *nicht* in das zu versteuernde Einkommen einbezogen wird (Art. 8 Ziff. 2 EinkStUG).
Schließlich muß auf die Vorschrift des Art. 11 EinkStUG hingewiesen werden, **wonach deutsche Unternehmer, die in der Russischen Föderation unternehmerisch tätig werden, auf der Grundlage des geltenden Doppelbesteuerungsabkommens BRD/UdSSR einen Antrag auf Senkung oder Aufhebung der Einkommensteuer bei der zuständigen Steuerbehörde stellen können.**

Verfahren der Steuerentrichtung

17 Das Verfahren der Steuerentrichtung ähnelt dem bei der Entrichtung der Gewinnsteuer. Die Besonderheiten der Einkommensteuerentrichtung für Unternehmen mit **ausländischen Investitionen und ausländische juristische Personen** sind in Art. 19 EinkStUG aufgeführt.

7.

Mehrwertsteuer

Mit dem Gesetz über die Mehrwertsteuer (MWStG; vgl. 7.6) ist in der Russischen Föderation seit Beginn des Jahres 1992 die früher übliche Umsatzsteuer abgeschafft worden. Rußland hat wie andere Industrieländer das System der Besteuerung des Mehrwerts eingeführt, wobei die Bezahlung der Steuersumme faktisch dem jeweiligen Endverbraucher von Waren und Dienstleistungen auferlegt wird. Während in den meisten Ländern die Mehrwertsteuer zwischen 14 und 20 % liegt, betrug sie seit ihrer Einführung am 1. 1. 1992 in der Russischen Föderation 28 % und lag damit überdurchschnittlich hoch. Russische Steuer- und Finanzexperten hielten das allerdings von Anbeginn nur für eine vorübergehende Regelung. Nach heftigen Diskussionen wurde mit Beginn des Jahres 1993 eine Senkung der Steuer in Kraft gesetzt; seitdem werden zwei Steuersätze angewendet: 10 % für Lebensmittel und Kinderartikel, 20 % für alle übrigen Waren. 18

Steuergegenstand

Mit der Mehrwertsteuer werden die Umsätze aus der Veräußerung von Waren, Werk- und Dienstleistungen auf dem Territorium der Russischen Föderation sowie von Waren, die in das Territorium der Russischen Föderation eingeführt werden, belegt (Art. 3 Ziff. 1 MWStG). 19
Bei der Veräußerung von Waren sind Steuergegenstand die Summen aus dem Verkauf sowohl der Waren eigener Produktion als auch zugekaufter. Dabei gelten als Waren solche des täglichen Bedarfs wie auch produktionstechnische Erzeugnisse, Ausrüstungen, Immobilien, Elektroenergie und Gas.
Mit Mehrwertsteuern werden übrigens auch Waren, Werk- und Dienstleistungen belegt, die das Unternehmen für den Eigenbedarf umsetzt, z. B. seinen Mitarbeitern verkauft. Es handelt sich dabei um Waren, deren Wert nicht zu den Herstellungs- und Zirkulationskosten zählt (Art. 3 Ziff. 2 Buchst. a) MWStG).
Bei der Veräußerung von *Werkleistungen* ist Steuergegenstand der Umfang der geleisteten Bau-, Montage-, Reparatur-, wissenschaflicher Forschungs-, experimenteller Konstruktions-, technologischer Projektierungs- und anderer Leistungen.
Bei der Veräußerung von *Dienstleistungen* wird der Erlös aus folgenden Dienstleistungen mit Mehrwertsteuer belegt:
– Personen- und Güterverkehr, außer städtischer Nah- und Vorortverkehr, Verlade- und Entladearbeiten, Warenlagerung;
– Vermögensvermietung und -verpachtung;
– Post- und Fernmeldewesen, hauswirtschaftliche und kommunale Dienstleistungen;
– nichtstaatlicher Wachschutz;
– Aus- und Weiterbildung von Personal;
– Reklame- und Informationsdienstleistungen.
Die konkrete Bestimmung der zu besteuernden Umsätze veräußerter Waren, Werk- und Dienstleistungen orientiert sich an den Selbstkosten und den Marktpreisen.

7.

Steuersätze

20 Mit dem Gesetz zur Änderung des Gesetzes über die Mehrwertsteuer vom 16. 7. 1992 gelten seit 1. 1. 1993 neue Steuersätze, die unter den bisherigen Sätzen liegen. So werden bei der Veräußerung von Lebensmitteln und Kinderartikeln gemäß einer von der Regierung bestätigten Liste 10 % Mehrwertsteuer erhoben; bei der Veräußerung aller übrigen Waren, Werk- und Dienstleistungen sind 20 % Mehrwertsteuer zu entrichten.

Steuervergünstigungen

21 Das Gesetz enthält eine Liste von Waren, Werk- und Dienstleistungen, für die Steuerbefreiung vorgesehen ist (Art. 5 MWStG). Dazu gehören u. a. Exportgüter, soweit sie von Herstellerfirmen unmittelbar ausgeführt werden, Wohnungsmieten, Dienstleistungen des städtischen und des Personennahverkehrs, Versicherungsgeschäfte und Geschäfte mit Geldeinlagen, der Verkauf von Postwertzeichen (außer zu Sammelzwecken) und Dienstleistungen von Kollegien der Rechtsanwälte.

Verfahren der Steuerentrichtung

22 Die Mehrwertsteuer wird in Rubel berechnet, nur wenn Waren, Werk- bzw. Dienstleistungen auf dem Territorium der Russischen Föderation in Valuta veräußert werden, ist auch die Mehrwertsteuer in Valuta zu berechnen und zu entrichten.
Die Einführung der Mehrwertsteuer beeinflußt den Inhalt der Verrechnungs- und Buchführungsdokumente der Unternehmen. In den Aufträgen und Rechnungen muß die Mehrwertsteuer jeweils in einer gesonderten Spalte ausgewiesen werden. Verrechnungsdokumente, in denen die Steuersumme der Mehrwertsteuer nicht ausgewiesen ist, werden von Bankeinrichtungen nicht zur Bearbeitung angenommen.
Die Steuersumme, die an den Fiskus abzuführen ist, wird als Differenz zwischen den von den Käufern für die veräußerten Waren, Werk- und Dienstleistungen erhaltenen und den an die Lieferer von Materialien, Treib- und Brennstoffen sowie Werkleistungen gezahlten Steuersummen bestimmt, deren Wert zu den Produktions- und Zirkulationskosten zählt (Art. 7 Ziff. 2 Satz 2 MWStG).
Die Zahlung der Mehrwertsteuer erfolgt im allgemeinen ausgehend von den tatsächlichen Umsätzen des Vormonats bis zum 20. des Folgemonats, bei Unternehmen mit monatlichen Durchschnittszahlungen von mehr als 100 000 Rubeln jeweils monatlich, bei Unternehmen mit durchschnittlichen Steuerzahlungen pro Monat von weniger als 100 000 Rubeln quartalsweise.
Vorauszahlungen der Mehrwertsteuer (dreimal im Monat zu gleichen Teilen) sind nur für die Unternehmen vorgesehen, bei denen die Durchschnittszahlungen pro Monat 300 000 Rubel übersteigen. Die Steuerschuldner haben über die Steuerzahlung zu den festgesetzten Fristen bei der zuständigen Steuerbehörde eine Abrechnung vorzulegen.

Bei in das Territorium der Russischen Föderation eingeführten Waren muß die Mehrwertsteuer zeitgleich mit der Zahlung der Zolltarife und -gebühren entrichtet werden.

Akzisen (Verbrauchsteuern)

Für annähernd 25 Erzeugnisse bzw. Erzeugnisgruppen, die entweder aus einheimischer Produktion stammen oder importiert werden, ist mit dem Gesetz über Akzisen (AkzG; vgl. 7.7) eine von allen auf dem Territorium der Russischen Föderation tätigen Unternehmen abzuführende Verbrauchsteuer eingeführt worden. 23

Steuergegenstand

Gegenstand der Akzisenerhebung ist der Umsatz von Waren der eigenen Produktion, die mit Akzisen belegt sind. Bei Waren, die in das Territorium der Russischen Föderation eingeführt wurden, ist der im Zollgesetz definierte Zollwert Gegenstand der Besteuerung. Die Akzise ist eine indirekte Steuer, die mit dem Preis der Ware vom Käufer gezahlt wird. 24

Akzisensätze

Gemäß Regierungsverordnung (vgl. 7.8) schwanken die Akzisensätze, die sich in ihrer prozentualen Höhe auf den Verkaufspreis der jeweiligen Waren beziehen, zwischen 10 und 90 %. Bei Trinkalkohol beträgt die Akzise 90 %, bei Wodka 80 %, bei PKW 25–35 %, bei Bekleidung aus Naturleder 35 %, bei Tabakwaren zwischen 14 und 50 %, bei Juweliererzeugnissen 20 %. 25
Dem Charakter der Erzeugnisse entsprechend sind Vergünstigungen bei der Akzisenentrichtung nicht vorgesehen. Zu exportierende Erzeugnisse werden nicht mit Akzisen belegt, ausgenommen sind allerdings bestimmte in einer Produktenliste erfaßte Arten von Mineralstoffen.

Verfahren der Akzisenentrichtung

Ausgehend vom Wert der veräußerten Waren und den feststehenden Akzisensätzen bestimmt der Steuerschuldner die zu entrichtende Akzisensumme selbst. Als Datum der Verwirklichung des Umsatzes gilt der Tag des Eingangs der Mittel für die mit Akzisen belegten Waren auf dem Bankkonto oder – bei entsprechender Vereinbarung – das Datum der Entladung der Waren und der Präsentierung der Rechnung gegenüber dem Käufer. 26
Die Akzisen werden auf der Grundlage des tatsächlichen Umsatzes von den Steuerschuldnern in der Regel dekadenweise (am 13. und 23. des laufenden sowie am 3. des Folgemonats für den Rest des Vormonats), beim Verkauf von alkoholischen Getränken am dritten Tag nach dem Umsatz entrichtet. Die Steuerschuldner legen der zuständigen Steuerbehörde auf dem dafür vorgesehenen Formblatt bis zum vorgesehenen Termin jeweils eine Abrechnung über die entrichteten Akzisen vor.

7.

Vermögensteuer der Unternehmen

Das Gesetz über die Vermögensteuer der Unternehmen (VermögStUG; vgl. 7.9) legt fest, daß Unternehmen, die eine selbständige Bilanz führen und Eigentümer von Vermögen auf dem Territorium der Russischen Föderation sind, Vermögensteuer zu entrichten haben. Dazu zählen alle Arten juristischer Personen, auch Banken und Kreditinstitute.

Steuergegenstand

27 Gegenstand der Besteuerung ist das Vermögen des Unternehmens in seinem wertmäßigen Ausdruck, wobei ein Jahresdurchschnittswert zugrunde gelegt wird. Der Wert des steuerpflichtigen Vermögens wird auf der Grundlage der buchhalterischen Bilanz ermittelt, wobei sich die Aktiva um die Umsatzsumme einiger Posten der Buchführung verringern, wie Zahlungen an den Haushalt, Bankkredite für die Beschäftigten, Devisen auf den Konten der Außenwirtschaftsbank der ehemaligen UdSSR. Bei Banken und Kreditinstituten sind die Grund- und Umlaufmittel wie auch die eigenen finanziellen Aktiva Gegenstand der Besteuerung.

Steuersatz

28 Der Steuersatz wird im Gesetz mit höchstens 1 % festgesetzt. Die konkreten Steuersätze innerhalb dieses Rahmens legen die Obersten Sowjets der zur Russischen Föderation gehörenden Republiken, die Regions- (Gebiets-) Sowjets der Volksdeputierten sowie die Sowjets der autonomen Bezirke und der Städte Moskau und St. Petersburg in Abhängigkeit von den Tätigkeitsarten der Unternehmen fest.

Steuervergünstigungen

29 Das Gesetz führt eine Reihe von Unternehmen (z. B. Unternehmen zur Erzeugung, Verarbeitung und Lagerung landwirtschaftlicher Produkte sowie der Kommunalwirtschaft) auf, die nicht mit Vermögensteuer belegt werden. Außerdem ist vorgesehen, daß neugegründete Unternehmen für den Zeitraum eines Jahres nach ihrer Registrierung Steuerferien erhalten.
Bei einigen Vermögensarten kann der Wert des zu veranlagenden Vermögens um den Bilanzwert vermindert werden, z. B. bei Grund und Boden, Rohrleitungen, Verkehrswegen, Telefon- und Stromleitungen.

Verfahren der Steuerentrichtung

30 Die Steuersumme ist kumulativ zu berechnen und quartalsweise an den Fiskus abzuführen, wobei am Jahresende eine Verrechnung vorgenommen wird. Die

Quartalsabrechnung der Steuer hat fünf Tage nach Vorlage des Quartalsabschlusses zu erfolgen, die Jahressteuerabrechnung zehn Tage nach dem für die Vorlage des Jahresabschlusses festgelegten Tag.

Besteuerung von Einkünften aus Versicherungstätigkeit

Das Gesetz über die Besteuerung von Einkünften aus Versicherungstätigkeit (VersStG; vgl. 7.10) betrachtet alle juristischen Personen, auch die mit **ausländischer Kapitalbeteiligung**, welche in der Russischen Föderation Einkünfte aus Versicherungstätigkeit erzielen, als Steuerschuldner.

Steuergegenstand

Steuergegenstand ist das Einkommen aus der Versicherungstätigkeit abzüglich der zu den Selbstkosten zählenden Aufwendungen, wobei die Lohn- und Gehaltskosten für die Mitarbeiter des Versicherungsunternehmens nicht als Selbstkosten berücksichtigt werden. Bei der Ermittlung der Bemessungsgrundlage für die Steuerentrichtung werden eine Reihe von Aufwendungen abgesetzt, z. B. gezahlte Versicherungssummen und Provisionen für Versicherungsagenten.

Steuersatz

Das errechnete Einkommen wird mit einem Steuersatz von 25 % belegt.

Steuervergünstigungen

Steuervergünstigungen werden in Form der Verringerung des zu versteuernden Einkommens durch gesetzlich vorgesehene Abzüge gewährt (vgl. Art. 5 VersStG). Versicherungsunternehmen, die im vorangegangenen Jahr Verluste erlitten haben, werden unter bestimmten Bedingungen in den folgenden fünf Jahren für den zu ihrem Ausgleich verwendeten Einkommenteil von der Steuerentrichtung befreit.
Deutsche Unternehmer können auf der Grundlage des Doppelbesteuerungsabkommens BRD/UdSSR Steuersenkung bzw. Steuerbefreiung innerhalb Jahresfrist, gerechnet vom Tag der Erzielung des Einkommens, bei der zuständigen Steuerbehörde beantragen (vgl. Art. 5 Ziff. 3 VersStG).

Verfahren der Steuerentrichtung

Ausländische juristische Personen entrichten die Steuer in folgender Form: Das Versicherungsunternehmen legt der Steuerbehörde am Sitz des Unternehmens in der Russischen Föderation spätestens bis zum 15. April des auf den Berechnungszeitraum folgenden Jahres den Jahresabschluß und die Einkommenserklärung vor; letztere muß von einem zugelassenen Wirtschaftsprüfer begutachtet sein. Die Steuer wird jährlich in Rubeln berechnet, das Versicherungsunternehmen erhält von der Steuerbehörde unter Angabe der Zahlungsfrist eine entsprechende Zahlungsaufforderung.

Besteuerung von Bankeinkommen

32 Bankeinkommen werden auf der Grundlage des Gesetzes über die Besteuerung der Einkünfte der Banken (BankStG; vgl. 7.11) besteuert. Ausgenommen von der Entrichtung dieser Steuer ist die Zentralbank der Russischen Föderation mit ihren Filialen.

Steuergegenstand

Der Besteuerung unterliegen 16 verschiedene Positionen von Einkünften, darunter berechnete und erhaltene Zinsen für Kredite, erhaltene Zahlungen für Kreditquellen, Provisionen für Bürgschaften und Dienstleistungen; Bankprovisionen und andere Spesen für Akkreditiv-, Inkasso-, Überweisungs- und andere Bankoperationen; Einkünfte aus Valutageschäften, aus Leasing- und Factoring-Operationen (Art. 2 BankStG).

Für die Berechnung des zu versteuernden Einkommens können die Banken die im Gesetz vorgeschriebenen Einkünfte um die in 13 Positionen aufgezählten Aufwendungen verringern (Art. 3 BankStG). Zu den abzugsfähigen Aufwendungen zählen Zahlungen an den Fiskus in Form von Vermögensteuer, Grundsteuer, Transportsteuer; Zinszahlungen für Bankkredite; berechnete und gezahlte Zinsen für Bank- und Kundenkonten, für Depositen und Einlagen von Unternehmen und Bürgern u. a.

Steuersätze

Der Grundsteuersatz beträgt 30 %. Banken, die Investitionen in Unternehmen zur Erzeugung und Verarbeitung landwirtschaftlicher Erzeugnisse kreditieren, zahlen nur einen Steuersatz von 20 %. Einkünfte, die von Banken aus Anteilen an der Tätigkeit anderer Banken und Unternehmen, Dividenden und Zinsen auf Aktien und Wertpapiere erzielt wurden, werden an der Quelle mit einem Steuersatz von 18 % belegt. Mit diesem Steuersatz werden auch Einkünfte **ausländischer Banken**, die nicht mit ihrer Tätigkeit in der Russischen Föderation zusammenhängen, belegt, sofern die Quelle dieser Einkünfte (z. B. Zinsen, Dividenden, Pachtzinsen) sich auf dem Territorium der Russischen Föderation (vgl. Art. 5 BankStG) befindet.

7.

Steuervergünstigungen

Steuervergünstigungen werden in zwei Varianten gewährt:
Vollständig von der Steuer befreit sind Zinseinkünfte aus Krediten, die der Regierung und der Zentralbank der Russischen Föderation sowie der Außenhandelsbank gewährt oder von diesen garantiert wurden, Zinseinkünfte und Dividenden aus Staatsobligationen und anderen staatlichen Wertpapieren sowie aus dem Vertrieb staatlicher Wertpapiere. Eine Verringerung des zu versteuernden Einkommens um entsprechende abzugsfähige Summen ist in vier aufgeführten Fällen möglich (vgl. Art. 4 BankStG). Bei Banken, die im vorangegangenen Jahr Verluste erlitten haben, kann der zu ihrem Ausgleich verwendete Einkommenteil für die folgenden fünf Jahre von der Steuerentrichtung unter der Bedingung befreit werden, daß dazu der gesetzlich vorgeschriebene Reservefonds voll ausgeschöpft wird.
Der deutsche Teilhaber einer Bank mit Auslandskapital hat gemäß Doppelbesteuerungsabkommen BRD/UdSSR Anspruch auf vollständige oder teilweise Steuerbefreiung, wozu er einen entsprechenden Antrag stellen muß (vgl. Art. 4 Ziff. 3 BankStG).

Verfahren der Steuerentrichtung

Die Steuerschuldner bestimmen die zu entrichtende Steuersumme selbständig. Die Steuer wird im voraus je Quartal entrichtet, wobei am 10. und 25. des Monats jeweils $^1/_6$ der Steuersumme für das Quartal abzuführen ist.
Sind die Steuersummen geringfügig, kann der Steuerschuldner beim zuständigen Steuerorgan beantragen, daß jeweils am 20. jedes Monats $^1/_3$ der im Quartal zu zahlenden Steuersumme abgeführt wird. Jeweils zu Ende des 1. Quartals, des Halbjahres, des 3. Quartals und des Steuerjahres berechnen die Steuerschuldner die zu zahlende Steuersumme, ausgehend von den tatsächlich erzielten Einkünften, kumulativ. Die Steuer wird bezahlt nach Quartalsabrechnungen innerhalb von fünf Tagen, gerechnet ab dem für die Vorlage der buchhalterischen Quartalsabrechnungen vorgeschriebenen Termin bzw. nach Jahresabrechnung innerhalb von zehn Tagen, gerechnet vom Tag der Vorlagepflicht der Jahresbilanz. Die Zahlungsanweisungen zur Steuerabführung sind von den Steuerschuldnern jeweils vor dem Fälligkeitstermin auszulösen.
Banken mit ausländischen Investitionen und Filialen von Devisenausländerbanken haben quartalsweise Steuervorauszahlungen in Höhe eines Viertels der Jahreszahlung zu leisten (vgl. Art. 9 BankStG).

Besteuerung von Wertpapiergeschäften

Das Gesetz über die Steuer für Wertpapiergeschäfte (vgl. 7.12) bestimmt als Steuerschuldner alle juristischen und natürlichen Personen, die derartige Geschäfte verwirklichen. Als Geschäfte mit Wertpapieren im Sinne dieses Gesetzes gelten die durch Vertragsschluß des Steuerschuldners und Registrierung sei-

7.

ner Anzeige zur Emission von Wertpapieren bekundete Absicht, Vermögensrechte an Aktien, Sparkassenzertifikaten, Obligationen und gezogenen Wechseln zu erwerben.

Steuergegenstand

Steuergegenstand sind der Preis für den Vertrag und die Registrierung der Anzeige zur Emission von Wertpapieren.

Steuersätze

34 Die Steuerentrichtung erfolgt zu unterschiedlichen Sätzen:
– Bei der Registrierung der Emissionsanzeige von Wertpapieren in Höhe von 0,5 % der Nominalsumme der Emission. Der Emittent, der die Erstausgabe der Wertpapiere vollzieht, zahlt diese Steuer als Registrationsgebühr der Emissionsanzeige. Im Fall der Ablehnung der Registrierung wird die Steuer nicht zurückgezahlt.
– Beim Kauf staatlicher Wertpapiere wird die Steuer in Höhe von 1 Rubel auf jeweils 1 000 Rubel erhoben.
– Beim Abschluß des Kaufvertrags von Wertpapieren wird von jedem Vertragsteilnehmer eine Steuer in Höhe von 3 Rubeln auf je 1 000 Rubel entrichtet.

Steuervergünstigungen

Von der Entrichtung dieser Steuer werden befreit:
– juristische und natürliche Personen, die Aktien erwerben, welche von einer Aktiengesellschaft nach ihrer staatlichen Registrierung als Erstemissionen ausgereicht worden sind;
– der Erstemittent von Wertpapieren;
– juristische Personen, die Wertpapiergeschäfte auf Rechnung und im Auftrag von Klienten vermitteln.

Verfahren der Steuerentrichtung

Die Steuer in Form der Registriergebühr wird bei der Registrierung gezahlt und an den Föderationshaushalt überwiesen.
Bei Erstemission von Wertpapieren wird die Steuer bei jedem Kaufgeschäft nur von den Käufern der Wertpapiere entrichtet. Bei Geschäften mit staatlichen Wertpapieren wird die Steuer nur von den Käufern der Wertpapiere in Form der Zahlung für jedes Geschäft entrichtet.

7.

Einkommensteuer natürlicher Personen

Die Einkommensteuer wird von natürlichen Personen, eingeschlossen **ausländische Bürger** mit und ohne ständigen Wohnsitz in der Russischen Föderation, auf der Grundlage des Gesetzes über die Einkommensteuer von natürlichen Personen (EinkStnPG; vgl. 7.13) erhoben.

Steuergegenstand

Generell bestimmt das Gesetz das Gesamteinkommen, das im Kalenderjahr in Rubeln, in **ausländischer Währung** und in Naturalform bezogen wurde, als Gegenstand der Besteuerung. 35

Umfangreich ist die Aufzählung der Einkommensarten, die *nicht* besteuert werden (vgl. Art. 3 EinkStnPG).

Bei **ausländischen Bürgern** werden bei der Ermittlung des zu versteuernden Einkommens auch die Zuschläge für den Auslandsaufenthalt in der Russischen Föderation sowie die Ausgleichszahlungen für die Aufwendungen zur Schulausbildung der Kinder, zur Ernährung der Familienmitglieder des Steuerschuldners sowie zur Begleichung der Fahrtkosten während des Urlaubs berücksichtigt (vgl. Art. 14 Abs. 1 EinkStnPG). Anderseits zählen die vom **Arbeitgeber der ausländischen natürlichen Person** abgeführten Beiträge zur Sozial- und Rentenversicherung, die dem ausländischen Bürger gewährten Ausgleichszahlungen zur Begleichung der Wohnungsmiete und zur Unterhaltung eines Dienstwagens sowie die Dienstreisekosten *nicht* zum zu versteuernden Einkommen (vgl. Art. 14 Ziff. 2 EinkStnPG). **Wichtig sind die Hinweise zur Beseitigung der Doppelbesteuerung bei ausländischen Bürgern** (Art. 4 EinkStnPG).

Steuersätze

Die Steuersätze schwanken je nach der Größe des Gesamteinkommens im Kalenderjahr zwischen 12 % bei einem Jahreseinkommen bis zu 1 Mio. Rubeln und 30 % bei einem Jahreseinkommen über 2 Mio. Rubeln. **Ausländische Bürger** müssen beachten, daß das Einkommen im Falle des Besitzes einer Personengesellschaft nach den Vorschriften über die Besteuerung der Einkünfte aus Unternehmenstätigkeit besteuert wird (vgl. Art. 12 EinkStnPG). Dabei wiederum spielt eine wichtige Rolle, ob das Einkommen der Personengesellschaft im Heimatland einer Gewinnbesteuerung unterliegt (vgl. Art. 15 Abs. 2 EinkStnPG). 36

Steuervergünstigungen

Die vielfältigen Vergünstigungen betreffen vor allem die Möglichkeiten, bestimmte im Gesetz genannten Einkommensummen von der Besteuerung abzusetzen. Für **Ausländer** ist insbesondere die Regelung zur Vermeidung der Doppelbesteuerung von Bedeutung (Art. 4 und 5 EinkStnPG). 37

7.

Verfahren der Steuerentrichtung

38 Für **ausländische natürliche Personen** gilt, sofern sie Einkommen sowohl innerhalb als auch außerhalb der Russischen Föderation beziehen, daß der zuständigen Steuerbehörde innerhalb eines Monats, gerechnet vom Tag der Ankunft in der Russischen Föderation an, eine Einkommenserklärung über die voraussichtlichen Jahreseinkünfte vorzulegen ist. Auf dieser Grundlage berechnet die Steuerbehörde die zu entrichtende Einkommensteuer und leitet dem ausländischen Bürger darüber einen *Steuerbescheid* zu. Die Steuerentrichtung für das laufende Jahr erfolgt in drei gleichen Raten zum 15. Mai, 15. August und 15. November.
Bei Anspruch auf Absetzung bestimmter Summen von Aufwendungen, z. B. für unterhaltspflichtige Kinder und Familienangehörige, vom zu versteuernden Einkommen ist ein entsprechender Antrag zu stellen, dem die beglaubigten Dokumente beizufügen sind.

Grundsteuer

39 Mit dem Gesetz über die Bodengebühren (vgl. 3.5) ist neben einem Normativpreis für Grund und Boden zugleich eine Grundsteuer als stabile Jahreszahlung pro Flächeneinheit ab 1. Januar 1992 in Kraft getreten.

Steuergegenstand

Die zu unterschiedlichen Zwecken genutzte Flächeneinheit ist Gegenstand der Besteuerung. Eigentümer, Besitzer und Nutzer von Grund und Boden gelten als Steuerschuldner.

Steuersätze

Die Durchschnittsgrößen der Steuersätze schwanken zwischen zehn Rubeln je ha/Jahr und 184 Rubeln je ha/Jahr, je nach Lage und Wert der entsprechenden Grundstücke (Anlage 1 zum Gesetz). Beeinflußt wird die Höhe der zu entrichtenden Steuer auch von der Art der Nutzung: Für landwirtschaftlich genutzte Böden sind die geringsten Steuersätze festgelegt, während für nicht landwirtschaftlich genutzte Flächen in Städten die Durchschnittssteuersätze in Rubeln pro m^2 berechnet werden, die sich bei Kurorten und historisch wertvollen Siedlungen weiter erhöhen (Anlage 2, Tabellen 1–4).

Steuervergünstigungen

Einige juristische und natürliche Personen werden vollständig von der Zahlung der Grundsteuer befreit (vgl. Gesetz über die Bodengebühren, Art. 12 und 13), einige zeitweise (Art. 14). Allerdings werden **ausländische juristische und natürliche Personen** kaum in den Genuß dieser Vergünstigungen kommen.

Verfahren der Steuerentrichtung

Juristische Personen berechnen ihre Grundsteuer selbst und legen der Steuerbehörde jährlich bis spätestens zum 1. Juli eine Abrechnung über die für jedes Grundstück abgeführte Grundsteuer vor. Mit dem Stand vom 1. Juni erfolgt jährlich die Berechnung und Rechnungslegung der Steuerschuldner. Die Steuer wird zu gleichen Teilen bis spätestens 15. September und 15. November gezahlt.

Staatliche Gebühren

Mit dem Gesetz über die staatliche Gebühr (GebührG; vgl. 7.14) wird die obligatorische Bezahlung bestimmter Aktivitäten vom Staat dazu besonders bevollmächtigter Organe sowie der durch diese Organe erfolgenden Ausgabe von Dokumenten mit juristischer Relevanz eingeführt.

Steuergegenstand

Gegenstand der Gebührenerhebung sind mannigfaltige Aktivitäten der Gerichte und Schiedsgerichte, der Notariate und anderer amtlicher Dienststellen. Zu letztgenannten zählen die Ausstellung von Visa und Aufenthaltsgenehmigungen ebenso wie die **Registrierung von Ausländerpässen**, die Anmeldung am Wohnort oder die Ausstellung einer Jagderlaubnis.

Gebührensätze

Die Höhe der Gebühren richtet sich nach der Art der Amtshandlung sowie bei gerichtlichen Handlungen nach dem Streitwert oder Wert des Vertragsgegenstands. Die Gebührenhöhe reicht von 1 Rubel bis 1 000 Rubel oder sie wird in Prozent vom Vertrags- oder Streitwert ermittelt bzw. als Prozentsatz eines gesetzlichen Monatsmindestlohns entrichtet.

Vergünstigungen

Mögliche Befreiungen von der Gebührenentrichtung bei ordentlichen Gerichten, Schiedsgerichten, Notariaten und anderen amtlichen Dienststellen sind im Detail geregelt (vgl. Art. 4 GebührG).

Verfahren der Gebührenentrichtung

Die Gebühr wird in bar, in Form von Gebührenmarken oder durch Überweisung vom Schuldner beglichen. In bestimmten im Gesetz genannten Fällen ist eine teilweise oder vollständige Rückzahlung der Gebühr vorgesehen (vgl. Art. 5 GebührG).

7.

Übrige Steuern und Gebühren

41 Über die aufgeführten hinaus existieren weitere gesetzlich geregelte Steuern und Gebühren, z. B. die Vermögensteuer der Bürger, die Erbschaft- und Schenkungsteuer sowie Steuern und Gebühren, die mit dem Erwerb und der Nutzung von Kraftfahrzeugen verbunden sind. In Kurorten darf eine Kurtaxe erhoben werden. Die örtlichen Verwaltungsorgane haben das Recht, weitere Steuern und Gebühren aufzuerlegen, z. B. für Reklame und Werbung, für den Handel mit Gebrauchtwagen, gebrauchter Rechen- und Computertechnik. Wer als natürliche Person ein Gewerbe betreiben und unternehmerisch tätig werden will, muß eine Registriergebühr entrichten; wer eine Börse gründet, hat die Steuer für Börsentätigkeit zu zahlen.
Für **ausländische juristische Personen und Bürger** sind insbesondere die Steuern, die das **Gesetz über die Straßenfonds** in der Russischen Föderation vom 18. 10. 1991 i. d. F. vom 25. 12. 1992 (VSND RF, Nr. 44/1991, Pos. 1426; VSND RF, Nr. 3/1993, Pos. 102) im Zusammenhang mit der Benutzung von Kraftfahrzeugen vorsieht, von Interesse.
Dabei handelt es sich um
a) die Steuer für den Verkauf von Treib- und Schmierstoffen;
b) die Steuer für die Haltung eines Kfz;
c) die Steuer für den Erwerb gewerblich bzw. dienstlich genutzter Kfz;
d) die Steuer für die Nutzung öffentlicher Straßen;
e) die Akzisen für den Erwerb persönlich genutzter Pkw.
Unternehmen, Einrichtungen und Vereinigungen können für die unter den Punkten b) bis d) genannten Steuerzahlungen eine Verrechnung mit den Selbstkosten für die Herstellung von Erzeugnissen, Werk- und Dienstleistungen vornehmen.
Die Steuer für die Haltung eines Kfz richtet sich nach der Motorleistung. Für Pkw sind bei einer Motorleistung bis 100 PS je PS 0,50 Rubel, über 100 PS je PS 1,30 Rubel zu entrichten. Für Autobusse werden je PS 2 Rubel gezahlt, ebenso für Lkw mit einer Leistung bis 100 PS. Für Lkw mit einer Leistung bis 150 PS sind je PS 4 Rubel, für Lkw mit einer Leistung bis 200 PS je PS 4,80 Rubel, bei einer Leistung bis 250 PS je PS 5,20 Rubel und bei einer Leistung über 250 PS je PS 7,15 Rubel zu zahlen. Diese Steuer wird jährlich erhoben.
Die Käufer von gewerblich bzw. dienstlich genutzten Kraftfahrzeugen entrichten beim Kauf von Lkw eine Steuer in Höhe von 20 % des Kaufpreises, beim Erwerb von Pkw ebenfalls in Höhe von 20 % des Kaufpreises.
Die Steuer für die Nutzung öffentlicher Straßen entrichten Unternehmen, Einrichtungen und Vereinigungen, eingeschlossen solche mit **ausländischen Investitionen**, in Höhe von 0,4 % des Produktionsumfangs der hergestellten Erzeugnisse, erbrachten Werk- und Dienstleistungen. Allerdings können Behörden der Russischen Föderation bis zur Gebietsebene höhere Steuersätze festlegen. Die Bürger werden bisher an der Finanzierung der Straßenbenutzung nicht beteiligt.
Wer in Rußland einen Pkw zum persönlichen Gebrauch kauft, zahlt eine Akzise in Höhe von 35 %, bei Pkw der Marke „oka" in Höhe von 25 % des Kaufpreises (vgl. 7.8). Die Steuer für Schmier- und Treibstoffe ist für den Verbraucher mit der Mehrwertsteuer zu entrichten.

8. Bank-, Börsen- und Wertpapierrecht

von Prof. Michail Braginski, Doktor der Rechtswissenschaften

Bankrecht	147
Bankgründung	147
Rechtliche Regelung der Banktätigkeit	149
Beziehungen der Banken untereinander und Bank-Kunde-Beziehungen	150
Zentralbank der Russischen Föderation	150
Außenhandelsbank der Russischen Föderation	151
Kommerzbanken	151
Börsen	152
Warenbörsen	152
Wertpapierbörsen	154
Investitionsinstitute	155
Wertpapiere	155
Wechsel	155
Scheck	156
Regeln für die Abwicklung von Wertpapiergeschäften	157
Emission und Registrierung von Wertpapieren	157

8.

Bankrecht

Das heute geltende Bankrecht der Russischen Föderation ist in zwei Gesetzen vom 2. Dezember 1990 verankert, und zwar im:
- **Gesetz über die Banken und die Banktätigkeit in der RSFSR** (Bankengesetz; vgl. 8.1) und im
- **Gesetz über die Zentralbank der RSFSR** (GZB; vgl. 8.2).

Nach dem Bankengesetz ist eine Bank eine kommerzielle Institution, die als juristische Person befugt ist, finanzielle Mittel von juristischen und natürlichen Personen aufzunehmen, und die ihr auf der Grundlage der Lizenz der Zentralbank der Russischen Föderation zur Abwicklung von Bankoperationen übertragenen Bankgeschäfte im eigenen Namen durchzuführen.

Zum **Bankensystem** der Russischen Föderation zählt das Bankengesetz die 1 Zentralbank der Russischen Föderation, die Außenhandelsbank der Russischen Föderation, die Sparkasse der Russischen Föderation sowie die Kommerzbanken.

Bankgründung

Jede Bank, unabhängig davon, ob sie staatlich oder privat ist, führt ihre Tätigkeit 2 auf der Grundlage eines Statuts durch.
Das Statut muß enthalten:
- den Namen der Bank und ihren Sitz;
- das Verzeichnis der Bankgeschäfte, zu deren Abwicklung die Bank befugt ist;
- Angaben zu Grundkapital und Umfang der Fonds, die die Bank zu bilden beabsichtigt;
- Angaben über die Leitungsorgane der Bank.

Das Gesetz verlangt, daß der Umfang des Grundkapitals genügende Garantien zur Sicherung der Bankverpflichtungen bietet.
Bankgründer dürfen beliebige juristische und natürliche Personen sein, mit Ausnahme der Sowjets der Volksdeputierten und ihrer Exekutivorgane sowie der spezialisierten öffentlichen Fonds, darunter der für Wohltätigkeitszwecke. Diese Einschränkung ist als Risikobegrenzung für Institutionen dieser Art zu verstehen.
Als Sicherheit für die Klientel dient die Regelung, daß eine Bank von *mindestens drei Gründern* gebildet werden muß. Diese Forderung stellt eine Ausnahme von den allgemeinen Normen über die Gründung von Aktiengesellschaften dar, die die Gründung einer Aktiengesellschaft auch durch eine Person zulassen (vgl. AGO Ziff. 13).
Eine Bank wird mit dem Zeitpunkt ihrer *Registrierung* juristische Person. Die Registrierung wird von der Zentralbank der Russischen Föderation vorgenommen. Gleichzeitig mit der Registrierung der Bank wird die Lizenz zur Abwicklung der Bankgeschäfte erteilt. In der Lizenz werden die Bankgeschäfte konkret aufgeführt, zu deren Abwicklung die Bank befugt ist.
Das Gesetz sieht vor, daß neben dem Antrag der Bank auf Erteilung der Lizenz auch andere Dokumente obligatorisch vorzulegen sind, und zwar:

8.

- die Gründungsdokumente der Bank;
- die ökonomische Begründung für die Bildung der Bank;
- der Nachweis der beruflichen Eignung des Vorsitzenden und des Hauptbuchhalters der Bank.

Im Bankengesetz sind zwei Gründe für die *Verweigerung* der Erteilung der Lizenz genannt:
- die Nichtübereinstimmung der Gründungsdokumente mit der geltenden Gesetzgebung;
- unbefriedigende finanzielle Verhältnisse der Gründer.

Die Zentralbank kann die Lizenz entziehen, wenn:
- falsche Angaben entdeckt werden, auf deren Grundlage die Lizenz erteilt wurde;
- die Rechenschaftslegung der Bank falsche Angaben enthält;
- der Beginn der Banktätigkeit um mehr als ein Jahr seit dem Zeitpunkt der Registrierung der Bank verzögert wurde;
- Bankgeschäfte abgewickelt werden, die die erteilte Lizenz nicht vorsieht;
- Forderungen der Antimonopolgesetzgebung verletzt werden, einschließlich Durchführung solcher Handlungen, die als unlauterer Wettbewerb einzuschätzen sind;
- eine Bank im gesetzlich vorgesehenen Verfahren für zahlungsunfähig (bankrott) erklärt wird.

Der *Lizenzentzug* bedeutet praktisch, daß die Banktätigkeit zwangsweise eingestellt wird. Die Beschlüsse über die Verweigerung der Registrierung bzw. die Erteilung der Lizenz sowie über den Entzug der Lizenz können von den Gründern bzw. der Bank selbst beim Arbitragegericht angefochten werden (vgl. Gruppe 13).

Die Banken haften vermögensrechtlich für ihre Verbindlichkeiten. Der Staat haftet nicht für Verbindlichkeiten der Banken, und die Banken haften nicht für Verbindlichkeiten des Staates, mit Ausnahme der Fälle, in denen die Bank die Haftung für eine Verbindlichkeit des Staates als Bürge übernommen hat.

Es gibt einige Besonderheiten bei der **Gründung von Banken mit ausländischer Kapitalbeteiligung**. Die Gründer solcher Banken müssen einige zusätzliche Dokumente vorlegen. Sind die Gründer **ausländische juristische Personen**, so müssen folgende Dokumente vorliegen:
- Beschluß der Organe der ausländischen juristischen Personen über die Gründung einer Bank in der Russischen Föderation;
- die Statuten der ausländischen juristischen Personen;
- veröffentlichte Jahresbilanzen der letzten drei Jahre, die die Bonität ihrer finanziellen Verhältnisse belegen;
- Einverständnis des kompetenten Kontrollorgans des Landes, in dem der ausländische Gründer seinen Sitz hat, mit der Gründung einer Bank in der Russischen Föderation.

Wenn **ausländische natürliche Personen** als Gründer auftreten, müssen folgende Dokumente zusätzlich vorgelegt werden:
- die Bestätigung einer international anerkannten, führenden Bank über die Zahlungsfähigkeit des Gründers;
- Empfehlungen von zwei natürlichen oder juristischen Personen, die die Zahlungsfähigkeit der ausländischen natürlichen Person bestätigen.

8.

Bei Banken mit ausländischer Kapitalbeteiligung oder rein ausländischen Banken ist die Zentralbank berechtigt, die obligatorische Minimal- und Maximalhöhe des Grundkapitals einer solchen Bank festzulegen, um gleiche Wettbewerbsbedingungen für alle Banken zu gewährleisten.

Rechtliche Regelung der Banktätigkeit

Das Bankengesetz legt die zulässigen Bankgeschäfte fest (vgl. Art. 5 Bankengesetz). Dieses Verzeichnis ist jedoch nicht erschöpfend. Die Zentralbank ist im Rahmen ihrer Kompetenzen berechtigt, die Abwicklung weiterer Bankgeschäfte zu genehmigen.

Die Banken haben ihre Tätigkeit im Rahmen der in der Lizenz zugelassenen Bankgeschäfte auszuüben. Bankgeschäfte, die in der Lizenz nicht vorgesehen sind, können für nichtig erklärt werden, mit allen daraus resultierenden negativen Rechtsfolgen für die beteiligten Partner.

Zu den unmittelbar aus dem Gesetz abzuleitenden *Pflichten der Bank* gehören die Bildung von Rücklage- und Reservefonds, die Einhaltung der von der Zentralbank der Russischen Föderation festgelegten ökonomischen Normative, und zwar der Minimalhöhe des Grundkapitals der Bank, der Wahrung der Relation zwischen der Höhe des Grundkapitals der Bank und der Summe ihrer Aktiva unter Berücksichtigung der Risikobewertung, der Minimalhöhe der obligatorisch bei der Zentralbank zu deponierenden Reserven, der maximalen Risikohöhe je Kreditnehmer, der Begrenzung der Höhe des Valuta- und Kursrisikos sowie der Beschränkung der Verwendung der aufgenommenen Depositen für den Kauf von Aktien juristischer Personen.

Die Bank und ihre Angestellten sind verpflichtet, die Geheimhaltung von laufenden Bankgeschäften sowie Einlagen ihrer Kunden zu gewährleisten. Entsprechende Auskünfte können, neben den Kunden selbst und ihren Vertretern, Gerichten und Ermittlungsorganen (z. B., wenn Geldmittel und andere Vermögenswerte des Kunden der Zwangsvollstreckung unterliegen, gepfändet oder konfisziert werden) sowie Finanzorganen und Wirtschaftsprüfungsorganisationen im Zusammenhang mit der Steuererhebung erteilt werden (vgl. Art. 25 Bankengesetz).

Die Geldmittel sowie andere Vermögenswerte, die von der Bank verwahrt werden, dürfen nur durch Gerichts- oder Arbitragegerichtsbeschluß beschlagnahmt werden. Die *Zwangsvollstreckung* in die auf Bankkonten befindlichen Geldmittel ist nur aufgrund von Vollstreckungsbefehlen, die vom Gericht bzw. Arbitragegericht erteilt wurden, oder aufgrund anderer Vollstreckungsdokumente zulässig. **In Geldmittel und andere Vermögenswerte ausländischer oder internationaler Organisationen, die sich in Banken befinden, darf die Zwangsvollstreckung nur aufgrund eines Gerichts- bzw. Arbitragegerichtsbeschlusses vollstreckt werden** (vgl. Art. 26 Abs. 2, Bankengesetz).

Die Banken sind verpflichtet, bestimmte Buchführungsregeln einzuhalten, die von der Zentralbank festgelegt werden. Die Banken veröffentlichen ihre Jahresbilanzen in der Form und innerhalb der Frist, wie sie von der Zentralbank festgelegt werden. Die Richtigkeit der vorgelegten Jahresbilanz muß von einer Wirtschaftsprüfungsorganisation bestätigt werden. Die Zentralbank legt das Verfah-

8.

ren, die Fristen und den Inhalt der laufenden Rechenschaftslegung fest. Es ist vorgesehen, die Banktätigkeit jährlich von einer dazu bevollmächtigten Wirtschaftsprüfungsorganisation überprüfen zu lassen.

Beziehungen der Banken untereinander und Bank-Kunde-Beziehungen

4 Die Beziehungen zwischen den Banken sowie zwischen der Bank und ihren Kunden tragen Vertragscharakter. Einzelne, damit verbundene Fragen werden durch *zwingende Normen* geregelt, deren Gültigkeit nicht vom Inhalt der abgeschlossenen Verträge berührt wird. So müssen z. B. die *Zinssätze* und die Höhe der *Provisionen* für Bankgeschäfte den Sätzen bzw. der Höhe der Provisionen entsprechen, die in den Weisungen der Zentralbank genannt sind.
Alle Unternehmen und Organisationen, unabhängig von ihrer organisatorischrechtlichen Form, d. h. **auch Unternehmen mit ausländischen Investitionen**, sind bis zur Normalisierung des Geldumlaufs und Beseitigung der durch die galoppierende Inflation entstandenen Knappheit an Banknoten verpflichtet, ihre *Geldmittel auf Bankkonten* zu *deponieren*, alle *Verrechnungen* mit anderen Unternehmen und Organisationen, einschließlich Handelseinrichtungen, über Banken *im bargeldlosen Verfahren* abzuwickeln und *Bargeld* in ihrer Betriebskasse nur *im Rahmen des* mit der zuständigen Bank abgestimmten *Limits* aufzubewahren (vgl. Erlaß des Präsidenten Nr. 622 vom 14. 6. 1992; VSND RF, Nr. 25/1992, Pos. 1418). Bei Zuwiderhandlungen gegen die genannten Regeln sind die Leiter der Unternehmen sowie die Hauptbuchhalter verantwortlich.

Zentralbank der Russischen Föderation

5 Die Zentralbank der Russischen Föderation ist eine staatliche Bank. Der Eigentümer des ihr gehörenden Vermögens ist die Russische Föderation. Die Zentralbank ist die Hauptbank Rußlands, die ihre Tätigkeit unabhängig von den zentralen und örtlichen Staatsorganen ausübt.
Die Zentralbank nimmt die allgemeinen Funktionen einer Noten- und Emissionsbank wahr. Unter den Bankoperationen der Zentralbank sind folgende besonders hervorzuheben:
– An- und Verkauf von ausländischen Währungen;
– An- und Verkauf von Zahlungsdokumenten und Verpflichtungen in ausländischen Währungen.
Zu den Funktionen der Zentralbank gehört **die Erteilung von Lizenzen für die Gründung von Vertretungen und Filialen ausländischer Banken auf dem Gebiet der Russischen Föderation sowie zur Abwicklung von Devisenoperationen auf dem Gebiet der Russischen Föderation und im Ausland** (für die sogenannten bevollmächtigten Banken), die Verwaltung der sich in ihrer Bilanz befindenden Goldfonds und des Devisenreservefonds sowie die Bankoperationen mit diesen Fonds, die entweder im eigenen Namen oder über die bevollmächtigten nationalen Banken im Ausland abgewickelt werden. Die Zentralbank ist Depositär der Mittel des Internationalen Währungsfonds, der Internationalen Bank für Rekonstruktion und Entwicklung sowie der Internationalen Assoziation für

8.

Entwicklung (vgl. Beschluß des Obersten Sowjets der Volksdeputierten der Russischen Föderation vom 22. 5. 1992, VSND RF, Nr. 22/1992, Pos. 1180).
Der Zentralbank wurde die Verwaltung der Banken der ehemaligen UdSSR im Ausland übertragen (vgl. Beschluß des Obersten Sowjets der Russischen Föderation vom 10. 2. 1992, VSND RF, Nr. 8/1992, Pos. 377).

Außenhandelsbank der Russischen Föderation

Die Außenhandelsbank der Russischen Föderation wurde am 22. Oktober 1990 mit dem Ziel gegründet, die Devisen- und Kreditverrechnungsverhältnisse aktiv zu nutzen, progressive Formen von Außenwirtschaftsbeziehungen zu entwikkeln, das Exportpotential der Republik zu steigern, die Struktur des Im- und Exports von Waren und Dienstleistungen zu verbessern, das Devisenaufkommen zu erhöhen und eine ausgeglichene Zahlungsbilanz zu gewährleisten (vgl. Beschluß des Präsidiums des Obersten Sowjets der RSFSR, VSND RSFSR, Nr. 21/1990, Pos.246).
Die Außenhandelsbank wurde in Form einer Aktiengesellschaft gegründet. Das ursprüngliche Grundkapital betrug 1 Mrd. 400 Mio. Rubel, 600 Mio. Rubel davon in frei konvertierbarer Währung. Zur Bildung des Devisenanteils am Grundkapital wurden das sich im Eigentum der Russischen Föderation befindende Gold und andere Edelmetalle eingesetzt.
Die Außenhandelsbank erfüllt die Funktion des Vertreters des Staates bei der Aufnahme von ausländischen Krediten für die Realisierung von Investitionsvorhaben, erforderlichenfalls mit einer Bürgschaft der Regierung der Russischen Föderation (vgl. Beschluß des Präsidiums des Obersten Sowjets der Russischen Föderation vom 30. 3. 1992, VSND RF, Nr. 15/1992, Pos. 804). Die Außenhandelsbank besitzt das ausschließliche Recht zum Verkauf von Gold und Edelmetallen auf den Außenmärkten im Auftrag der Regierung und der Zentralbank der Russischen Föderation. Die Außenhandelsbank wickelt die Bankgeschäfte des Republikdevisenfonds und des Devisenstabilitätsfonds der Russischen Föderation ab.
Das Präsidium des Obersten Sowjets der Russischen Föderation hielt es für zweckmäßig, die Außenwirtschaftsbank der UdSSR in Gestalt der Bank für Außenwirtschaftstätigkeit zu erhalten. Sie erfüllt die Funktion des Vertreters bei der Abwicklung der Auslandsschulden und der Verwaltung der Aktiva der ehemaligen UdSSR.

Kommerzbanken

Die Kommerzbanken sind in der Regel offene Aktiengesellschaften mit einem Grundkapital von mindestens 100 Mio. Rubeln. Die Aktien der Kommerzbanken sind an der Börse zugelassen; bis zum 1. Juni 1992 wurden die Aktien von 124 Kommerzbanken notiert. Neben der Ausgabe von Aktien können die Kommerzbanken auch Obligationen ausgeben.
Wie alle Banken gewähren die Kommerzbanken Darlehen; als Darlehengarantien gelten entweder Pfandobjekte oder Bürgschaften. In einzelnen Fällen kann

8.

der Staat selbst die Bürgschaft für Darlehen der Kommerzbanken übernehmen. Die Regierung der Russischen Föderation übernimmt z. B. die Bürgschaft für Kredite, die den staatlichen Unternehmen und Organisationen von den Kommerzbanken zwecks Aufstockung ihrer Umlaufmittel gewährt werden (vgl. VSND RF, Nr. 23/1992, Pos. 1252).
Die Verrechnungen der Kommerzbanken untereinander sowie zwischen den Kommerzbanken und staatlichen Banken werden über Korrespondenzkonten abgewickelt.

Börsen

8 Infolge der allmählichen Lockerung des staatlichen, streng reglementierten Systems der planmäßigen Verteilung der Erzeugnisse entstanden zunächst *Warenbörsen*. Sie übernehmen anstelle des ehemaligen Staatlichen Komitees der UdSSR für materiell-technische Versorgung die Funktion, die Lieferbeziehungen zwischen den Produktionsbetrieben zu vermitteln, die im Zuge der Wirtschaftsreform ihre Erzeugnisse (Werk- und Dienstleistungen) in immer größerem Umfang nach eigenem Ermessen realisieren durften. Die meisten dieser Warenbörsen stellten jedoch nur der äußeren Form nach Börsen dar. Tatsächlich waren es entweder Handelshäuser universellen Charakters oder Vermittlerbüros.
Heute haben sich sowohl der Charakter als auch die Funktionen der Börsen verändert. Einerseits haben sich mehr und mehr stabile Direktbeziehungen zwischen Produzenten und Abnehmern herausgebildet. Andererseits treten an die Stelle von Warenbörsen immer stärker *Wertpapierbörsen*. Daß sie sich so spät bildeten, ist hauptsächlich damit zu erklären, daß die wichtigste der auf diesem Markt gehandelten Waren – die Aktie – noch nicht vorhanden war. Erst im Zuge der Privatisierung werden viele staatliche Unternehmen in offene Aktiengesellschaften umgewandelt, und eine Reihe von Auslandsinvestitionen wurde in Form der Gründung von Aktiengesellschaften getätigt.

Warenbörsen

9 Die Warenbörse ist eine juristische Person, die einen Großhandelsmarkt bildet, indem sie den Börsenhandel organisiert und reguliert (vgl. Gesetz der Russischen Föderation vom 20. 2. 1992 über die Warenbörsen und den Börsenhandel; VSND RF, Nr. 18/1992, Pos. 961). Der Börsenhandel findet in Form von Versteigerungen statt, die öffentlich, an einem bestimmten Ort und zu bestimmten Zeiten in Übereinstimmung mit den Börsenregeln durchgeführt werden.
Der Gesetzgeber ist bemüht, zu verhindern, daß die Warenbörsen zu kommerziellen Unternehmen werden. In diesem Zusammenhang wurde den Warenbörsen die Ausübung von Handels- bzw. Vermittlungstätigkeit untersagt. Sie dürfen keine Einlagen tätigen oder Anteile (Aktien) an einem Unternehmen erwerben, das nicht unmittelbar an der Organisation des Börsenhandels beteiligt ist.
Die Börse ist eine sich selbst verwaltende Organisation. Die Einmischung in ihre Tätigkeit seitens der zentralen oder örtlichen Staats- und Verwaltungsorgane ist unzulässig.

8.

Die Börse wird juristisch nach dem Modell einer GmbH gegründet. Ihre Gründer können sowohl natürliche als auch juristische Personen sein, mit Ausnahme von Staats- und Verwaltungsorganen, Versicherungs- und Investitionsgesellschaften, öffentlichen Fonds, Banken und anderen Kreditinstitutionen.

Die Börse erlangt die Rechte einer juristischen Person mit dem Zeitpunkt ihrer *Registrierung*, die in Übereinstimmung mit der ebenfalls für alle anderen juristischen Personen geltenden Ordnung von den örtlichen Verwaltungsorganen vorgenommen wird.

Für die Ausübung der Börsentätigkeit bedarf es einer *Lizenz*. Diese Lizenz wird von der Kommission für Warenbörsen beim Staatlichen Komitee für Antimonopolpolitik und Förderung neuer Wirtschaftsstrukturen der Russischen Föderation erteilt. Bis zur Erteilung der Lizenz müssen die Gründer 50 % ihrer Anteile am Stammkapital eingezahlt haben. Dem Antrag auf Lizenzerteilung müssen die von den Gründern ausgearbeiteten Regeln des Börsenhandels beigefügt werden. Diese legen die im Rahmen des Börsenhandels zulässigen Geschäftsarten, das Verfahren der Bekanntmachung der Börsenzeiten sowie der Registrierung und Erfassung der getätigten Börsengeschäfte und das Verfahren der Notierung der Börsenkurse fest. In den Börsenregeln werden auch die Zuwiderhandlungen, die zur Verhängung von Geldstrafen berechtigen, deren Höhe und das Verfahren ihrer Erhebung festgelegt.

Wenn die Lizenzerteilung verweigert wurde, hat die Börse das Recht, die Lizenz erneut zu beantragen. Erst wenn die Lizenzerteilung zum zweitenmal abgelehnt wurde, darf die Börse diese Entscheidung vor Gericht anfechten.

Gegenstand des Börsenhandels ist die *Börsenware*. Darunter ist jede vertretbare (bewegliche) Ware, einschließlich der Standardverträge sowie Frachtdokumente (Konnossements), zu verstehen; ausgenommen sind Immobilien und Objekte des geistigen Eigentums.

Das Gesetz nennt neben dem Warenkaufgeschäft eine Reihe anderer zulässiger Börsengeschäfte, z. B. Börsentermin-, Zeit- und Optionsgeschäfte.

Zur Teilnahme am Börsenhandel sind die Mitglieder der Börse und die Börsenbesucher (ständige und einmalige) berechtigt. **Ausländische juristische und natürliche Personen können zu gleichen Bedingungen als Mitglieder der Börse aufgenommen werden; wenn sie keine Mitgliedschaft erworben haben, dürfen sie am Börsenhandel nur über einen Börsenmakler teilnehmen.**

Als Börsenmakler können Maklerfirmen, deren Filialen sowie freie Makler tätig sein. Für die Abwicklung von Zeit- und Optionsgeschäften benötigen sie eine Lizenz, die von der Kommission für Warenbörsen oder einer Maklervereinigung (Brokergilde oder Brokerassoziation) erteilt wird.

Die *Börsenmakler* (Broker) wickeln die Geschäfte entweder in ihrem eigenen oder im Namen des Kunden, entweder auf eigene oder auf Rechnung des Kunden ab. Nur die Börsenmakler sind zur Abwicklung von Börsengeschäften jeglicher Art befugt. Die anderen Mitglieder der Börse dürfen ohne Maklervermittlung nur solche Geschäfte abwickeln, die mit dem Erwerb der realen Ware auf eigene Rechnung zusammenhängen.

Das Recht zur Abwicklung von Börsengeschäften darf nicht an Dritte, auch nicht zeitweilig, übertragen werden. Die Börsengeschäfte werden zu frei gebildeten Preisen (Kursen) getätigt. Einschränkungen der freien Preisbildung sind unzuläs-

8.

sig. Die Makler sind zur Registrierung der getätigten Börsengeschäfte verpflichtet. Die Angaben dazu müssen mindestens fünf Jahre aufbewahrt werden.
Die Börse darf in bezug auf Börsentermin-, Zeit- und Optionsgeschäfte sowie die Kreditierung und Versicherung solcher Geschäfte *Clearingzentren* sowie Warensachverständigenstellen einrichten.
Die im Zusammenhang mit Börsengeschäften entstehenden Streitigkeiten können von einem Gericht bzw. Arbitragegericht behandelt werden. Außerdem sieht das Gesetz vor, daß bei jeder Börse eine Börsenschiedskommission zu bilden ist, die eine Art ständiges Schiedsgericht darstellt. Die Entscheidungen der Börsenschiedskommission können vor Gericht oder Arbitragegericht angefochten werden.

Wertpapierbörsen

10 Wertpapierbörsen werden ausschließlich geschaffen, um den normalen Wertpapierumlauf zu sichern. Sie sind keine kommerziellen Unternehmen und dürfen deshalb keinerlei Wertpapiere, sondern nur die eigenen Börsenaktien ausgeben. Jeder, der Börsenmitglied werden will, muß vorher Börsenaktien erworben haben. Die Börsen erzielen ihre Einnahmen aus dem Verkauf eigener Aktien, den Mitgliedsbeiträgen der Börsenmitglieder sowie den Börsenabgaben, die für jedes an der Börse getätigte Geschäft zu entrichten sind. Die Börse darf ihre Gewinne nur zur Finanzierung der Erweiterung und Verbesserung der Börsentätigkeit einsetzen. Die Aufteilung der Börsengewinne unter den Börsenmitgliedern ist unzulässig.
Die Wertpapierbörsen setzen den Marktwert (Kurs) der Wertpapiere fest. Sie sind verpflichtet, die auf der Börse gehandelten Wertpapiere bekanntzumachen. Um am Börsenhandel teilzunehmen, müssen die Investitionsinstitute eine Lizenz erwerben. Die Fachleute aus den Investitionsfirmen, Investitionsfonds und Investitionsvermittlungsagenturen (Finanzbrokerfirmen) müssen ein entsprechendes Attestat vorlegen.
Die Wertpapierbörse wird nach dem Modell einer GmbH gegründet. Die Mindesthöhe des Stammkapitals beträgt 3 Mio. Rubel, die Mindestanzahl der Börsenmitglieder drei Personen. Börsenmitglieder dürfen nur Investitionsinstitute (vgl. Rdn. 11) oder staatliche Exekutivorgane sein, zu deren Aufgaben die Abwicklung von Wertpapiergeschäften gehört.
Die Börsen werden beim Finanzministerium der Russischen Föderation registriert, das auch die Lizenzen für die Tätigkeit an den Wertpapierbörsen erteilt. Die Lizenzen können entzogen werden, wenn der Vorstand oder die Börsenmitglieder gegen die Börsenregeln verstoßen.
Die Wertpapierbörsen bestimmen ihre Geschäftsordnung und die Ordnung der Kontrolle und Abrechnung der Börsengeschäfte selbst. Die genannten Ordnungen sind jedoch dem Finanzministerium mit dem Antrag auf Registrierung der Wertpapierbörse zur Bestätigung vorzulegen.
Neben den Wertpapierbörsen dürfen auch ihre Niederlassungen *(Wertpapierhäuser)* Wertpapierbörsengeschäfte abwickeln. Dafür muß eine entsprechende Lizenz des Finanzministeriums der Russischen Föderation eingeholt werden. Bei der Abwicklung der Börsengeschäfte müssen sich die Wertpapierhäuser den Börsenregeln ihrer Wertpapierbörse unterordnen.

8.

Investitionsinstitute

Hauptpartner der Geschäfte an den Wertpapierbörsen sind die *Investitionsinsti-* 11
tute. Als Gründer eines Investitionsinstituts können auch **ausländische natürliche und juristische Personen**, darunter ausländische Banken, auftreten. Die Investitionsinstitute benötigen für ihre Tätigkeit eine Lizenz, die von den zuständigen Finanzorganen erteilt wird. Für Investitionsinstitute mit einem Grundkapital in Höhe von 1 Mrd. Rubel und mehr sowie für Investitionsinstitute unter Teilnahme **ausländischen Kapitals** ist das Finanzministerium der jeweiligen Republik, für alle anderen Investitionsinstitute sind die unteren Finanzorgane zuständig. Die Investitionsinstitute dürfen ausschließlich am Wertpapierhandel teilnehmen. Diese Beschränkung muß in ihrem Statut verankert werden.
Als Kapitalminimum sind für Investitionsgesellschaften 2,5 Mio. Rubel, für Vermittler und Investitionskonsultanten 50 000 Rubel festgelegt.
Die Ausübung einer anderen Tätigkeit als der Wertpapierhandel und die Zahlungsunfähigkeit werden mit dem Entzug der Lizenz geahndet.

Wertpapiere

Die geltende Gesetzgebung versteht unter Wertpapieren Urkunden, die zur Aus- 12
übung der darin verbrieften Rechte präsentiert werden müssen. Die im Wertpapier verbrieften Rechte können durch Übergabe des Wertpapiers abgetreten werden.
Als Wertpapiere gelten Obligationen, Schecks, Wechsel, Aktien, Konnossements und Investmentzertifikate. Verkehrsfähig sind auch andere Arten von Wertpapieren; sie müssen jedoch in Übereinstimmung mit der Ordnung über die Wertpapieremission emittiert werden. Alle Arten von Wertpapieren müssen den gesetzlich zwingend vorgeschriebenen Formerfordernissen entsprechen, ohne die Wertpapiere ungültig sind.

Wechsel

Erst seit Mitte des Jahres 1990 dürfen Unternehmen im Wirtschaftsverkehr 13
Wechsel ausstellen und annehmen.
Bis zur Annahme eines Wechselgesetzes der Russischen Föderation gilt hierfür die Ordnung über gezogene und eigene Wechsel von 1937, die in der Anlage zum Beschluß des Präsidiums des Obersten Sowjets vom 24. 6. 1991 (vgl. VSND RSFSR, Nr. 31/1991, Pos. 1024) wiedergegeben wird.
Die Ordnung legt zwingend die Formerfordernisse des *gezogenen* Wechsels und die Regeln seiner Ausstellung, das Verfahren des Indossaments und des Akzepts, der Übernahme der Wechselbürgschaft sowie das Verfahren zur Bestimmung der Zahlungsfristen für Wechselforderungen, die Rechtsgründe und das Verfahren der Geltendmachung von Ansprüchen mangels Akzept und Zahlung, die Vermittlungstätigkeit im Wechselumlauf, die Gültigkeit von Wechseldoppel und Wechselkopien sowie die Rechtsgründe für die Verjährung der Wechselansprüche fest.

8.

Die Regelung des *eigenen* Wechsels beschränkt sich hauptsächlich auf die Festlegung zwingender Formerfordernisse und das Präsentationsverfahren des eigenen Wechsels zur Zahlung.

Scheck

14 Da der Scheck im Unterschied zum Wechsel nur ein Verrechnungs- und kein Kreditinstrument ist, gab es keine Hindernisse, den Scheck sowohl im Auslands- als auch im Inlandszahlungsverkehr zu nutzen. Von allen Scheckarten fanden jedoch nur die Verrechnungsschecks eine breite Verwendung. Gegenwärtig gilt in der Russischen Föderation die durch Beschluß des Obersten Sowjets der Russischen Föderation vom 13. 2. 1992 bestätigte Scheckordnung (vgl. VSND RF, Nr. 24/1992, Pos. 1283), die in ihren Grundzügen der Genfer Konvention über den Scheckverkehr von 1931 entspricht.

Die Scheckordnung von 1992 legt zwingend Formerfordernisse des Schecks fest, läßt den Umlauf von Rekta-, Inhaber- und Orderschecks zu, bestimmt das Verfahren der Scheckübertragung, der Scheckbürgschaften sowie der Vorlage des Schecks zur Zahlung, regelt die Fragen des Scheckcrosses und die Ansprüche mangels Deckung des Schecks.

Besondere Aufmerksamkeit gilt der Regelung über die Gültigkeit der Schecks: Statt der einheitlichen Frist von zehn Tagen werden gegenwärtig in bezug auf die in den GUS-Staaten ausgestellten Schecks 20 Tage und in bezug auf die in anderen Staaten ausgestellten Schecks 70 Tage akzeptiert. Für die Rückgriffsansprüche gegenüber einem Scheckaussteller sowie einem anderen legitimierten Scheckübebringer ist eine sechsmonatige Frist, beginnend mit dem Tag der Geltendmachung von Ansprüchen, festgelegt. Die Verfallsfrist für die Scheckansprüche im Zusammenhang mit einem Scheckprotest tritt nach Ablauf von drei Jahren, gerechnet vom Datum des Scheckprotests, ein. Das bedeutet, daß im Unterschied zu der sechsmonatigen Frist bei den Rückgriffsansprüchen, die eine Verjährungsfrist darstellt und deshalb eine Wiedereinsetzung zuläßt, die Frist von drei Jahren eine Ausschlußfrist ist, nach deren Ablauf der Anspruch erlischt und eine Wiedereinsetzung deshalb nicht möglich ist.

Die Gültigkeit von Schecks, die in der Russischen Föderation ausgestellt wurden und im Ausland eingelöst werden sollen, bzw. der im Ausland ausgestellten Schecks, die in der Russischen Föderation eingelöst werden sollen, ist gesondert geregelt.

Im ersten Fall gilt das Gesetz des Landes, in dem der Scheck eingelöst wird. Im zweiten Fall müssen die in der Scheckordnung der Russischen Föderation enthaltenen *Formerfordernisse* eingehalten werden, d. h., die Benutzung von Faksimiles bei der Scheckunterschrift ist unzulässig; wenn der Aussteller eines Schecks eine juristische Person ist, ist der Stempel dieser juristischen Person Vorschrift; das Akzept seitens des Scheckausstellers ist unzulässig; die in Worten genannte Summe genießt die Priorität gegenüber der in Zahlen ausgedrückten Summe.

8.

Regeln für die Abwicklung von Wertpapiergeschäften

Die Wertpapierbörsen müssen in den von ihnen erlassenen Regeln gewisse For- 15
derungen einhalten. So müssen die Öffentlichkeit und Transparenz der Versteigerungen, die Abwicklung der Börsengeschäfte ausschließlich im Börsengebäude, die obligatorische Registrierung und Bekanntmachung jedes Börsengeschäfts im Verlaufe der Börsenversammlung sowie die Veröffentlichung eines Prospekts über die börsenfähigen Wertpapiere gewährleistet sein.
Rechtsgrundlage für den Erlaß der Börsenregeln ist die Instruktion Nr. 53 des Finanzministeriums der Russischen Föderation vom 6. 7. 1992 (vgl. Finansovaja gazeta [Finanzzeitung], Nr. 28/1992). Darin sind u. a. das Verfahren des Wertpapierhandels, besondere Bedingungen für den Wertpapierhandel größeren Ausmaßes, die Verantwortlichkeit im Zusammenhang mit der Registrierung von Börsengeschäften und der Aufbewahrung von Wertpapieren sowie die Haftung für Zuwiderhandlungen gegen die Ordnung der Abwicklung und Registrierung von Börsengeschäften festgelegt.
In der oben genannten Instruktion sind auch *Einschränkungen* bei der Aufnahme von Anleihen für Börsengeschäfte festgelegt: Sie dürfen nicht mehr als 50 % des Gesamtwerts der erworbenen Wertpapiere ausmachen. Für den Erwerb von 35 % der Aktien eines Unternehmens oder eines Aktienpakets, das 50 % der Stimmen sichert, muß die Genehmigung des Staatlichen Komitees für Antimonopolpolitik und Förderung neuer Wirtschaftsstrukturen eingeholt werden.

Emission und Registrierung von Wertpapieren

Die Regeln für die Emission und Registrierung von Wertpapieren sind in der In- 16
struktion Nr. 2 des Finanzministeriums der Russischen Föderation vom 3. 3. 1992 (vgl. Ėkonomika i žizn [Wirtschaft und Leben], Nr. 14/1992) enthalten. Diese Instruktion erfaßt jedoch nur einige Wertpapierarten, und zwar Aktien der Aktiengesellschaften, Obligationen, Staatsschuldverschreibungen sowie Orderwertpapiere.
In der Instruktion werden zwei Emissionsarten unterschieden: Emission auf direktem Wege und Emission durch Vermittlung (geschlossene Emission). Die Emission auf direktem Wege ist für einen uneingeschränkten Investorenkreis bestimmt und erfordert daher die Zeichnung an das breite Publikum, die Durchführung von Werbemaßnahmen und die Veröffentlichung von Wertpapierprospekten. Die geschlossene Emission erfordert das nicht. Sie ist nur dann zugelassen, wenn der Kreis potentieller Investoren nicht größer als 100 Personen ist oder der Gesamtwert der untergebrachten Wertpapiere nicht die 50-Mio.-Rubel-Grenze übersteigt.
Unabhängig davon, wie die Emission von Wertpapieren erfolgt, müssen die Wertpapiere vorher registriert werden. Wenn der Gesamtwert der Wertpapiere 1 Mrd. Rubel und mehr beträgt, müssen die Wertpapiere beim Finanzministerium registriert werden; liegt ihr Wert darunter, genügt die Registrierung bei den Finanzorganen der zur Russischen Föderation gehörenden Republiken, Regionen und Gebiete. Wenn als Emittent von Wertpapieren eine Bank bzw. eine andere

8.

Kreditinstitution auftritt, werden solche Wertpapiere von der Zentralbank der Russischen Föderation registriert.
Die Registrierung der Wertpapiere kann nur dann verweigert werden, wenn die vorgelegten Dokumente einen Widerspruch zu der geltenden Ordnung der Emission von Wertpapieren aufweisen (als ein besonderer Fall ist die Emission von Wertpapieren zur Deckung von Verlusten zu nennen).
Die Registrierung kann auch dann verweigert werden, wenn der Wertpapierprospekt unvollständig ist bzw. nicht den festgelegten Erfordernissen entspricht.
Für die Emission und Registrierung von Wertpapieren (Schecks) im Rahmen der Privatisierung bestehen spezielle Regeln (vgl. Gruppe 4, Rdn. 11).

9. Investitionsrecht/Auslandsinvestitionen

von Prof. Dr. sc. jur. Lothar Rüster und Prof. Michail Braginski, Doktor der Rechtswissenschaften

Allgemeines Investitionsrecht	162
Investitionsbegriff	162
Subjekte der Investitionstätigkeit	162
Objekte der Investitionstätigkeit	162
Rechtsstellung der Investoren	162
Staatliche Regulierung der Investitionstätigkeit	163
Staatliche Investitionsgarantien	163
Auslandsinvestitionen	164
Begriff der Auslandsinvestitionen	164
Formen der Auslandsinvestitionen	164
Ausländische Investoren	165
Russische Investitionspartner	165
Rechtliches Regime der Auslandsinvestitionen	166
Spezielle Garantien für ausländische Investoren	166
Konzessionen	167
Freie Wirtschaftszonen	168

9.

Die Investitionstätigkeit als besonderer Komplex der russischen Wirtschaftsge- 1
setzgebung umfaßt drei wesentliche Bestandteile:
- *allgemeine Rechtsvorschriften*, die **für alle Teilnehmer** an der Investitionstätigkeit – Inländer wie **Ausländer** – gleichermaßen gelten; sie sind im **Gesetz vom 26. 6. 1991 über die Investitionstätigkeit** (IG; vgl. 9.1) enthalten;
- *spezielle Rechtsvorschriften*, die nur **für ausländische Investoren** gelten; sie sind Gegenstand des **Gesetzes vom 4. 7. 1991 über Auslandsinvestitionen** (Auslandsinvestitionsgesetz – AIG; vgl. 9.2);
- **Sonderbedingungen für ausländische Investoren**, die sich **in freien Wirtschaftszonen** niederlassen; sie sind allgemein im **Auslandsinvestitionsgesetz** (Kap. VII) und im **Präsidentenerlaß vom 4. 6. 1992** (vgl. 9.3) sowie konkret für die einzelnen Freizonen in deren **Satzungen** (vgl. 9.4–9.6) festgelegt.

Trotz des speziellen Auslandsinvestitionsgesetzes **gelten auch die Bestimmungen des allgemeinen Investitionsgesetzes** – wie in Art. 2 Ziff. 2 IG ausdrücklich vorgesehen – **unmittelbar für ausländische Investoren**. Sie verdienen deshalb die uneingeschränkte Aufmerksamkeit ausländischer Interessenten. Obwohl zeitgleich entstanden, überschneiden sich beide Gesetzgebungsakte in erheblichem Maße, sind gesetzgebungssystematisch nicht aufeinander abgestimmt; das erschwert ihre parallele Anwendung. In Zweifelsfällen hat *das Auslandsinvestitionsgesetz* als das speziellere Gesetz *Vorrang* vor dem Investitionsgesetz.

Die Bedeutung des Investitionsgesetzes für **ausländische Investoren** erschöpft sich aber nicht darin, daß es unmittelbar für sie gilt, sondern sie ergibt sich auch daraus, daß es *bei gemeinsamer Investitionstätigkeit von Inländern und Ausländern* – in der Praxis der Regelfall – beiden grundsätzlich *gleiche rechtliche Bedingungen für die Durchführung des Investitionsvorhabens* gewährleistet. So würde z. B. der Investitionsschutz dem ausländischen Investor wenig nutzen, wenn er sich nicht auch auf dessen inländischen Partner erstrecken würde.

Investitionsrechtliche Bestimmungen sind nicht nur in den beiden erwähnten besonderen Investitionsgesetzen, sondern auch in einer Vielzahl anderer Gesetzgebungsakte enthalten, so im Eigentumsgesetz, im Unternehmensgesetz, in außenwirtschaftlichen und Steuergesetzgebungsakten sowie in Zollbestimmungen. Soweit sie sich inhaltlich nicht mit den in den beiden Investitionsgesetzen vorgesehenen Rechtsvorschriften decken, werden sie im Zusammenhang mit dem jeweiligen Gesetzgebungskomplex behandelt.

Außer den inländischen Rechtsvorschriften sind die einschlägigen internationalen Abkommen, insbesondere die *Investitionsschutzabkommen*, zu beachten, auf die weiter unten (vgl. Rdn. 13) näher eingegangen wird.

9.

Allgemeines Investitionsrecht

Investitionsbegriff

2 Neben materiellen und finanziellen Mitteln erkennt das Investitionsgesetz auch immaterielle Werte, z. B. Urheberrechte und Know-how, sowie Nutzungsrechte als Investitionen an (Art. 1 IG). **Dies ist insbesondere für ausländische Investoren von Interesse, die moderne Technologien mit materiellen Produktionsressourcen in Rußland verbinden wollen.**

Subjekte der Investitionstätigkeit

3 Das Investitionsgesetz unterscheidet als typische Subjekte der Investitionstätigkeit die Investoren, Auftraggeber, Ausführenden von Investitionsarbeiten und die Nutzer von Investitionsobjekten (Art. 2 Ziff. 1 IG). **Ausländische natürliche und juristische Personen sowie ausländische Staaten und internationale Organisationen** können Subjekte der Investitionstätigkeit in jeder der genannten Funktionen sein.
Besonders gefragt sind **Ausländer als Investoren**, d. h. als diejenigen Subjekte der Investitionstätigkeit, die eigene oder fremde Mittel (Kredite, Haushaltsmittel, Anleihen) in Form von Investitionen anlegen. Die Investoren können auch zugleich Auftraggeber sein, dürfen sich jedoch in dieser Eigenschaft nicht in die Unternehmenstätigkeit der anderen Investitionssubjekte einmischen (Art. 2 Ziff. 4 IG).

Objekte der Investitionstätigkeit

4 Als Objekte der Investitionstätigkeit bestimmt das Gesetz neu zu schaffende und zu modernisierende Grundfonds und Umlaufmittel sowie andere wirtschaftliche und immaterielle Vermögenswerte und -rechte (Art. 3 Abs. 1 IG). Investitionen können grundsätzlich in allen Zweigen und Bereichen der Volkswirtschaft getätigt werden. Verboten sind Investitionen, wenn sie oder die durch sie geschaffenen Objekte ökologische, sanitär-hygienische oder ähnliche Normen verletzen. **Für ausländische Investitionen bestehen** darüber hinaus bestimmte **objektgebundene Einschränkungen** (vgl. Rdn. 12).

Rechtsstellung der Investoren

5 Das Gesetz geht von der Rechtsgleichheit aller Investoren bei der Ausübung der Investitionstätigkeit aus (Art. 5 Ziff. 1 Abs. 1 IG). Der Investor bestimmt selbständig Umfang und Richtungen der Investition, wählt die Ausführenden der Investitionsarbeiten frei aus und verfügt in der Regel über das Investitionsobjekt auf der Grundlage des Eigentumsrechts. Das Eigentum an bestimmten Investitionsobjekten kann nur auf gesetzlicher Grundlage ausgeschlossen werden, was jedoch die wirtschaftliche Nutzung auf Grund eines anderen Rechtstitels (Besitz,

operative Verwaltung oder Beteiligung an den Erträgen) nicht ausschließt (Art. 5 Ziff. 5 IG). Die Reinvestierung der aus dem Investitionsobjekt erzielten wirtschaftlichen und finanziellen Ergebnisse ist ausdrücklich zugelassen.

Staatliche Regulierung der Investitionstätigkeit

Die direkte staatliche Regulierung der Investitionstätigkeit soll zunehmend durch wirtschaftliche *Stimulierung* ersetzt werden. Im Rahmen spezieller Investitionsprogramme werden vor allem für Schwerpunktbereiche der Volkswirtschaft Steuervergünstigungen, Sonderabschreibungen und direkte Investitionszuschüsse gewährt. Solche Fördermaßnahmen sind konkret zwischen den Investoren und den Trägern der jeweiligen Investitionsprogramme, d. h. der Regierung der Russischen Föderation, den Regierungen der zur Russischen Föderation gehörenden Republiken oder den örtlichen Sowjets der Volksdeputierten, zu vereinbaren. 6

Zugleich behält sich der Staat die *Kontrolle* über die Investitionstätigkeit im öffentlichen Interesse vor. So wacht er über die Einhaltung technischer Normen und Standards, der Antimonopolgesetzgebung und der Rechtsvorschriften für die Privatisierung von Staatseigentum.

Wichtigstes Kontrollinstrumentarium ist das öffentliche Begutachtungswesen. Dazu werden unabhängige Expertenkommissionen gebildet, die auch **ausländische Experten** hinzuziehen können. Außerdem sollen die von dem Investitionsprojekt unmittelbar betroffenen Bürger sowie die örtlichen Sowjets in die Überprüfung einbezogen werden.

Staatliche Investitionsgarantien

Der russische Staat gewährt im Investitionsgesetz weitgehende Garantien für eine störungsfreie Investitionstätigkeit sowie den international üblichen Investitionsschutz. 7

Von wesentlicher Bedeutung ist die *Garantie für die Aufrechterhaltung stabiler Investitionsbedingungen* (Art. 14 Ziff. 1 IG). Sie schließt den Schutz vor Verschlechterung der Investitionsbedingungen sowohl durch Gesetzesänderungen als auch durch gesetzwidrige administrative Maßnahmen ein. Gesetzgebungsakte, die die Rechte der Investitionssubjekte einschränken, dürfen frühestens ein Jahr nach ihrer Verkündung in Kraft treten. Verletzen administrative Maßnahmen die gesetzlichen Rechte und Interessen der Investitionssubjekte, steht ihnen der Rechtsweg offen. Sie können den ihnen zugefügten Schaden, einschließlich des entgangenen Gewinns, vor Gericht oder Arbitragegericht einklagen (vgl. Gruppe 13).

Der *Schutz der Investitionen* umfaßt nach internationalen Maßstäben das Verbot entschädigungsloser Nationalisierung und Beschlagnahme (Art. 15 Ziff. 2 IG). Staatlicher Entzug von Investitionen ist nur auf gesetzlicher Grundlage und bei voller Entschädigung des Investors für alle Verluste, einschließlich des entgangenen Gewinns, zulässig. (Zur Ausgestaltung des **Investitionsschutzes für ausländische Investoren** vgl. Rdn. 13).

9.

Auslandsinvestitionen

Begriff der Auslandsinvestitionen

8 Als ausländische Investition gilt jede Art von Kapitalanlage, die von Ausländern selbständig oder gemeinsam mit Inländern vorgenommen wird. Trotz unterschiedlicher Formulierung im Auslandsinvestitionsgesetz (Art. 2 AIG) kann davon ausgegangen werden, daß der Begriff der Auslandsinvestition inhaltlich mit dem allgemeinen Investitionsbegriff (Art. 1 IG) übereinstimmt. Insofern besteht keine Einschränkung für ausländische Investitionen.
Wesentliches Element des Auslandsinvestitionsbegriffs wie des Investitionsbegriffs überhaupt ist die Gewinnerzielung als Zweck der Kapitalanlage (Art. 2 AIG; Art. 1 Ziff. 1 IG). Daraus folgt, daß die Übergabe von materiellen oder immateriellen Vermögenswerten aus humanitären oder anderen nichtkommerziellen Gründen nicht als Auslandsinvestition betrachtet werden darf; sie unterliegt nicht den Bestimmungen der Auslandsinvestitionsgesetzgebung.

Formen der Auslandsinvestitionen

9 Das Gesetz (Art. 3 AIG) nennt als Formen, in denen ausländische Investitionen in der Russischen Föderation zugelassen sind:
– die Gründung von gemeinsamen oder vollständig in ausländischem Besitz befindlichen Unternehmen (vgl. Gruppe 1, Rdn. 36ff.);
– den vollständigen oder teilweisen Erwerb von bestehenden russischen Unternehmen, insbesondere im Rahmen der Privatisierung (vgl. Gruppe 4, Rdn. 9);
– den Erwerb von Nutzungsrechten, insbesondere an Grund und Boden und anderen Naturressourcen (vgl. Gruppe 4, Rdn. 6);
– den Erwerb von Wertpapieren (vgl. Gruppe 8, Rdn. 15).
Diese Aufzählung ist nicht erschöpfend; andere Formen sind denkbar. In den Grundlagen der Forstgesetzgebung der Russischen Föderation (VSND RF, Nr. 15/1993, Pos. 523) sind z. B. **ausländische juristische Personen** als Forstnutzer vorgesehen (Art. 27).
In der praktischen Investitionszusammenarbeit findet Verbreitung eine weitere Form, bei der finanzielle Mittel und Vermögenswerte in- und ausländischer Partner auf der Grundlage eines Vertrags über gemeinsame Wirtschaftstätigkeit (Art. 434ff. ZGB) verbunden werden, ohne daß zu diesem Zweck ein neues Rechtssubjekt, eine juristische Person, gebildet wird. Da diese Form aber nicht im Auslandsinvestitionsgesetz vorgesehen ist, genießt sie nicht die in diesem Gesetz eingeräumten Vergünstigungen für ausländische Investitionen. Dennoch findet sie praktische Anwendung, weil mit ihrer Hilfe insbesondere die Produktionskooperation unkompliziert und schnell in Gang gebracht werden kann.
Als Formen der Auslandsinvestitionen sind im weiteren Sinne auch die Konzessionen (vgl. Rdn. 14) sowie die Niederlassung und Wirtschaftstätigkeit in den freien Wirtschaftszonen (vgl. Rdn. 15) zu betrachten.

Ausländische Investoren

In Erweiterung des Investitionsgesetzes nennt das Auslandsinvestitionsgesetz als ausländische Investoren neben ausländischen natürlichen und juristischen Personen sowie ausländischen Staaten und internationalen Organisationen (Art. 2 Ziff. 3 IG) zusätzlich noch Staatenlose und sowjetische (jetzt: russische) Bürger mit ständigem Wohnsitz im Ausland.
Als „**ausländische juristische Personen**" gelten kollektive Gebilde jeglicher Art, die in ihrem Sitzland als juristische Personen anerkannt sind. Sowohl für die natürlichen als auch die juristischen ausländischen Personen gilt die Eintragung in das Handelsregister am Ort ihres Wohnsitzes bzw. Sitzes als Bedingung für die Teilnahme an Investitionen auf dem Territorium der Russischen Föderation. Für juristische Personen verlangt das Investitionsgesetz außerdem, daß sie nach der Gesetzgebung ihres Landes berechtigt sind, im Ausland Investitionstätigkeit auszuüben.
Von der allgemeinen Festlegung, wonach nur kollektive Gebilde, die in ihrem Sitzland als juristische Personen anerkannt sind, als ausländische Investoren auftreten dürfen, sind im Rahmen der zweiseitigen Investitionsschutzabkommen Ausnahmen zugelassen worden. So ist im Protokoll zum Investitionsschutzabkommen BRD–UdSSR (BGBl. II 1990, S. 349, Ziff. 1), das im Verhältnis zu Rußland nach wie vor Geltung hat, vorgesehen, daß als Investoren auch Gesellschaften, Verbände und Vereinigungen mit oder ohne Rechtspersönlichkeit auftreten können, unabhängig davon, ob ihre Tätigkeit auf Gewinn gerichtet ist oder nicht.

Russische Investitionspartner

Als Partner ausländischer Investoren können Bürger der Russischen Föderation, Staatenlose mit ständigem Wohnsitz in der Russischen Föderation sowie russische juristische Personen oder der Staat auftreten.
Auf Grund der im Rahmen der Russischen Föderation geltenden einheitlichen Staatsbürgerschaft sind die Bürger aller der Russischen Föderation angehörenden Republiken gleichzeitig auch Bürger der Russischen Föderation. Im Unterschied dazu werden alle Bürger der ehemaligen Unionsrepubliken der UdSSR, unabhängig davon, ob diese Republiken Mitglieder der GUS sind oder nicht, als Ausländer betrachtet.
Dieser Grundsatz gilt auch bei der Bestimmung der Nationalität von juristischen Personen.
Bei der Auswahl ihrer russischen Partnerorganisationen müssen die ausländischen Investoren berücksichtigen, daß nach der Gesetzgebung der Russischen Föderation neben den natürlichen Personen nur kollektive Gebilde mit dem Status einer juristischen Person als selbständige Zivilrechtssubjekte gelten.
Unter praktischen Gesichtspunkten sollte russischen Partnern, die über eigenes Produktionspotential oder Grund und Boden verfügen, in der Regel der Vorzug gegeben werden. Dabei sind die Eigentumstitel sorgfältig zu prüfen, da es sowohl bei der Aufteilung des staatlichen Eigentums als auch bei der Privatisie-

9.

rung nicht selten zu Unklarheiten oder gar Streitigkeiten darüber kommt, wem das betreffende Vermögensobjekt rechtmäßig zusteht – der Föderation, der Republik oder der Stadt. So sind Fälle bekanntgeworden, daß kommunale Organe Vermögensobjekte an Unternehmen mit ausländischen Investitionen verkauften, die sich in Föderationseigentum befanden bzw. die man unter Verletzung der Privatisierungsgesetzgebung privatisiert hatte. Die Folge davon war, daß die betreffenden Kaufverträge vom zuständigen Gericht für nichtig erklärt oder in andere Verträge umgewandelt wurden. Entscheidend für den Eigentumsnachweis sind die vom zuständigen Staatlichen Komitee bzw. Komitee für die Verwaltung des Staatsvermögens ausgestellten und dem Russischen Fonds des Föderationsvermögens bzw. seinen territorialen Organen übergebenen Urkunden über das Eigentumsrecht (vgl. Gruppe 2, Rdn. 12; Gruppe 3, Rdn. 4; Gruppe 4, Rdn. 10). Bei der Zusammenarbeit mit russischen Bürgern ist ferner zu beachten, daß Angestellten des Staatsapparats Unternehmenstätigkeit jeglicher Art untersagt ist (vgl. Gruppe 1, Rdn. 2). Unter dem Begriff „Staat" als Teilnehmer an Zivilrechtsbeziehungen werden sowohl die Russische Föderation als auch die ihr angehörenden Republiken verstanden. In ihrem Namen werden das Staatliche Komitee für die Verwaltung des Staatsvermögens und der Fonds des Föderationsvermögens der Russischen Föderation sowie die entsprechenden Organe der Republiken tätig (vgl. Gruppe 2, Rdn. 12).

Rechtliches Regime der Auslandsinvestitionen

12 Die geltende Gesetzgebung legt für Auslandsinvestitionen bzw. ausländische Investoren das nationale rechtliche Regime fest. Das bedeutet, daß das rechtliche Regime ausländischer Investitionen sowie der Tätigkeit ausländischer Investoren zu ihrer Realisierung nicht ungünstiger sein darf als das rechtliche Regime für die Investitionstätigkeit juristischer Personen und Bürger der Russischen Föderation, mit Ausnahme der in diesem Gesetz vorgesehenen Einschränkungen (Art. 6 AIG).
Das Auslandsinvestitionsgesetz enthält keine direkten Einschränkungen für die Investitionstätigkeit von Ausländern, sondern sieht lediglich die **Lizenzpflicht für bestimmte Tätigkeiten von Unternehmen mit ausländischen Investitionen** (Versicherungen, Banken, Wertpapierhandel) vor (Art. 20 AIG). Allerdings ergeben sich aus anderen Gesetzen direkte **Tätigkeitsverbote für Ausländer** (z. B. Massenmedien, Fischfang; vgl. Gruppe 1, Rdn. 9), die offenbar auch die Investitionstätigkeit als Form der Unternehmenstätigkeit einschließen, obwohl derartige Einschränkungen nur im Auslandsinvestitionsgesetz selbst vorgesehen sein dürften (Art. 6 AIG).

Spezielle Garantien für ausländische Investoren

13 Zusätzlich zu den allgemeinen Investitionsschutzgarantien, die sich auf in- und ausländische Investoren gleichermaßen erstrecken (vgl. Rdn. 7), wird den ausländischen Investoren der freie Transfer ihrer in ausländischer Währung erzielten Gewinne und sonstigen Erträge garantiert (Art. 10 AIG). Erstreckte sich die

Transfergarantie zunächst nur auf die von den ausländischen Investoren auf Grund des Prinzips der Deviseneigenerwirtschaftung direkt in ausländischer Währung erzielten Erlöse (Art. 26 AIG), so können nach Herstellung der inneren Konvertierbarkeit des Rubels auch Devisenbeträge transferiert werden, die auf dem Devisenmarkt gegen Rubel erworben wurden (vgl. Gruppe 11, Rdn. 20). Dagegen hat die in Art. 11 AIG vorgesehene Regelung, daß bei Produktion von „importablösenden" Erzeugnissen Devisen aus dem staatlichen Devisenfonds zur Verfügung gestellt werden können, keine praktische Anwendung erfahren.
Die im Auslandsinvestitionsgesetz verankerte Transfergarantie wurde durch den obligatorischen Devisenverkauf (vgl. 11.2; Gruppe 11, Rdn. 22) substantiell erheblich ausgehöhlt.
Die im Auslandsinvestitionsgesetz vorgesehenen Bestands- und Enteignungsschutzgarantien (Art. 7 AIG) decken sich inhaltlich mit den allgemeinen Investitionsschutzgarantien (vgl. Rdn. 7). Die Entschädigungsregelung (Art. 8 AIG) entspricht dem internationalen Standard (unverzügliche, volle und effektive Kompensation). Im Bedarfsfall können sich deutsche Investoren auch auf das o. a. Investitionsschutzabkommen BRD – UdSSR berufen. Zwischen dem Auslandsinvestitionsgesetz und dem Investitionsschutzabkommen besteht zwar grundsätzlich inhaltliche Kongruenz, letzteres enthält aber einige weitergehende und präzisere Festlegungen. So bestimmt das Investitionsschutzabkommen über den Wortlaut des Auslandsinvestitionsgesetzes hinaus, daß die Entschädigung „tatsächlich verwertbar und frei transferierbar sein (muß)" (Art. 4 Abs. 2) und daß auch Verluste, die die Investoren durch „Krieg, bewaffnete Auseinandersetzungen oder andere Ausnahmesituationen" erlitten haben, entsprechend ausgeglichen werden müssen (Art. 4 Abs. 2). Bedenkt man die tatsächliche Lage in Rußland, kann diesen Festlegungen im Investitionsschutzabkommen durchaus praktische Bedeutung zukommen.

Konzessionen

Eine besondere Form des Erwerbs von Vermögensrechten durch ausländische Investoren sind Konzessionen. Im Auslandsinvestitionsgesetz ist die Vergabe von Konzessionen für den Abbau und die Erschließung von Naturressourcen vorgesehen, die sich im Staatseigentum befinden, ohne daß sie an staatliche Unternehmen oder Organisationen zur vollen Wirtschaftsführung oder operativen Verwaltung übergeben worden sind (Art. 40 AIG). Rechtsform dieser Art von Auslandsinvestitionen sind *Konzessionsverträge* zwischen dem Investor und der Regierung der Russischen Föderation, die bis zu einer Dauer von 50 Jahren abgeschlossen werden können.
Die Konzessionsverträge unterliegen einem besonderen rechtlichen Regime: Sie können Ausnahmen von der geltenden Gesetzgebung enthalten, die allerdings vom Obersten Sowjet der Russischen Föderation bestätigt werden müssen, und sie dürfen nicht einseitig geändert werden, mit Ausnahme der im Vertrag selbst vorgesehenen Fälle.
Außer diesen wenigen Bestimmungen grundsätzlicher Natur im Auslandsinvestitionsgesetz existiert noch keine spezielle Gesetzgebung über Konzessionen. Es sind auch noch keine praktischen Anwendungsfälle bekanntgeworden. Ein Konzessionsgesetz befindet sich in Vorbereitung.

9.

Freie Wirtschaftszonen

15 Besondere Bedingungen für Auslandsinvestitionen gelten in freien Wirtschaftszonen, von denen bisher zwölf gegründet wurden (die bekanntesten sind „St. Petersburg", „Sachalin" und „Kaliningrad"). Sie sind in Art. 41 und 42 AIG, im Präsidentenerlaß Nr. 548 vom 4. 6. 1992 über die Entwicklung freier Wirtschaftszonen (vgl. 9.3) und in den Satzungen der einzelnen Wirtschaftsfreizonen (vgl. 9.4–9.6) enthalten. Der Erlaß eines Gesetzes über freie Wirtschaftszonen ist geplant.

Das Auslandsinvestitionsgesetz sieht zusätzliche Vergünstigungen für ausländische Investoren in Form von Steuerermäßigungen (bis zu 50 % der allgemeinen Steuersätze), verlängerten Pachtzeiten (bis zu 70 Jahren anstelle von 50 Jahren), niedrigeren Bodennutzungsgebühren, ermäßigten Zöllen und anderen Erleichterungen vor (Visafreiheit, vereinfachte Zollabfertigung; Art. 42 AIG). Der Präsidentenerlaß vom 4. 6. 1992 ergänzt und präzisiert diese grundsätzlichen Bestimmungen in mehreren Richtungen: Vorgesehen sind u. a. die Gewährung von Haushaltskrediten zur Entwicklung der Infrastruktur in den freien Wirtschaftszonen, die beschleunigte Privatisierung in diesen Zonen und die Senkung der Exportzölle für Rohstoffe, die aus den Zonen ausgeführt werden, um 50 % (vgl. 9.3 Ziff. 1, 2 und 5).

Diese für alle freien Wirtschaftszonen geltenden Bedingungen werden durch konkrete Vergünstigungen für die jeweilige Zone erweitert. Zum Beispiel werden vom St. Petersburger Stadtsowjet Höchstgrenzen für die Bodenpacht festgelegt (die ansonsten völlig frei vereinbart werden kann, was bei dem bestehenden Monopol der Kommunen an Grund und Boden für die ausländischen Investoren äußerst ungünstig ist). In der Wirtschaftsfreizone „Sachalin" können ausländische Investoren (in Abweichung von der allgemeinen Regelung) Fischfanggründe und andere Naturressourcen bis zu 50 Jahren pachten.

10. Außenwirtschaftsrecht

von Olga Simenkowa, Kandidatin der Rechtswissenschaft

Lizenzierung und Quotierung des Ex- und Imports	171
Exportzölle	173
Obligatorischer Devisenverkauf	173
Devisenkontrolle der Exportgeschäfte	174
Importzölle	174
Zollvergünstigungen	175
Export von strategisch wichtigen Rohstoffen	176
Export einiger besonderer Warenarten	177

10.

Hauptsächlich Erlasse des Präsidenten sowie Verordnungen der Regierung regeln die Außenwirtschaft der Russischen Föderation. Der wichtigste **Erlaß des Präsidenten** ist der **vom 15. 11. 1991 über die Liberalisierung der außenwirtschaftlichen Tätigkeit** auf dem Territorium der RSFSR (vgl. 10.1). Dieser Erlaß gestattet ohne spezielle Registrierung allen auf dem Territorium der Russischen Föderation registrierten Unternehmen und deren Vereinigungen, unabhängig von der Eigentumsform, Außenwirtschaftstätigkeit, einschließlich Vermittlungstätigkeit. Davon ausgenommen ist jedoch seit 1. Juli 1992 der Export von strategisch wichtigen Rohstoffen, den nur speziell für diesen Tätigkeitsbereich zugelassene Unternehmen und Organisationen betreiben dürfen (vgl. Rdn. 9).

Lizenzierung und Quotierung des Ex- und Imports

Seit dem 1. Januar 1993 gilt eine durch die Regierungsverordnung Nr. 854 vom 6. 11. 1992 eingeführte einheitliche Lizenzierungs- und Quotierungsordnung (vgl. 10.2 mit 5 Anlagen). Sie ist für alle Wirtschaftssubjekte auf dem Territorium der Russischen Föderation verbindlich, unabhängig von ihrer Eigentumsform, der administrativen Unterstellung und dem Ort ihrer Registrierung, d. h. grundsätzlich auch für **Unternehmen mit ausländischen Investitionen.**
Ausnahmen bestehen für **Unternehmen** mit ausländischen Investitionen, **die sich vollständig im Eigentum ausländischer Investoren befinden oder an denen die ausländische Kapitalbeteiligung mehr als 30 % beträgt.** Sie dürfen an sich lizenzpflichtige Waren, die in Anlage 2 der Verordnung Nr. 854 genannt sind, ohne Lizenz exportieren, soweit sie aus der eigenen Produktion stammen; alle anderen Waren, Werk- und Dienstleistungen dürfen von Unternehmen mit ausländischen Investitionen, gleich mit welchem ausländischen Kapitalanteil, nur zu den allgemein üblichen Bedingungen exportiert bzw. importiert werden (vgl. 10.2 Ziff. 11).
Das *Verfahren* der Lizenzierung und Quotierung des Ex- und Imports wird durch eine spezielle Ordnung geregelt (vgl. 10.2 Anlage 1). Grundlage für die Festlegung der Quoten und die Vergabe der Lizenzen sind die der Verordnung Nr. 854 beigefügten Warenverzeichnisse (vgl. 10.2 Anlagen 2–5). Die Verfahrensordnung unterscheidet folgende Arten von *Quoten:*
– allgemeine Exportquoten, einschließlich der Quoten für den Staatsbedarf;
– Exportquoten der Unternehmen;
– Regionalquoten;
– Quoten für den Auktionsverkauf.
Alle Quoten werden grundsätzlich vom Wirtschaftsministerium festgelegt, das ausgehend von den Produktions- und Verbrauchsbilanzen den Umfang der Quoten mit den für die einzelnen Warenarten jeweils zuständigen Ministerien und Ämtern abstimmt. Letztere schlüsseln die Exportquoten auf die Unternehmen und Regionen auf.
Eine wichtige Ausnahme von dieser allgemeinen Regel besteht für die Quoten für den Staatsbedarf, die den Export von Waren zur Erfüllung der internationalen Verpflichtungen der Russischen Föderation und zur Erwirtschaftung der Devisenmittel für den zentralisierten Import lebensnotwendiger Güter für die Bevölkerung und die Volkswirtschaft vorsehen. Diese Quoten werden dem Ministerium

10.

für Außenwirtschaftsbeziehungen der Russischen Föderation zugeteilt, das gemeinsam mit den zuständigen Ministerien und Ämtern die entsprechenden Produktionsaufträge auf die Herstellerbetriebe aufteilt. Der Umfang des Exports der Waren für den Staatsbedarf wird von der Regierung der Russischen Föderation festgelegt (vgl. den entsprechenden Beschluß für 1993 – Nr. 1043 vom 30. 12. 1992; SAPP RF, Nr. 2/1993, Pos. 143).

Eine weitere Ausnahme betrifft die Exportquoten für Erdöl und Erdölprodukte, die in Übereinstimmung mit einem speziellen Präsidentenerlaß (Nr. 151 vom 12. 2. 1992; VSND RF, Nr. 9/1992, Pos. 429) im Interesse der erdölfördernden Regionen so aufgeteilt werden, daß bis zu 10 % der Exportquoten in der Verfügung dieser Regionen verbleiben.

Exportquoten, die von den Herstellerbetrieben nicht genutzt werden, können vom Ministerium für Außenwirtschaftsbeziehungen der Russischen Föderation auf Auktionen oder durch Ausschreibungen verkauft werden (vgl. 10.3).

Die auf Auktionen erworbenen Quoten werden durch Zertifikate bestätigt, die von ihren Inhabern weiter veräußert werden dürfen. Die Lizenzen für den Export der quotierten Waren erteilt das Ministerium für Außenwirtschaftsbeziehungen der Russischen Föderation. Grundlage für die Lizenzerteilung ist bei den in Anlage 2 zur Verordnung Nr. 854 genannten Waren das Dokument, das die Warenlieferung zu Lasten der Quote bestätigt (in der Regel eine Verfügung des Wirtschaftsministeriums oder anderer Ministerien und Ämter), oder das erworbene Zertifikat oder – bei Export durch eine Vermittlerorganisation – der Liefervertrag; bei den in den Anlagen 3 und 4 genannten spezifischen Waren – die Genehmigung des zuständigen Ministeriums oder Amtes. Eine weitere unbedingte Voraussetzung für die Lizenzerteilung ist in allen Fällen ein unterzeichneter oder zumindest paraphierter Vertrag mit dem ausländischen Partner. Dieser allein genügt andererseits nicht für die Lizenzvergabe, wenn die entsprechenden Quoten, Zertifikate oder Genehmigungen für den Export bzw. Import der in den Anlagen 2–5 zur Verordnung Nr. 854 genannten Waren fehlen.

Lizenzen für den Export sog. strategisch wichtiger Rohstoffe (vgl. Rdn. 9) werden ausschließlich an die beim Ministerium für Außenwirtschaftsbeziehungen speziell für diesen Zweck registrierten Unternehmen vergeben. Diese Unternehmen erhalten auch in der Regel die Einfuhraufträge für Waren des zentralisierten Imports.

Die erteilten Lizenzen sind an den jeweiligen Lizenzinhaber gebunden, d. h., sie dürfen nicht an andere Unternehmen weitergegeben werden. Der Exporteur darf die Waren erst nach Erhalt der Lizenz versenden. Die Kontrolle über die Ein- und Ausfuhr der lizenzierten Waren obliegt dem Staatlichen Zollkomitee der Russischen Föderation.

Die Ausfuhr von lizenzierten Waren aus der Russischen Föderation unter Verletzung der Lizenzierungs- und Quotierungsordnung wird als Zollvergehen bestraft. Gegen die Verantwortlichen werden Sanktionen entsprechend den geltenden Zollbestimmungen sowie Bußgelder in Höhe des Marktwerts der zu transportierenden Waren verhängt.

2 In Abhängigkeit von der Gültigkeitsdauer unterscheidet man zwischen generellen und einmaligen Lizenzen.

Eine *generelle* Lizenz wird dem Wirtschaftssubjekt (dem Antragsteller) für die Dauer bis zu einem Kalenderjahr für die Abwicklung von Ex- bzw. Importgeschäf-

ten für den Staatsbedarf ausgestellt. Im Rahmen einer generellen Lizenz können die Ex- bzw. Importoperationen ein oder mehrere Geschäfte umfassen.
Einmalige Lizenzen sind für die Abwicklung eines konkreten Geschäfts bestimmt und für die Dauer bis zu zwölf Monaten gültig. Die Gültigkeitsdauer beider Arten von Lizenzen kann auf Antrag verlängert werden.
Bei Zuwiderhandlungen gegen die Lizensierungs- und Quotierungsordnung können die Lizenzen suspendiert oder annulliert werden.

Exportzölle

Ab 1. Januar 1992 wurden Exportzolltarife für bestimmte Waren, darunter solche, die im Rahmen von Bartergeschäften geliefert werden, eingeführt (vgl. 10.4). Die Exportzölle werden von allen Unternehmen, unabhängig von der Eigentumsform und dem Ort ihrer Registrierung, erhoben. Das bedeutet, daß die Exportzolltarife sowohl für die russischen als **auch für ausländische juristische Personen** gelten, die Exportgeschäfte vom Territorium der Russischen Föderation aus abwickeln.
Die Exportzölle werden im ECU pro Gewichtseinheit festgelegt.
Die Höhe der Exportzölle wurde mehrfach geändert. Ab 1. Juli 1992 wurden die Exportzolltarife generell um 20 % erhöht. Davon *ausgenommen* ist der *Export von Erzeugnissen aus der eigenen Produktion* durch **Unternehmen mit ausländischen Investitionen bei einem ausländischen Kapitalanteil von mehr als 30 %**. Für Bartergeschäfte wurde der Exportzollsatz ab 1. Januar 1993 um 50 % erhöht.
Die Exportzölle müssen vor oder während der Zollkontrolle entrichtet werden.
Die Zölle werden in Rubel erhoben. Die Zollorgane gewähren für die Exportzölle gegen Vorlage der Garantie einer bevollmächtigten Bank oder der Genehmigung des Finanzministeriums einen Zahlungsaufschub von höchstens 60 Tagen vom Zeitpunkt der Übergabe der Ware zur Zollabfertigung an. Bei Zahlungsverzug wird eine Verzugsstrafe in Höhe von 0,2 % der anfangs berechneten Zahlungssumme für jeden Verzugstag, einschließlich des Zahlungstags, erhoben.
Mit Genehmigung des Finanzministeriums kann der Exporteur die Zollgebühren in frei konvertierbarer Währung entrichten. In diesem Falle beträgt eine evtl. Verzugsstrafe 0,01 % der anfangs berechneten Zahlungssumme.
Der nicht gezahlte Zoll, einschließlich der Verzugsstrafe, wird von den Zollorganen im nichtanfechtbaren Abbuchungsverfahren eingezogen. Bei Nichtzahlung des Zolls dürfen die Zollorgane die Vollstreckung in die dem säumigen Unternehmen gehörenden Waren vornehmen.

Obligatorischer Devisenverkauf

Seit dem 1. Juli 1992 müssen 50 % *aller Devisenerlöse* aus dem Export von Waren (Leistungen, Dienstleistungen) *obligatorisch verkauft werden.*
Diese Regelung ist grundsätzlich für alle Unternehmen, Vereinigungen und Organisationen verbindlich, die nach der Gesetzgebung der Russischen Föderation gegründet wurden und deren Sitz sich auf dem Territorium der Russischen Föderation befindet, d. h. **auch für Unternehmen mit ausländischen Investitionen.**

10.

Für Unternehmen mit 100 % ausländischer Beteiligung sowie gemeinsame Unternehmen mit mehr als 30 % ausländischer Kapitalbeteiligung gelten bestimmte **Vorzugsbedingungen** (Einzelheiten vgl. Gruppe 11, Rdn. 22).

Devisenkontrolle der Exportgeschäfte

6 Der gesamte Devisenerlös aus dem Export von Waren (Leistungen, Dienstleistungen) ist obligatorisch auf Konten der bevollmächtigten Banken auf dem Territorium der Russischen Föderation zu überweisen. Konten bei ausländischen Banken dürfen nur mit Genehmigung der Russischen Zentralbank eröffnet werden.

Die Exportbetriebe sind verpflichtet, die erforderlichen Angaben über die bevollmächtigte Bank, über die die Zahlungen des ausländischen Käufers vorgenommen werden sollen, sowie die Termine des Deviseneingangs und das Zahlungsverfahren *in der Zollerklärung* anzugeben. Gleichzeitig muß bei den Zollorganen die Bestätigung der bevollmächtigten Bank darüber vorgelegt werden, daß die Zahlungen beim betreffenden Exportgeschäft *tatsächlich* über diese Bank vorgenommen werden. Die Zollorgane teilen diese Angaben der Zentralbank mit.

Die bevollmächtigten Banken sind berechtigt, die Devisen entweder in ihrem Namen im Auftrag der Unternehmen und Kommerzbanken (Vermittlergeschäfte mit Bankprovision) oder in ihrem Namen und auf eigene Kosten zu kaufen bzw. zu verkaufen (Einzelheiten des Verfahrens sind in der Instruktion der Zentralbank der Russischen Föderation Nr. 7 geregelt; vgl. 11.2.).

Die Unternehmen haften für die Nichteinhaltung der festgelegten Ordnung der Überweisung ihres Devisenerlöses auf Konten der bevollmächtigten Banken der Russischen Föderation. Bei Zuwiderhandlungen wird von der Staatlichen Steuerinspektion oder der Inspektion für Devisenkontrolle bei der Regierung der Russischen Föderation eine Geldbuße in Höhe der Gesamtsumme der hinterzogenen Deviseneinnahmen bzw. ihres Äquivalents in Rubeln nach dem aktuellen Kurs der Zentralbank verhängt. Die Zahlung des Bußgelds befreit nicht von der obligatorischen Überweisung des Exporterlöses auf Konten der bevollmächtigten Banken und dem obligatorischen Verkauf eines Teils des Exporterlöses.

Importzölle

7 Importzölle werden seit dem 1. 4. 1993 auf der Grundlage des mit Erlaß des Präsidenten vom 15. 3. 1993 eingeführten endgültigen Importzolltarifs erhoben (vgl. Erlaß des Präsidenten Nr. 340 vom 15. 3. 1993 über den Importzolltarif der Russischen Föderation; 10.7).

Der neue Importzolltarif wird auf alle nach dem 1. 4. 1993 in die Russische Föderation eingeführten Waren, unabhängig vom Datum des Abschlusses der entsprechenden Importverträge, angewandt. Bei Erhebung der Importzölle von natürlichen Personen wird zwischen Personen mit ständigem Wohnsitz *in* und solchen mit ständigem Wohnsitz *außerhalb* der Russischen Föderation unterschieden. Erstere, d. h. in der Regel Bürger der Russischen Föderation, dürfen Waren (mit Ausnahme von Transportmitteln) im Gesamtwert bis zu 5 000 US-Dollar zollfrei einführen (im Reisegepäck oder auf dem Postweg).

10.

Natürliche Personen mit ständigem Wohnsitz außerhalb Rußlands dürfen Waren für den persönlichen Bedarf (im Reisegepäck) in den Mengen zollfrei einführen, die vom Staatlichen Zollkomitee der Russischen Föderation festgelegt werden, d. h. in den für Bürger der Russischen Föderation festgelegten zollfreien Quoten.

Über die zollfreien Quoten hinausgehende Warenmengen werden mit Importzöllen nach den Basissätzen des Importzolltarifs belegt. Die Importzollsätze werden prozentuell zum Zollwert der Importwaren bestimmt. Die meisten eingeführten Lebensmittel sowie Medikamente sind von Importzöllen befreit. Für Tier- und Pflanzenfette, Mineralwasser und einen bedeutenden Teil industrieller Konsumgüter beträgt der Importzollsatz 5 % des Zollwerts. Bei Haushaltselektrogeräten sind es 15 %, mit Ausnahme von Videogeräten, für die ein Zollsatz von 25 % des Zollwerts festgesetzt wurde. Die höchsten Importzollsätze, nämlich 100 % bis 150 % vom Zollwert, gelten für die Einfuhr von Spirituosen. Für Weine betragen die Importzölle 20–25 % des Zollwerts.

Mit Einführung des neuen Importzolltarifs sind nicht automatisch alle Bestimmungen des Provisorischen Importzolltarifs aufgehoben worden. So sind z. B. die Festlegungen in Kraft geblieben, wonach die Importzollsätze in Abhängigkeit vom Charakter der Beziehungen zwischen der Russischen Föderation und den betreffenden Staaten differenziert werden. Auf Waren, die aus Ländern oder Gemeinschaften eingeführt werden, denen die Russische Föderation die Meistbegünstigung gewährt (das sind gegenwärtig etwa 120 Staaten) werden die Basiszollsätze angewandt, während bei der Einfuhr von Waren aus Ländern, die nicht die Meistbegünstigung genießen, die Basiszollsätze verdoppelt werden (vgl. 10.5). Bei Wareneinfuhren aus Entwicklungsländern werden die Basiszollsätze halbiert, Waren aus am wenigsten entwickelten Ländern sind vollständig von Importzöllen befreit (vgl. 10.6).

Die Importzölle werden nach Wahl des Importeurs entweder in Rubeln erhoben, wobei der Zollwert der Ware entsprechend dem am Tag der Zollabfertigung bei der Zentralbank der Russischen Föderation notierten Rubelkurs bestimmt wird, oder in frei konvertierbarer Währung.

Die Importzölle müssen entweder vor oder während der Vorlage der Zolldeklaration entrichtet werden. Es kann ein Zahlungsaufschub bis zu 30 Tagen gewährt werden, aber nur, wenn ein Pfand hinterlegt oder eine Bankgarantie gestellt wird.

Zollvergünstigungen

Unternehmen mit ausländischen Investitionen, bei denen die ausländische 8 Kapitalbeteiligung nicht 30 % übersteigt, werden von der Entrichtung von Exportzöllen befreit, wenn sie vor dem 1. Januar 1992 registriert wurden und auf dem Gebiet der Erdöl- bzw. Gasförderung und -verarbeitung sowie der Leistungen (Dienstleistungen) zur Erhöhung der Produktion der Erdöl-, Gas- und erdölverarbeitenden Industrie tätig sind. Diese Unternehmen zahlen vom 1. Januar 1992 an keine Exportzölle für die Ausfuhr der geförderten Mengen von Erdöl und Gas bzw. deren Verarbeitungsprodukte, bis die getätigten Investitionen durch die Steigerung der Förderkapazität im Vergleich zu der zum Zeitpunkt der Gründung des gemeinsamen Unternehmens errechneten Fördermenge ersetzt sind.

10.

Für den Import von Waren aus den Ländern, die mit Rußland eine Zollunion oder Freihandelszone bilden bzw. die Vorbereitungen zur Gründung einer solchen Union oder Freihandelszone treffen, kann die Regierung der Russischen Föderation Vorzugszolltarife festlegen oder Zollbefreiung gewähren.
Wegen des häufigen Mißbrauchs von Zollvergünstigungen wurde vom Präsidenten eine generelle Analyse und schärfere Kontrolle der gewährten Vergünstigungen angeordnet (vgl. Erlaß des Präsidenten vom 27. 3. 1993 über die Überprüfung der Vergünstigungen bei der Durchführung außenwirtschaftlicher Tätigkeit; SAPP, Nr. 13/1993, Pos. 1107). Danach werden Vergünstigungen künftig nur noch auf der Grundlage positiver Gutachten der zuständigen Ministerien und Behörden, darunter der Devisenkommission der Regierung, gewährt. Zollmäßigungen in Form eines Zahlungsaufschubs werden ausschließlich zur Verwirklichung konkreter Investitionsvorhaben eingeräumt (zu den Zollvergünstigungen in freien Wirtschaftszonen vgl. Gruppe 9, Rdn. 15.).

Export von strategisch wichtigen Rohstoffen

9 Seit dem 1. Juli 1992 ist der Export von strategisch wichtigen Rohstoffen einem engen Kreis von Unternehmen vorbehalten, die beim Ministerium für Außenwirtschaftsbeziehungen speziell dafür registriert sind (vgl. 10.8). Diese Unternehmen (Außenhandels- und Vermittlerorganisationen) schließen Kommissionsverträge mit den Lieferbetrieben ab. Die Bedingungen des Kommissionsverhältnisses werden vom Ministerium für Außenwirtschaftsbeziehungen in Abstimmung mit dem Ministerium für Handel und materielle Ressourcen, dem Wirtschaftsministerium und dem Finanzministerium festgelegt.
Das Verzeichnis der strategisch wichtigen Ressourcen, das vom Ministerium für Außenwirtschaftsbeziehungen bestätigt wurde, umfaßt die wichtigsten Exportpositionen Rußlands. Dazu gehören Erdöl und Erdölprodukte, Gas, Elektroenergie, Kohle, Nutzholz, Buntmetalle, Gußeisen, Walzgut, Eisenlegierungen, Mineraldünger, Pelzartikel, Getreide und Schrott.
Diese Erzeugnisse können praktisch nur von den spezialisierten Außenhandelsorganisationen exportiert werden, die früher im sowjetischen Außenhandel eine Monopolstellung einnahmen. Vom Ministerium für Außenwirtschaftsbeziehungen wurde eine provisorische Ordnung der Registrierung von Unternehmen, die zum Export von strategisch wichtigen Rohstoffen berechtigt sind, erarbeitet. Die Analyse dieser Ordnung läßt den Schluß zu, daß damit faktisch eine absolute Kontrolle seitens des Staates über fast den gesamten russischen Export eingeführt wurde, indem die wichtigsten quotierten Waren (vgl. 10.2, Anlage 2) in die Kategorie strategisch wichtiger Rohstoffe überführt wurden.
Die registrierten Exporteure strategisch wichtiger Rohstoffe dürfen die Zahlung des Exportzolls und den Devisenverkauf im Zusammenhang mit den Exportoperationen nur über die Bankkonten tätigen, die in ihrem Antrag auf Registrierung angegeben wurden. Bei Verletzung der festgelegten Exportordnung wird den Unternehmen für die Dauer von einem Jahr das Recht entzogen, als Exporteur bzw. Vermittler beim Export von strategisch wichtigen Rohstoffen tätig zu sein.

10.

Export einiger besonderer Warenarten

Um bei der Verwirklichung der Außenwirtschaftstätigkeit sowie im Zuge der Konversion der Verteidigungsindustrie die Staatsinteressen der Russischen Föderation zu wahren, wurde ein besonderes System der Exportkontrolle geschaffen. Die Regierungskommission für Exportkontrolle („EXPORTKONTROL") soll einer möglichen Beeinträchtigung der Staatsinteressen Rußlands vorbeugen, so beim Export (Übergabe, Austausch) bestimmter Rohstoffe, Materialien, Ausrüstungen, Technologien, wissenschaftlich-technischer Informationen und Dienstleistungen ins Ausland, die für die Herstellung von Waffen oder Waffentechnologien verwendet werden oder verwendet werden könnten, sowie solcher Materialien, Ausrüstungen, Technologien und Dienstleistungen, die friedlichen Zielen dienen, die aber für die Herstellung von Raketen, Atom-, Chemie- und anderen Massenvernichtungswaffen mißbraucht werden könnten.

EXPORTKONTROL hat der Regierung ein Verzeichnis entsprechender Rohstoffe, Materialien, Ausrüstungen und Technologien vorgelegt, die nur auf der Grundlage von Lizenzen exportiert werden dürfen. (Dieses vom Präsidenten zu bestätigende Verzeichnis ist bisher noch nicht veröffentlicht worden.)

11. Devisenrecht

von Prof. Michail Braginski, Doktor der Rechtswissenschaften

Teilnehmer am Devisenverkehr	182
Zentralbank der Russischen Föderation	182
Kommerzbanken	182
Deviseninländer und Devisenausländer	183
Rechtsregime der Bankkonten	184
Ordnung der Eröffnung von Konten in Rubel und der Verfügung darüber	184
Ordnung der Eröffnung von Konten in fremder Währung und der Verfügung darüber	185
Abwicklung des Zahlungsverkehrs auf dem Gebiet der Russischen Föderation	186
Zahlungsverkehr in Rubeln	186
Devisenoperation (Devisengeschäft)	186
Rubelkurs gegenüber fremden Währungen	187
Verrechnungen in fremder Währung zwischen juristischen Personen auf dem Gebiet der Russischen Föderation	187
Besonderheiten des Zahlungsverkehrs in fremder Währung unter Beteiligung natürlicher Personen	188
Ordnung des Kaufs fremder Währung gegen Rubel in der Russischen Föderation	188
Kauf von Rubeln gegen fremde Währung in der Russischen Föderation	189
Obligatorischer Devisenverkauf	189
Zahlungs- und Verrechnungsbeziehungen im Außenhandel	190
Allgemeine Ordnung des Zahlungsverkehrs im Außenhandel	190
Besonderheiten der Zahlungs- und Verrechnungsbeziehungen mit Partnern aus den ehemaligen Unionsrepubliken der UdSSR	191
Rechtsregime der Nutzung von Auslandskrediten auf dem Gebiet der Russischen Föderation	192
Devisenkontrolle	192

11.

Im Zuge der Wirtschaftsreform und der Beseitigung des staatlichen Außenhandels- und Bankmonopols wurde 1991 das Devisenrecht noch in der ehemaligen UdSSR auf der Grundlage des Devisengesetzes vom 1. 3. 1991 (vgl. VSND SSSR, Nr. 12/1991, Pos. 34) vollkommen neu geregelt. Mit diesem Gesetz wurde erstmalig allen inländischen juristischen und natürlichen Personen das Recht auf Besitz von Devisenwerten eingeräumt und neben den staatlichen Banken auch die neu entstandenen privaten Banken (Kommerzbanken) berechtigt, Devisenoperationen durchzuführen.

Diese Grundsätze liegen auch dem **Gesetz der Russischen Föderation vom 9. 10. 1992 über Währungsregulierung und Devisenkontrolle** (Devisengesetz; vgl. 11.1) zugrunde; es nimmt den zentralen Platz in der Devisengesetzgebung der Russischen Föderation ein. Das Gesetz erfaßt unter „Devisenwerten" die Währung der Russischen Föderation, fremde Währungen, die sich sowohl im Umlauf als auch auf Bankkonten befinden, Wertpapiere in fremder Währung, Edelmetalle in beliebiger Form und beliebigem Zustand, Naturedelsteine sowie Perlen in unbearbeiteter und bearbeiteter Form mit Ausnahme von Schmuck und anderen Erzeugnissen aus solchen Metallen und Steinen. Das Devisengesetz steht im engen Zusammenhang mit dem **Gesetz vom 25. 10. 1992 über das Währungssystem** (vgl. VSND RF, Nr. 43/1992, Pos. 2406), das die Rechte der Teilnehmer am zivilen Zahlungsverkehr, die Ordnung der Emission von Münzen und Banknoten, das Verrechnungsverfahren sowie den Geldumlauf im Inland festlegt. 1

Der *Devisenzahlungsverkehr* wird hauptsächlich von der Zentralbank der Russischen Föderation (im folgenden Zentralbank) mit Instruktionen und Ordnungen geregelt. In der gegenwärtig komplizierten Valutasituation des Landes ist die Zentralbank dazu übergegangen, Regelungen in Form von „Telegrammen" zu treffen. Die Telegramme verfügen über die für Normativakte üblichen Merkmale wie das Datum und die Unterschrift einer Amtsperson; sie sind wie andere Rechtsakte der Zentralbank für alle Teilnehmer am zivilen Zahlungsverkehr verbindlich. 2

Die Normativakte der Zentralbank, einschließlich der Telegramme, werden regelmäßig in der Presse veröffentlicht.

Gegenwärtig sind noch einige Rechtsvorschriften der ehemaligen UdSSR in Kraft. Hier sei insbesondere auf die Instruktion der Staatsbank der UdSSR vom 24. 5. 1991 über die Regulierung der Devisenoperationen auf dem Gebiet der Russischen Föderation verwiesen, die detaillierte Regelungen zur Abwicklung von Devisenoperationen **in- und ausländischer Teilnehmer am zivilen Zahlungsverkehr** enthält. Nach Information der Zentralbank sind jedoch die Abschnitte der Instruktion über Devisenoperationen natürlicher Personen nicht mehr anzuwenden.

Nach der Instruktion der Zentralbank Nr. 67 vom 4. 8. 1992 über die Gewinnung, die Registrierung, den Verbrauch und die Lagerung von Edelmetallen und -steinen sind Geschäfte dieser Art ohne Erlaubnis der Regierung der Russischen Föderation untersagt.

11.

Teilnehmer am Devisenverkehr

Zentralbank der Russischen Föderation

3 Die Zentralbank als Hauptbehörde für die Währungsregulierung bestimmt den Bereich und die Ordnung des Umlaufs von fremden Währungen, Wertpapieren in fremder Währung sowie anderen Devisenwerten. Die Zentralbank erteilt den Kommerzbanken und anderen Kreditinstituten Lizenzen, die zu Devisenoperationen auf dem Gebiet der Russischen Föderation sowie außerhalb der Landesgrenzen berechtigen. Sie ist auch zuständig für die Genehmigung der Eröffnung von Vertretungen **ausländischer Finanz- und Kreditinstitute** in der Russischen Föderation. Zu ihren Aufgaben gehört weiterhin die Gewährleistung der Rechtsgleichheit der russischen und der **ausländischen Banken**. Die Zentralbank darf in begründeten Fällen die Höhe der aufgenommenen Auslandskredite beschränken sowie die Eckwerte des Valuta- und Kursrisikos festlegen. Sie verwaltet die Valuta- und Goldreserven der Russischen Föderation, und sie ist berechtigt, diese bei den nationalen und ausländischen Banken nach eigenem Ermessen zu deponieren.

Die Zentralbank nimmt an Devisenoperationen teil. Dazu zählen Kauf und Verkauf fremder Währungen, Zahlungsdokumente und Schuldverschreibungen in fremder Währung, die von den Banken der Russischen Föderation bzw. ausländischen Banken ausgestellt wurden, sowie Kauf, Verkauf und Aufbewahrung von anderen Devisenwerten. Sie verfügt als einziges Organ der Russischen Föderation über das uneingeschränkte Recht zu beliebigen Devisenoperationen auf dem Gebiet der Russischen Föderation und außerhalb der Landesgrenzen. Die Zentralbank ist berechtigt, internationale Devisenoperationen im Namen der Russischen Föderation durchzuführen sowie die Interessen des Staates in den internationalen und ausländischen Finanzorganisationen zu vertreten. Im Zusammenhang mit der Aufnahme der Russischen Föderation in den Internationalen Währungsfonds (IWF), in die Internationale Bank für Wiederaufbau und Entwicklung (IBRD-Bank) sowie in die Internationale Entwicklungsassoziation (IDA) nimmt die Zentralbank die Funktion des Depositärs ihrer Mittel in der Währung der Russischen Föderation wahr. Entsprechend dem Abkommen, die mit den oben genannten Organisationen unterzeichnet wurden, ist die Zentralbank aufgrund der Mitgliedschaft in diesen internationalen Organisationen bevollmächtigt, unverzinsliche Wechsel auszustellen (vgl. Beschluß des Obersten Sowjets der Russischen Föderation vom 22. 5. 1992 über den Beitritt der Russischen Föderation zum IWF, zur IBRD-Bank und zur IDA; VSND RF, Nr. 22/1992, Pos. 1180).

Kommerzbanken

4 Die Kommerzbanken sind in Übereinstimmung mit dem Gesetz der RSFSR vom 2. 12. 1990 über die Banken und die Banktätigkeit in der RSFSR zu folgenden Bankoperationen berechtigt: Kontoeröffnung für Kunden und Korrespondenzbanken, einschließlich **ausländischer Banken**; Ausgabe, Kauf, Verkauf und Aufbewahrung von Zahlungsdokumenten und verschiedenen Wertpapierarten; Ankauf

11.

fremder Währungen von natürlichen und juristischen Personen der Russischen Föderation bzw. **ausländischen natürlichen und juristischen Personen** und Verkauf fremder Währungen (Bargeld sowie auf Konten und in Einlagen befindliche Devisen) an diese; An- und Verkauf von Edelmetallen und -steinen sowie Erzeugnissen daraus in der Russischen Föderation und im Ausland; Anlage von Wertpapieren im Auftrag des Kunden.

Die Devisenoperationen, zu denen eine Kommerzbank berechtigt ist, werden in der von der Zentralbank erteilten Lizenz zur Abwicklung von Devisenoperationen aufgeführt. Bankgeschäfte, die diesen Rahmen überschreiten, sind nichtig. Die Zentralbank ist in diesen Fällen außerdem berechtigt, der Kommerzbank die Lizenz zu entziehen. Bei Bankgeschäften muß das sowohl von den Kommerzbanken als auch von den Bankkunden beachtet werden.

Deviseninländer und Devisenausländer

Bei natürlichen und juristischen Personen, die am Devisenverkehr teilnehmen, wird zwischen Deviseninländern und Devisenausländern unterschieden.
Bei natürlichen Personen gelten als Deviseninländer Personen mit ständigem Wohnsitz in der Russischen Föderation, unabhängig davon, wo sie sich zum Zeitpunkt des Abschlusses eines Devisengeschäfts aufhalten. Bei der Feststellung des ständigen Wohnsitzes geht man von den Kriterien aus, die in der Steuergesetzgebung für die Steuerveranlagung gelten, d. h., Personen, die sich insgesamt nicht weniger als 183 Tage im Jahr in der Russischen Föderation aufgehalten haben, gelten als natürliche Personen mit ständigem Wohnsitz in der Russischen Föderation.
Bei juristischen Personen gelten als Deviseninländer die juristischen Personen, die in Übereinstimmung mit der Gesetzgebung der Russischen Föderation geschaffen wurden *und* ihren Sitz in der Russischen Föderation haben, d. h., **Unternehmen mit ausländischen Investitionen** (gemeinsame und vollständig ausländische Unternehmen) **sind Deviseninländer**.
Als **Devisenausländer** gelten juristische Personen, die in Übereinstimmung mit der Gesetzgebung ausländischer Staaten geschaffen wurden *und* ihren Sitz außerhalb der Russischen Föderation haben.
Es gibt aber Situationen, in denen eines der im Devisengesetz genannten beiden Kriterien nicht erfüllt wird, wenn z. B. eine **nach deutschem Recht** geschaffene juristische Person eine ständige Niederlassung in Moskau eröffnet bzw. umgekehrt eine in Übereinstimmung mit der Gesetzgebung der Russischen Föderation geschaffene juristische Person eine ständige **Filiale in Berlin** schafft. In diesen Fällen gilt Art. 161 der ZRG, der besagt, daß die Rechtsfähigkeit einer ausländischen juristischen Person nach dem Recht des Landes bestimmt wird, in dem diese juristische Person geschaffen wurde. Wenn eine juristische Person Deviseninländer ist, gelten ihre Filialen und Vertretungen ebenfalls als Deviseninländer, unabhängig davon, ob sie auf dem Gebiet der Russischen Föderation und nach russischem Recht oder außerhalb der Russischen Föderation geschaffen wurden.
Entsprechend gelten die Vertretungen und Filialen einer juristischen Person, die Devisenausländer ist, als Devisenausländer, unabhängig davon, wo sie errichtet

11.

wurden; d. h., in den genannten Beispielen ist die deutsche Niederlassung in Moskau wie ein Devisenausländer und die russische Filiale in Berlin – nach dem Devisengesetz der Russischen Föderation – als Deviseninländer zu behandeln.

Rechtsregime der Bankkonten

Ordnung der Eröffnung von Konten in Rubeln und der Verfügung darüber

7 Die **Devisen**inländer und **-ausländer** sind berechtigt, Konten in Rubeln bei einer beliebigen Bank der Russischen Föderation in Übereinstimmung mit dem von der Zentralbank festgelegten Verfahren zu eröffnen. Details der Kontoeröffnung werden durch die noch gültige Instruktion der Staatsbank der UdSSR vom 30. 10. 1986 über laufende Verrechnungs- und Haushaltskonten festgelegt (vgl. Bjulleten' normativnych aktov ministerstv i vedomstv SSSR [Amtsblatt der Ministerien und Ämter der UdSSR], Nr. 5/1987).
Um die Emission von Geldzeichen einzudämmen, wurden juristische Personen verpflichtet, ihre Geldmittel auf Bankkonten zu halten. Sie dürfen über Bargeld nur in der Höhe verfügen, die mit der Bank vereinbart wurde. Die verfügbaren Gelder dürfen nur zu den festgelegten Zwecken genutzt werden, in erster Linie für die Zahlung von Löhnen, Beihilfen usw. Es ist festgelegt, daß das Bargeld in der Unternehmenskasse nicht länger als drei Tage aufbewahrt werden darf.
Die Deviseninländer können über die auf ihren Bankkonten befindlichen Geldmittel uneingeschränkt verfügen und mit ihnen beliebige Bankgeschäfte tätigen, soweit sie nicht den gesetzlichen Bestimmungen zuwiderlaufen.
Das Rechtsregime für **Devisenausländer** hängt von der Art des Bankkontos ab, das von einem Devisenausländer eröffnet wurde. Dabei unterscheidet man zwischen „S"-, „L"- und „N"-Konten.

8 Auf ein *„S"-Konto* werden Geldmittel aus dem Verkauf von Devisen gegen Rubel nach dem festgelegten Verfahren eingezahlt. Die Devisenausländer dürfen über diese Beträge nach eigenem Ermessen verfügen und den verbleibenden Rest der an die Bank verkauften Devisen nach dem aktuellen Kurs zurückkaufen.

9 Auf ein *„L"-Konto* werden Dividenden aus der Beteiligung an einem Unternehmen mit ausländischer Beteiligung sowie Einnahmen aus den Wertpapiergeschäften u. ä. überwiesen. Die Devisenausländer dürfen über diese Mittel ebenfalls nach eigenem Ermessen verfügen und dafür fremde Währungen, allerdings nur auf dem freien Devisenbinnenmarkt, kaufen.

10 Schließlich werden auf ein *„N"-Konto* Mittel überwiesen, die der Kontoinhaber im Zusammenhang mit dem Bau von Objekten auf dem Gebiet der Russischen Föderation eingenommen hat. Für diese Bankkonten gilt ein strenges Rechtsregime: die auf solchen Konten befindlichen Mittel dürfen nur für Bauvorhaben und andere Auftragsarbeiten in Form von Lohnzahlungen in Rubel an das Personal ausgegeben werden.
Sowohl **Devisen**inländer als auch **-ausländer** *sind berechtigt, Devisen gegen Rubel auf dem Devisenmarkt aus den Mitteln zu erwerben, die auf ihren Konten (mit Ausnahme von „N"-Konten) deponiert sind.*

11.

Ordnung der Eröffnung von Konten in fremder Währung und der Verfügung darüber

Die geltende Gesetzgebung legt fest, daß sowohl **Devisen**inländer als auch 11
-ausländer berechtigt sind, Devisenwerte zu besitzen. Sie haben die Möglichkeit, ein Devisenkonto in der Russischen Föderation zu eröffnen. Die Kunden – ausländische natürliche und juristische Personen sowie natürliche und juristische Personen der Russischen Föderation – sind frei bei der Wahl ihrer Bank. Voraussetzung ist jedoch, daß die betreffende Bank über eine Lizenz der Zentralbank zur Abwicklung von Devisenoperationen verfügt.
Für die Eröffnung und Führung der Devisenkonten gilt bis zur Annahme einer von der Zentralbank erlassenen neuen Ordnung die Instruktion der Außenwirtschaftsbank der UdSSR Nr. 5 vom 27. 3. 1989 (vgl. Pravovoe regulirovanije valjutnych operacij [Rechtliche Regelung der Devisengeschäfte], Moskva, 1991, S. 133ff.).
Die Deviseninländer müssen ihre Devisenmittel, auch in Form von nichtkommerziellen Zahlungen, innerhalb einer festgelegten Frist – spätestens 30 Tage nach Zahlungseingang – auf das Konto der bevollmächtigten Bank ihrer Wahl einzahlen. Dabei ist es ihnen nicht gestattet, Geschäftspartnern hinsichtlich einer Verlängerung von Zahlungsfristen oder einer Verringerung der ihnen zustehenden Zahlungen in fremder Währung Zusagen zu machen.
Die Banken sind gesetzlich verpflichtet, sowohl bei der Kontoeröffnung als auch bei der Abwicklung von Bankgeschäften im Auftrag des Kunden zu kontrollieren, ob die dem Kunden (Deviseninländer) zur Verfügung stehende fremde Währung legal erworben wurde.
Als rechtmäßige Quellen fremder Währung für Deviseninländer gelten: 12
1. Zahlungen aus den zentralisierten Valutafonds der Russischen Föderation, der ihr angehörenden Republiken sowie anderer nationaler und administrativ-territorialer Einheiten;
2. Einnahmen aus der genehmigten Außenhandelstätigkeit;
3. Einlagen in das Stammkapital;
4. Kredite in fremder Währung;
5. Devisen, die auf dem Devisenmarkt gegen Rubel erworben wurden;
6. Wohltätigkeitsfonds.
Sowohl **Devisen**inländer als auch **-ausländer** sind berechtigt, beliebige Devisenwerte in die Russische Föderation unter Einhaltung der Zollbestimmungen uneingeschränkt zu überweisen, einzuführen oder zu übersenden.
Sowohl **Devisen**inländer als auch **-ausländer** sind berechtigt, in die Russische 13
Föderation überwiesene, eingeführte bzw. übersandte oder in der Russischen Föderation erworbene Devisenwerte in beliebiger Höhe uneingeschränkt unter Einhaltung der Zollbestimmungen und im gesetzlich festgelegten Verfahren aus der Russischen Föderation wieder zu überweisen, auszuführen oder zu übersenden.
Als Beleg für die Rechtmäßigkeit der Devisenausfuhr gelten:
– bei natürlichen Personen, die Deviseninländer sind: die bei der Einreise in die Russische Föderation ausgefüllte Zollerklärung;
– bei juristischen Personen, die **Devisenausländer** sind: Verträge oder ähnliche Dokumente, auf deren Grundlage der betreffende Betrag in fremder Währung gezahlt wurde;

11.

– bei juristischen Personen, die Deviseninländer sind: die Genehmigung für die Devisenausfuhr.

Verboten ist die Übergabe von Geld in der Währung der Russischen Föderation bzw. anderer Vermögenswerte mit dem Ziel, ihren Gegenwert in fremder Währung im Ausland zu erhalten. Diese Festlegung *gilt* sowohl für Deviseninländer als *auch für* **Devisenausländer**. Juristische Personen, die Deviseninländer sind, müssen Devisenwerte, die sie im Ausland erhalten haben, obligatorisch in die Russische Föderation einführen. Davon gibt es einige Ausnahmen: Einnahmen für die Errichtung von Bauobjekten im Ausland, von Ausstellungen oder Sport- bzw. Kulturveranstaltungen, für Transport- bzw. Speditionsleistungen sowie Bankgebühren. **Für Devisenausländer existieren** logischerweise **keinerlei Einschränkungen dieser Art.**

14 Deviseninländer, sowohl natürliche als auch juristische Personen, sind berechtigt, **Devisenkonten im Ausland** zu eröffnen, wenn sie im Besitz einer entsprechenden Genehmigung sind. Diese Genehmigung wird von der Zentralbank nach eingehender Prüfung erteilt. Dabei wird geprüft, inwieweit die Spezifik der bevorstehenden Devisenoperationen die Eröffnung eines Devisenkontos im Ausland erfordert und ob nicht eine bevollmächtigte Bank der Russischen Föderation den Deviseninländer bedienen könnte.

Deviseninländer, die ein Konto im Ausland eröffnen dürfen, unterliegen der Berichterstattungspflicht gegenüber der Zentralbank. Diese ist berechtigt, die Deviseninländer anzuweisen, einen Teil ihrer Devisen in die Russische Föderation zu überweisen, wenn dieser Teil zur Erreichung des Ziels, für das die Eröffnung des Auslandskontos genehmigt wurde, nicht gerechtfertigt ist.

Abwicklung des Zahlungsverkehrs auf dem Gebiet der Russischen Föderation

Zahlungsverkehr in Rubeln

15 Verrechnungen zwischen Deviseninländern auf dem Territorium der Russischen Föderation finden in der Regel in Rubeln statt. Der Zahlungsverkehr zwischen Deviseninländern und **Devisenausländern** wird nur in den gesetzlich vorgesehenen Fällen in Rubeln abgewickelt. Dazu gehören z. B. Verrechnungen mit den **ausländischen Investoren** im Zusammenhang mit ihrer Beteiligung an Privatisierungsvorhaben, die obligatorisch auf Rubelbasis und über Sonderkonten abzuwickeln sind, die die betreffenden **Devisenausländer** bei den bevollmächtigten Banken eröffnen müssen. Desgleichen können **Unternehmen mit ausländischen Investitionen** ihre russischen Beschäftigten in Rubeln entlohnen. Banken dürfen für Kredite, die sie sowohl **Devisen**inländern als auch **-ausländern** in Rubeln gewähren, keine Zinsen in fremder Währung entgegennehmen.

Devisenoperation (Devisengeschäft)

16 Unter „Devisenoperation" versteht man die mit dem Übergang des Eigentumsrechts und anderer Rechte an Devisenwerten verbundenen Operationen oder einfache Devisenbewegungen über die Landesgrenzen, einschließlich internatio-

11.

naler Geldüberweisungen. Dabei werden zwei Arten von Devisenoperationen unterschieden: *laufende* Devisenoperationen und mit *Kapitalbewegung* verbundene Devisenoperationen. Zu den *laufenden* Devisenoperationen zählen Handelsgeschäfte ohne oder mit Zahlungszielen von höchstens 180 Tagen, Kredite mit einer Laufzeit von höchstens 180 Tagen, Kapitalbewegungen über die Landesgrenzen sowie Überweisungen nichtkommerziellen Charakters (Unterhaltszahlungen, Renten usw.). Alle *anderen Devisenoperationen*, insbesondere Investitionen verschiedener Art, Überweisungen zum Erwerb von Eigentumsrechten an Immobilien, Zahlungsziele von mehr als 180 Tagen oder Kredite mit einer Laufzeit von mehr als 180 Tagen gelten als mit *Kapitalbewegung* verbundene Devisenoperationen, für die ein strengeres Rechtsregime gilt.

Rubelkurs gegenüber fremden Währungen

Der Rubelkurs gegenüber fremden Währungen wird auf der Grundlage von Angebot und Nachfrage auf Auktionen, an Börsen, im Devisenhandel zwischen Banken sowie beim An- und Verkauf fremder Währungen über Kommerzbanken und andere juristische und natürliche Personen bestimmt. Ein offizieller Rubelwert gegenüber Gold oder anderen Edelmetallen wird nicht festgelegt. Den offiziellen Rubelkurs gegenüber den Währungen anderer Staaten legt die Zentralbank fest; sie veröffentlicht ihn wöchentlich in der Presse.

17

Verrechnungen in fremder Währung zwischen juristischen Personen auf dem Gebiet der Russischen Föderation

Der Zahlungsverkehr zwischen juristischen Personen, die Deviseninländer sind, und juristischen Personen, die **Devisenausländer** sind, muß – mit oben genannten Ausnahmen – in frei konvertierbarer Währung abgewickelt werden, soweit in den Handelsverträgen mit der Russischen Föderation bzw. den noch geltenden Verträgen der UdSSR nichts anderes vorgesehen ist. In der Regel sind Verrechnungen zwischen Deviseninländern und **Devisenausländern**, die juristische Personen sind, nicht genehmigungspflichtig.
In den gesetzlich vorgesehenen Fällen (insbesondere bei Transport-, Versicherungs- und Speditionsleistungen) sind auch Deviseninländer berechtigt, ihre Zahlungen in fremder Währung zu tätigen.
Die Deviseninländer sind berechtigt, laufende Devisenoperationen uneingeschränkt, mit Kapitalbewegung verbundene Devisenoperationen jedoch nur mit Genehmigung der Zentralbank durchzuführen. Fremde Währungen können unmittelbar zwischen den bevollmächtigten Banken sowie auf Devisenbörsen gekauft und verkauft werden. Die Deviseninländer sind weiterhin berechtigt, Geldmittel in fremder Währung zur Begleichung gewährter Devisenkredite zu nutzen bzw. als Pfand für Kredite in Rubel bei der Bank zu hinterlegen. Das Pfand in fremder Währung wird bei Nichtrückzahlung des Rubelkredits gegen Rubel veräußert, und die erlöste Summe wird zur Deckung des gegen dieses Pfand gewährten Kredits verwendet.

18

11.

Besonderheiten des Zahlungsverkehrs in fremder Währung unter Beteiligung natürlicher Personen

19 Die häufigste Form der Teilnahme natürlicher Personen am Zahlungsverkehr in fremder Währung ist der Einkauf in Handelseinrichtungen. Die dabei entstehenden Rechtsverhältnisse regeln der Erlaß des Präsidenten der Russischen Föderation Nr. 1306 vom 27. 10. 1992 über den Verkauf von Waren, Werk- und Dienstleistungen gegen fremde Währung auf dem Gebiet der Russischen Föderation (vgl. VSND RF, Nr. 44/1992, Pos. 2517) sowie die Instruktion der Zentralbank der Russischen Föderation Nr. 11 vom 20. 1. 1993 über die Ordnung des Verkaufs von Waren, Werk- und Dienstleistungen gegen fremde Währung an die Bevölkerung (vgl. Biznes i banki [Business und Banken], Nr. 5/6, 1993).

Die genannten Normativakte beinhalten bestimmte Beschränkungen, um den Zahlungsverkehr in fremder Währung auf dem Gebiet der Russischen Föderation möglichst einzuengen. Natürliche Personen dürfen nur die in einem speziellen Verzeichnis genannten Waren, Werk- und Dienstleistungen in fremder Währung bezahlen. Dabei handelt es sich in erster Linie um Erzeugnisse ausländischer Herkunft, die natürliche Personen entweder von einem **Devisenausländer** oder einer Außenhandelsorganisation der Russischen Föderation gekauft haben, die diese ihrerseits von einem **Devisenausländer** erworben hat. Als Verkäufer können nur solche juristische Personen (Deviseninländer) fungieren, die im Besitz einer Genehmigung der Zentralbank für den Handel auf Devisenbasis sind. Diese Genehmigung muß auf den Namen des *Verkäufers* ausgestellt sein (Vermittlertätigkeit ist in diesem Fall nicht zulässig). Waren, die vom Verkäufer gegen Rubel erworben wurden, dürfen nicht gegen fremde Währung verkauft werden. Schließlich ist die Organisation, die den Handel in fremder Währung betreibt, verpflichtet, neben fremder Währung auch Rubel als Zahlungsmittel für ihre Waren anzunehmen. Der Käufer muß selbst entscheiden können, in welcher Währung er zahlen will. Allerdings darf der Verkäufer das Verhältnis der Preise der Waren in fremder Währung und in Rubel selbst bestimmen. Der Erlös aus dem Verkauf von Waren, Werk- und Dienstleistungen in fremder Währung gilt nicht als „Exporterlös". Das bedeutet, daß die Handelseinrichtungen berechtigt sind, den gesamten Erlös aus dem Verkauf von Waren, Werk- und Dienstleistungen gegen fremde Währung auf ihr Devisenkonto einzuzahlen. Sie *sind nicht zum obligatorischen Devisenverkauf verpflichtet*.

Ordnung des Kaufs fremder Währung gegen Rubel in der Russischen Föderation

20 Deviseninländer, die juristische Personen sind, sind berechtigt, fremde Währung gegen Rubel auf dem Gebiet der Russischen Föderation zu erwerben, um Devisenoperationen und -zahlungen, die mit der Bedienung ihrer Kredite in fremder Währung sowie mit Zahlungen an Devisenausländer im Zusammenhang stehen, durchführen zu können.

Die Deviseninländer müssen für den Kauf fremder Währung gegen Rubel bei der bevollmächtigten Bank entsprechende Dokumente vorlegen, z. B. Verträge, Kreditvereinbarungen oder andere Unterlagen, die den Bedarf an Mitteln in frem-

der Währung belegen. Fremde Währungen, die von Deviseninländern gegen Rubel erworben wurden, müssen obligatorisch auf einem Konto bei der bevollmächtigten Bank gebucht werden. Gegen Rubel erworbene und nicht für die angegebenen Zwecke ausgegebene Mittel in fremder Währung müssen an die Bank wieder gegen Rubel verkauft werden.
Devisenausländer sind berechtigt, fremde Währungen zu den allgemein üblichen Bedingungen gegen Rubel zu kaufen, die sie aus legalen Quellen erhalten haben, einschließlich Dividenden sowie Kompensationen in Rubeln, die an **ausländische Gesellschafter gemeinsamer Unternehmen** bzw. an Eigentümer von **Unternehmen mit 100 % ausländischer Beteiligung** gezahlt wurden.
Die bevollmächtigten Banken und Devisenbörsen verfügen über das Monopol beim Verkauf fremder Währungen gegen Rubel. Die Zentralbank ist ebenfalls zum Kauf und Verkauf fremder Währungen gegen Rubel berechtigt.
Der Verkauf fremder Währungen auf Devisenbörsen findet im Rahmen von Versteigerungen statt. Die Börsenordnung der Moskauer Devisenbörse der Banken sieht z. B. wöchentliche Versteigerungen vor. Vor der Eröffnung der Versteigerung stellen die Börsenmitglieder über ihre Vermittler (Dealer) Anträge auf Kauf bzw. Verkauf fremder Währungen. Zur Teilnahme an Versteigerungen sind alle Börsenaktionäre sowie Börsenmitglieder berechtigt. Sie handeln gewöhnlich im eigenen Namen im Auftrage ihrer Kunden. Der für die Versteigerung gültige Kurs fremder Währungen gegenüber dem Rubel wird festgesetzt, nachdem sich Angebot und Nachfrage im Laufe der Versteigerung ausgeglichen haben.

Kauf von Rubeln gegen fremde Währung in der Russischen Föderation

Die bevollmächtigten Banken haben das Monopol auf den Verkauf von Währung 21 der Russischen Föderation an **Deviseni**nländer und **-ausländer** gegen fremde Währung. Die Zentralbank legt den Kurs für solche Devisengeschäfte fest. Die gekauften Rubel müssen auf ein „N"-Konto eingezahlt werden, das die **Devisenausländer** bei einer bevollmächtigten Bank ihrer Wahl eröffnen können.

Obligatorischer Devisenverkauf

Personen, die eine Exporttätigkeit ausüben, sind verpflichtet, einen Teil des von 22 ihnen erwirtschafteten Devisenerlöses auf dem Devisenbinnenmarkt zu verkaufen.
Der Kreis der dazu verpflichteten Personen, die Höhe solcher Pflichtverkäufe und das Verfahren ihrer Abwicklung wurden grundsätzlich im Erlaß des Präsidenten der Russischen Föderation Nr. 629 vom 14. 6. 1992 über die teilweise Änderung der Ordnung des obligatorischen Devisenverkaufs und der Exportzollerhebung (vgl. VSND RF, Nr. 25/1992, Pos. 1425) festgelegt und in der Instruktion der Zentralbank Nr. 7 vom 29. 6. 1992 über den obligatorischen Devisenverkauf detailliert geregelt (vgl. 11.2). Danach müssen alle Exporteure einen Teil ihres Devisenerlöses verkaufen, unabhängig von ihrer Eigentumsform und dem Ort ihrer Registrierung. Dazu gehören ebenfalls **Unternehmen mit ausländischen Investitionen** (gemeinsame Unternehmen und Unternehmen mit 100 % ausländi-

11.

scher Beteiligung). Dem obligatorischen Devisenverkauf unterliegen 50 % der Deviseneinnahmen aus dem Export von Waren, Werk- und Dienstleistungen. Der Verkauf muß innerhalb von 14 Tagen nach dem Eingang der Devisen auf dem Konto des Unternehmens durchgeführt werden. Die Kontrolle darüber obliegt der bevollmächtigten Bank des Unternehmens.
Gegenwärtig läuft der obligatorische Devisenverkauf in den oben genannten Fällen folgendermaßen ab: Ein Teil der für den obligatorischen Devisenverkauf bestimmten Mittel, dessen Höhe vom Finanzministerium und von der Zentralbank gemeinsam festgelegt wird, muß an die Devisenreserve der Zentralbank verkauft werden, der Rest kann auf dem Devisenbinnenmarkt frei verkauft werden. Die Zentralbank kauft fremde Währungen entsprechend dem Rubelkurs, der am Tag des Eingangs des Geldes auf dem Transit-Devisenkonto des Unternehmens notiert wurde. Der Rest der Deviseneinnahmen wird zu dem Rubelkurs verkauft, der zwischen dem entsprechenden Unternehmen und der bevollmächtigten Bank vereinbart wird.Gegenwärtig müssen 60 % des dem obligatorischen Devisenverkauf unterliegenden Exporterlöses (d.h. 30 % des gesamten Expoterlöses) an die Devisenreserve und 40 % (d. h. 20 % des gesamten Exporterlöses) können auf dem Devisenbinnenmarkt verkauft werden. Für **Unternehmen mit 100 % ausländischer Beteiligung** sowie für **gemeinsame Unternehmen mit mehr als 30 % ausländischer Kapitalbeteiligung** sind bestimmte Vorzugsbedingungen vorgesehen: Sie sind berechtigt, 50 % des Devisenerlöses, der dem obligatorischen Devisenverkauf unterliegt, auf dem Devisenbinnenmarkt nach dem mit der bevollmächtigten Bank vereinbarten Kurs zu verkaufen. In diesem Umfang ist der Verkäufer nicht zum obligatorischen Verkauf an die Devisenreserve der Zentralbank verpflichtet (vgl. 11.2 Ziff. 18).
Bei der Berechnung des Teils der Deviseneinnahmen, der dem obligatorischen Devisenverkauf unterliegt, werden Anteile am Stammkapital der Unternehmen, Dividenden aus der Kapitalbeteiligung, Erlöse aus dem Verkauf von Wertpapieren und Dividenden daraus, aufgenommene Kredite und die zur Kredittilgung verwendeten Mittel sowie Spenden zu Wohltätigkeitszwecken nicht berücksichtigt (vgl.11.2 Ziff. 4).
Verstöße gegen die Ordnung des obligatorischen Devisenverkaufs werden mit harten Sanktionen belegt. Es kann ein Bußgeld in Höhe des zu zahlenden Teils des Exporterlöses verhängt werden, das sowohl in fremder Währung als auch in Rubeln entsprechend dem aktuell notierten Rubelkurs bezahlt werden kann. Die Entrichtung des Bußgeldes entbebt den Betroffenen nicht von der Pflicht zum obligatorischen Devisenverkauf.

Zahlungs- und Verrechnungsbeziehungen im Außenhandel

Allgemeine Ordnung des Zahlungsverkehrs im Außenhandel

23   Im allgemeinen wird der Zahlungsverkehr im Außenhandel auf der Grundlage von Handelsverträgen abgewickelt, die von der Russischen Föderation bzw. der ehemaligen UdSSR mit anderen Staaten abgeschlossen wurden. Wenn in solchen Verträgen nichts anderes vorgesehen ist, werden die Zahlungen auf der Basis der Weltmarktpreise in frei konvertierbarer Währung vorgenommen.

11.

Eine Ausnahme bildet der Zahlungsverkehr im Außenhandel mit Staaten wie Ungarn, Polen, Rumänien, Tschechien, Slowakei, den Staaten des ehemaligen Jugoslawiens und Finnland. Der Außenhandel mit Firmen aus diesen Ländern muß in bezug auf die sogenannten indikativen Waren, d. h. Waren, die in Anlagen zu den Handelsverträgen mit diesen Staaten ausgewiesen sind, über Sonderkonten abgewickelt werden. Solche Zahlungen werden vorrangig in Form von Akkreditiven in frei konvertierbarer Währung getätigt. Der Außenhandel mit Ländern wie Syrien, Ägypten, Kuba u. a. findet meistens auf Clearinggrundlage statt. Außerdem ist es allen ausländischen Teilnehmern an Außenwirtschaftsbeziehungen ohne Ausnahme gestattet, vertraglich festzulegen, daß Verrechnungen im Rahmen der festgelegten Quoten auch in nationaler Währung zum aktuellen Devisenkurs über die bevollmächtigten Banken vorgenommen werden können. Die Russische Föderation wie auch der Staat des Geschäftspartners übernehmen keinerlei Haftung für die Zahlungsverpflichtungen der Vertragspartner wie auch für den Saldostand der Zahlungen im Zusammenhang mit solchen Operationen.

Besonderheiten der Zahlungs- und Verrechnungsbeziehungen mit Partnern aus den ehemaligen Unionsrepubliken der UdSSR

Die Zahlungs- und Verrechnungsbeziehungen der Unternehmen der Russischen Föderation mit Partnern aus den Staaten der GUS werden sowohl durch die nationale Gesetzgebung dieser Staaten als auch durch die zwischen den GUS-Staaten abgeschlossenen Vereinbarungen geregelt. 24
Die gegenseitigen Warenlieferungen zwischen der Russischen Föderation und anderen GUS-Staaten, die Rubel als Landeswährung haben, werden unter Berücksichtigung der internationalen Praxis des Handels- und Banktätigkeit vorgenommen. Dabei muß die Bilanziertheit der Verrechnungen gewährleistet sein; dadurch wird die automatische Kreditierung von Warenlieferungen zum Nachteil der ökonomischen Interessen der beteiligten Staaten vermieden. Im Rahmen der GUS wurde ein Abkommen über das einheitliche Währungssystem und die Abstimmung der Währungs-, Kredit- und Devisenpolitik der Staaten, deren gesetzliches Zahlungsmittel der Rubel ist, abgeschlossen (vgl. Ėkonomčeskaja gazeta [Wirtschaftszeitung], Nr. 43, 1992). Darin erkennen die Abkommenspartner als Rechtsnachfolger der Währung der ehemaligen UdSSR ihre Haftung für Zahlungsforderungen und -verpflichtungen im Zusammenhang mit der Emission von Rubeln an, die sowohl von der Staatsbank der UdSSR als auch von den nationalen Zentralbanken vor dem 1. Januar 1992 vorgenommen wurden. Die Unterzeichnerstaaten verpflichten sich, zur Stabilität des Rubels beizutragen, und erklären sich bereit, ihre Budget-, Steuer-, Währungs-, Kredit- und Devisensysteme zu koordinieren sowie die Verrechnung der gegenseitigen Warenlieferungen bzw. Werk- und Dienstleistungen in Übereinstimmung mit der internationalen Praxis der Handels- und Banktätigkeit vorzunehmen und auf die Bilanziertheit gegenseitiger Lieferungen zu achten. Sie räumen der Zentralbank der Russischen Föderation das Recht ein, die Emission des Bargeldes bis zur Gründung einer GUS-Bank vorzunehmen und die Kreditemission zu regulieren. Das oben genannte Abkommen wurde von der Russischen Föderation sowie von acht wei-

11.

teren Staaten (Armenien, Belarus, Kasachstan, Kyrgystan, Moldova, Tadshikistan, Turkmenien, Usbekistan) unterzeichnet.
Die Wirtschaftsunternehmen der acht oben genannten Republiken sowie Aserbaidshans sind berechtigt, Verrechnungen in Rubel ohne jegliche Einschränkungen durchzuführen. Die Verrechnungen mit der Ukraine, die ab 1. 1. 1992 anstatt des Rubels eine eigene nationale Währung (Karbovanez) eingeführt hat, dürfen sowohl in Rubeln als auch in der ukrainischen Währung je nach Vereinbarung zwischen den Vertragspartnern vorgenommen werden. Die Verrechnungen mit den baltischen Staaten (Lettland, Litauen, Estland) können je nach Vereinbarung zwischen den Vertragspartnern entweder in Rubeln oder in der nationalen Währung des jeweiligen Staates bzw. in frei konvertierbarer Währung unter Anwendung der im internationalen Zahlungsverkehr üblichen Verfahren durchgeführt werden.

Rechtsregime der Nutzung von Auslandskrediten auf dem Gebiet der Russischen Föderation

25 Entscheidungen über die Aufnahme von Auslandskrediten trifft die Regierung der Russischen Föderation. Die Kreditaufnahme erfolgt zum Zweck der Begleichung überfälliger Zahlungen, die die Russische Föderation für die auf Beschluß der Regierung der Russischen Föderation importierten Waren zu entrichten hat, sowie zur Begleichung von überfälligen Zahlungen vergangener Jahre. Der Teil des Kredits, der nicht zu oben genannten Zwecken verwendet wurde, wird entweder den Unternehmen der Russischen Föderation in Ausschreibungen zur Verfügung gestellt oder zu kommerziellen Zwecken genutzt. Unternehmen, die das Recht zur Aufnahme eines Auslandskredits zum Erwerb von Investitionsgütern erhalten haben, müssen einen Vertrag mit einer bevollmächtigten Bank abschließen, die die Verrechnungen mit dem ausländischen Gläubigern vornimmt. In diesem Fall ist das betreffende Unternehmen verpflichtet, mindestens 15 % der Vertragssumme vor Abschluß des Vertrags zur Finanzierung bei der Bank einzuzahlen. Die im Kreditvertrag vorgesehenen Zahlungen müssen fristgemäß und in vorgesehener Höhe beglichen werden. Ausgaben für Erzeugnisse, die nicht für Investitionszwecke bestimmt sind, sind in voller Höhe aus Kreditmitteln zu begleichen.

Unternehmen, denen ein Auslandskredit genehmigt wurde, sind berechtigt, die mit dem Kredit im Zusammenhang stehenden Zahlungen nach eigenem Ermessen entweder in fremder Währung oder in Rubeln vorzunehmen.

Devisenkontrolle

26 Organe der Devisenkontrolle sind die Regierung der Russischen Föderation, die Zentralbank und die sogenannten Agenten der Devisenkontrolle, d. h. die Kommerzbanken. Von den Devisenkontrollorganen sind nur die Regierung und die Zentralbank zum Erlaß von Normativakten berechtigt, die für alle **Devisen**inländer und **-ausländer** verbindlich sind. Alle Devisenkontrollorgane kontrollieren, ob die Devisenoperationen den gesetzlichen Bestimmungen und den Bedingun-

11.

gen der erteilten Lizenzen (Genehmigungen) entsprechen. Die **Devisen**inländer und **-ausländer** sind verpflichtet, den Devisenkontrollorganen alle Dokumente und Informationen über ihre Devisenoperationen vorzulegen sowie erforderliche Erläuterungen zu geben. Sie sind verpflichtet, ihre Devisenoperationen rechnerisch zu erfassen und die Unterlagen darüber mindestens fünf Jahre lang aufzubewahren.

Die **Devisen**inländer und **-ausländer** haben das Recht, die Protokolle der Überprüfung ihrer Tätigkeit einzusehen sowie gegen Handlungen der Devisenkontrollorgane beim Arbitragegericht Beschwerde einzulegen.

Die Nichteinhaltung von Devisenbestimmungen wird mit Sanktionen belegt, die für **Devisen**inländer und **-ausländer** gleich sind. Devisengeschäfte, die der Devisengesetzgebung widersprechen, sind in Übereinstimmung mit Art. 48 des ZGB der RSFSR nichtig. Das bedeutet, daß eine solche Devisenoperation keine der Rechtsfolgen hat, die von den Vertragspartnern vereinbart wurden; der ursprüngliche Zustand muß wiederhergestellt werden. Unter bestimmten Bedingungen kann das Gericht entscheiden, daß von einem bzw. von beiden Vertragspartnern das in dem nichtigen Rechtsgeschäft Erlangte zugunsten des Staates eingezogen wird. Bei Verstößen gegen das für die rechnerische Erfassung von Devisenoperationen festgelegte Verfahren wird ein Bußgeld bis zur Höhe der Summe verhängt, die in der Berichterstattung rechnerisch nicht erfaßt wurde. Bei wiederholten Verstößen können Bußgelder bis zur fünffachen Höhe dieser Summe verhängt werden.

Eine weitere mögliche Sanktion ist die Entziehung der zur Durchführung von Devisenoperationen erteilten Lizenz (Genehmigung).

Für die Verletzung der Devisengesetzgebung haften nicht nur das entsprechende Unternehmen, sondern auch die für die Verletzung verantwortlichen Personen dieses Unternehmens. Für ihre verwaltungsrechtliche Verantwortung können Bußgelder verhängt werden; zivilrechtlich haften sie für Schadenersatzforderungen, strafrechtlich entsprechend dem Tatbestand des Strafgesetzbuches der RSFSR über die Verletzung der Devisengesetzgebung.

12. Arbeitsrecht

von Prof. Ernest Ametistow, Doktor der Rechtswissenschaften

Rechtliche Regelung der Arbeitsverhältnisse im Zusammenhang mit der Tätigkeit ausländischer Unternehmer	197
Kollektivverträge und -vereinbarungen	198
Arbeitsvertrag	201
Einstellung	202
Entlassung	203
Arbeitszeitregelung	204
Arbeitslöhne und Ausgleichszahlungen	204
Rechtsstellung der Gewerkschaften und der Arbeitskollektive in Unternehmen mit ausländischen Investitionen	205

12.

Das Arbeitsrecht der Russischen Föderation unterliegt wie auch die anderen Zweige der russischen Gesetzgebung gegenwärtig radikalen Veränderungen, die von zwei wesentlichen Faktoren hervorgerufen werden: von der Wirtschaftsreform und der Auflösung der UdSSR. Die Wirtschaftsreform, die auf den Übergang zur Marktwirtschaft und zu verschiedenartigen Eigentumsformen gerichtet ist, erfordert eine Liberalisierung des Arbeitsrechts, wobei die staatlichen Minimalgarantien im wesentlichen beibehalten werden. Es wächst die Bedeutung sowohl des Kollektiv- als auch des Einzelarbeitsvertrags, deren Bedingungen von den Vertragsparteien in den gesetzlich festgelegten Grenzen vereinbart werden.

Die Auflösung der UdSSR führte zu einer Aktivierung der Gesetzgebungstätigkeit in Richtung auf eine völlig selbständige russische Arbeitsgesetzgebung, deren Herausbildung noch lange nicht abgeschlossen ist. Die Arbeitsgesetzgebung der ehemaligen UdSSR ist zur Zeit noch in Kraft und wird – entsprechend der russischen Souveränitätskonzeption – angewandt, soweit sie der Verfassung und anderen Gesetzen der Russischen Föderation nicht widerspricht. Sie füllt die in der Praxis noch bestehenden Lücken in der russischen Gesetzgebung aus.

Rechtsgrundlagen des Arbeitsrechts auf dem Territorium der Russischen Föderation sind zur Zeit vor allem: 1
- **die Verfassung (Grundgesetz) der Russischen Föderation** (Art. 8, 14, 17, 21, 22, 23, 48, 50, 53, 54, 56);
- **die internationalen Verträge der Russischen Föderation** zu Fragen der Arbeit. Als Rechtsnachfolger der ehemaligen UdSSR ist die Russische Föderation Teilnehmer vieler Konventionen und anderer multilateraler und bilateraler internationaler Verträge zu Fragen der Arbeit und der sozialen Sicherheit;
- **das Arbeitsgesetzbuch der Russischen Föderation** (AGB) mit zahlreichen Änderungen und Ergänzungen, von denen die letzten im Herbst 1992 vorgenommen wurden. Es ist die Hauptquelle des russischen Arbeitsrechts (vgl. 12.1);
- **die Bedingungen der Kollektiv- und Einzelarbeitsverträge,** die die Vertragsparteien im gesetzlich festgelegten Rahmen (Gesetz vom 11. 3. 1992 über die Kollektivverträge und -vereinbarungen – KollG; vgl. 12.2) aushandeln.

Das russische Arbeitsrecht ist auch für ausländische Unternehmer bzw. Unternehmen mit ausländischen Investitionen verbindlich. Die Vertragsfreiheit zur Gestaltung der Arbeitsbedingungen darf nicht zur Verschlechterung der Rechte der Arbeitnehmer gegenüber dem gesetzlich garantierten Mindeststandard führen.

Rechtliche Regelung der Arbeitsverhältnisse im Zusammenhang mit der Tätigkeit ausländischer Unternehmer

Wenn ausländische Unternehmer auf dem Territorium Rußlands Unternehmen 2 gründen oder an der Tätigkeit von Unternehmen teilnehmen und dabei Arbeitnehmer beschäftigen, werden sie zu Parteien der dabei entstehenden Arbeitsverhältnisse.

Gemäß dem Gesetz über Auslandsinvestitionen (AIG) werden in allen **Unterneh-**

12.

men mit **ausländischen Investitionen** die Arbeitsverhältnisse – einschließlich der Einstellung und Entlassung, der Arbeitszeit und des Urlaubs, der Entlohnung, der sozialen Garantien und Ausgleichszahlungen – durch Kollektiv- und Einzelarbeitsverträge geregelt (vgl. Art. 33 Abs. 1 AIG). Die Bedingungen des Kollektivvertrags und der Einzelarbeitsverträge *dürfen jedoch die Stellung der Beschäftigten* eines Unternehmens im Vergleich zu den Bedingungen, die die auf dem Territorium der Russischen Föderation geltende Gesetzgebung vorsieht, *nicht verschlechtern* (vgl. Art. 33 Abs. 2 AIG).

3 Auch **ausländische Bürger** können als Arbeiter und Angestellte, darunter Mitglieder der Leitungsorgane, d. h. Leitungskräfte, in Unternehmen mit ausländischen Investitionen beschäftigt werden. Deren Einstellungs-, Arbeits- und Urlaubsbedingungen sowie Rentenversorgung werden in Einzelarbeitsverträgen vereinbart (vgl. Art. 33 Abs. 3 AIG). Den Lohn, den ausländische Beschäftigte in ausländischer Währung erhalten, können sie nach Entrichtung der Einkommensteuer ins Ausland transferieren.

4 Die *Gewerkschaften* sind in Unternehmen mit ausländischen Investitionen auf der Grundlage der auf dem Territorium der Russischen Föderation geltenden Gesetzgebung tätig (vgl. Art. 33 Abs. 4 AIG).

Kollektivverträge und -vereinbarungen

5 Das Gesetz über die Kollektivverträge und Vereinbarungen (KollG) sowie Art. 7 AGB bestimmen die rechtlichen Grundlagen für die Ausarbeitung, den Abschluß und die Erfüllung von Kollektivverträgen und -vereinbarungen.
Der *Kollektivvertrag* ist ein Rechtsakt, der die arbeitsmäßigen, sozialökonomischen und berufsbezogenen Beziehungen zwischen Arbeitgeber und Beschäftigten *in einem bestimmten Unternehmen* bzw. einer bestimmten Einrichtung oder Organisation (im weiteren – Unternehmen) regelt (Art. 2 KollG), während die *Kol-*
6 *lektivvereinbarung* ein Rechtsakt ist, der die Arbeits- und Beschäftigungsbedingungen sowie die sozialen Garantien für die Beschäftigten *in einem bestimmten Beruf, Zweig oder Territorium* regelt (Art. 2 KollG).
Die Bedingungen der in Übereinstimmung mit der Gesetzgebung abgeschlossenen Kollektivverträge und -vereinbarungen sind für die Unternehmen, auf die sie sich erstrecken, verbindlich. Bedingungen in Kollektivverträgen und -vereinbarungen, die die Stellung der Beschäftigten im Vergleich zur geltenden Gesetzgebung verschlechtern, sind nichtig.
Verhandlungen über die Ausarbeitung, den Abschluß und die Änderung von Kollektivverträgen und -vereinbarungen kann jede der Parteien, d. h. sowohl der Arbeitgeber als auch die Beschäftigten, einleiten. Die entsprechenden Organe der Gewerkschaften, aber auch andere, von den Beschäftigten bevollmächtigte Vertretungsorgane, z. B. die Räte der Arbeitskollektive, haben das Recht, im Namen der Beschäftigten solche Verhandlungen zu führen.
Wenn eine Partei von der anderen eine schriftliche Benachrichtigung über den Beginn von Verhandlungen erhält, ist sie verpflichtet, innerhalb von sieben Tagen mit den Verhandlungen zu beginnen (Art. 6 KollG).
7 Zur Beilegung von Meinungsverschiedenheiten im Verlauf der Verhandlungen nutzen die Parteien Schlichtungsmittel – Konsultationen, Schlichtungskommissionen oder Vermittler. Kann zwischen den Parteien kein Einverständnis erzielt

12.

werden, ist die Organisierung und Durchführung von *Streiks* in einer der Gesetzgebung nicht widersprechenden Weise zulässig.
In der Russischen Föderation gibt es zur Zeit noch kein Gesetz, das die Durchführung von Streiks regelt. Deshalb gilt bis zur Annahme eines solchen Gesetzes im wesentlichen das Gesetz der ehemaligen UdSSR vom 9. 10. 1989 über das Verfahren zur Lösung kollektiver Arbeitsstreitigkeiten (vgl. VVS SSSR, Nr. 18/1989, Pos. 342). Dieses Gesetz betrachtet den Streik als letztes Mittel zur Regelung kollektiver Arbeitsstreitigkeiten, das erst nach Nutzung aller anderen Mittel zu ihrer Beilegung anzuwenden ist. Der Beschluß über die Durchführung eines Streiks muß in geheimer Abstimmung von zwei Dritteln der Beschäftigten oder der von ihnen bevollmächtigten Personen angenommen werden. Das Gewerkschaftskomitee oder ein anderes von den Beschäftigten dazu befugtes Organ leitet den Streik. Die Unternehmensleitung muß spätestens fünf Tage vor Beginn des Streiks schriftlich über den beabsichtigten Streik und seine voraussichtliche Dauer unterrichtet werden. Unmittelbar danach muß die Unternehmensleitung die Lieferer, Verbraucher und alle anderen Unternehmen und Organisationen, deren Interessen vom Streik beeinträchtigt werden könnten, über den bevorstehenden Streik unterrichten.
Das Gesetz untersagt alle Handlungen, die die Beschäftigten zur Teilnahme an einem Streik zwingen sollen.
Das Organ, das den Streik leitet, ist nicht berechtigt, Entscheidungen zu treffen, die in die Zuständigkeit der Unternehmensleitung, staatlicher Organe oder gesellschaftlicher Organisationen fallen.
Ein Streik ist ungesetzlich, wenn er das Leben oder die Gesundheit von Menschen gefährdet. Gänzlich verboten sind Streiks im Eisenbahn- und Kommunalverkehr, einschließlich der U-Bahn, in der Zivilluftfahrt, in Unternehmen des Post- und Fernmeldewesens, der Energieversorgung sowie der Verteidigungsindustrie, in staatlichen Einrichtungen, in Unternehmen, die mit der Verteidigungsindustrie verbunden sind, in Rechtsschutzinstitutionen sowie in solchen Unternehmen, wo die Einstellung der Produktion für die Gesellschaft gefährliche Folgen haben kann.
Folgende Streiks sind *ungesetzlich und verboten*: 8
– Streiks, deren Teilnehmer und Führer Forderungen stellen, die auf den Sturz verfassungsmäßiger staatlicher Organe oder auf die Änderung der bestehenden Gesellschaftsordnung gerichtet sind oder die nationale Gleichberechtigung bzw. die Gleichberechtigung der Rassen verletzen;
– Streiks, die unter Verstoß gegen die gesetzlich festgelegte Ordnung zur Schlichtung von Meinungsverschiedenheiten im Vorfeld von Streiks (Konsultationen, Schlichtungskommissionen usw.) organisiert und durchgeführt werden, sowie Streiks, die von dazu befugten staatlichen Organen abgebrochen oder aufgeschoben wurden;
– Streiks in Unternehmen und Zweigen, in denen sie durch Gesetz verboten sind.
Die Teilnahme an ungesetzlichen Streiks gilt als Verstoß gegen die Arbeitsdisziplin und zieht die disziplinarische, materielle und strafrechtliche Verantwortung nach sich.
Inhalt und Struktur des Kollektivvertrags bestimmen die Vertragsparteien (vgl. 9 Art. 13 KollG).

12.

In den Kollektivvertrag können gegenseitige Verpflichtungen der Arbeitgeber und Beschäftigten u. a. zu folgenden Fragen aufgenommen werden:
– Form, System und Höhe der Entlohnung;
– Mechanismen zur Regulierung der Entlohnung unter Berücksichtigung von Preiserhöhungen und Inflationsraten sowie zur Erfüllung der im Kollektivvertrag festgelegten Kennziffern;
– konkrete Maßnahmen zur Gewährleistung von Beschäftigung und Umschulung, Garantien der Rechte der Beschäftigten bei Arbeitsplatzabbau;
– Dauer der Arbeitszeit, der Arbeitspausen und des Urlaubs;
– Verbesserung der Arbeitsbedingungen und des Arbeitsschutzes für die Beschäftigten, darunter der Frauen und Jugendlichen (Minderjährigen);
– Wahrung der Interessen der Beschäftigten bei der Privatisierung des Unternehmens und der Dienstwohnungen;
– Verzicht auf Streiks unter den Bedingungen, wie sie in den entsprechenden Kollektivvertrag aufgenommenen wurden, wenn diese rechtzeitig und vollständig erfüllt werden.

Der Kollektivvertrag kann in Abhängigkeit von den wirtschaftlichen Möglichkeiten des Unternehmens auch andere Bedingungen enthalten, z. B. günstigere Arbeits- und soziale Regelungen im Vergleich zu den in Gesetzen oder Kollektivvereinbarungen festgelegten Normen und Bedingungen (Zusatzurlaub, Rentenzuschläge, vorfristige Berentung, Kompensation der Fahrt- und Dienstreisekosten, unentgeltliche oder anteilig zu bezahlende Verpflegung der Beschäftigten in der Produktion und ihrer Kinder in den Schulen und Vorschuleinrichtungen; Art. 13 Abs. 14 KollG).

Diese Bestimmung des KollG kann in Verbindung mit Art. 33 AIG in **Unternehmen mit ausländischen Investitionen** genutzt werden, um eine Reihe spezifischer Bedingungen, darunter auch von **Vergünstigungen und Ausgleichszahlungen für ausländische Beschäftigte**, im Kollektivvertrag zu verankern.

10 Der Kollektivvertrag wird für einen *Zeitraum* von einem bis drei Jahren abgeschlossen. Er tritt mit seiner Unterzeichnung durch die Vertragsparteien oder an einem im Kollektivvertrag festgelegten Tag in Kraft und gilt für den gesamten vereinbarten Zeitraum. Nach Ablauf dieses Zeitraums gilt der Kollektivvertrag solange weiter, bis die Vertragsparteien einen neuen Vertrag abschließen bzw. den geltenden Vertrag ändern oder ergänzen. Bei einem Wechsel des Eigentümers des Unternehmens gilt der Kollektivvertrag noch drei Monate. In dieser Zeit haben die Parteien das Recht, Verhandlungen über den Abschluß eines neuen Kollektivvertrags oder über die Beibehaltung, Änderung oder Ergänzung des geltenden Kollektivvertrags zu beginnen (Art. 14 KollG). Bei einer Liquidation des Unternehmens werden die Ansprüche des Arbeitskollektivs vor der Abrechnung mit dem Haushalt, den Banken und den anderen Gläubigern aus dem Vermögen des aufzulösenden Unternehmens befriedigt (Art. 16 KollG).

11 Der *Inhalt einer Kollektivvereinbarung* stimmt im wesentlichen mit dem Inhalt der Kollektivverträge überein, bezieht sich jedoch auf ganze Berufe, Zweige oder Territorien.

12 Die Vertragsparteien oder von ihnen dazu befugte Vertreter sowie das Ministerium für Arbeit und Beschäftigung der Russischen Föderation üben die Kontrolle über die Erfüllung der Kollektivverträge und -vereinbarungen aus (Art. 17, 24 KollG).

12.

Das Gesetz sieht spezielle Formen der *Verantwortlichkeit im Falle der Verletzung der Kollektivverträge und -vereinbarungen* vor. So wird gegen Vertreter der Arbeitgeber, wenn sie die Teilnahme an den kollektiven Verhandlungen verweigern oder gegen die Ordnung ihrer Durchführung verstoßen, auf dem Rechtswege ein Bußgeld in Höhe bis zu zehn Mindestlöhnen für jeden Tag nach Ablauf der vorgesehenen Frist verhängt (Art. 25 KollG). Eine Verletzung oder Nichterfüllung der im Kollektivvertrag bzw. in der Kollektivvereinbarung festgelegten Pflichten durch diese Personen zieht ein auf dem Rechtswege verhängtes Bußgeld in Höhe bis zu 100 Mindestlöhnen nach sich (Art. 26 KollG). Wenn diese Personen Informationen, die für die kollektiven Verhandlungen und die Kontrolle über die Einhaltung des Kollektivvertrags bzw. der -vereinbarung notwendig sind, verweigern, werden sie disziplinarisch zur Verantwortung gezogen, oder ihnen wird auf dem Rechtswege ein Bußgeld bis zu drei Mindestlöhnen auferlegt (Art. 27 KollG). Ordnung und Fristen für die Verhängung von gesetzlich vorgesehenen Bußgeldern sind im Gesetz der Russischen Föderation über Ordnungswidrigkeiten geregelt (vgl. Art. 28 KollG).
In diesem Zusammenhang ist die Tatsache hervorhebenswert, daß das Gesetz für die Vertreter der Beschäftigten keinerlei Verantwortlichkeit vorsieht. 13

Arbeitsvertrag

Der Arbeitsvertrag ist eine Vereinbarung zwischen dem Arbeitnehmer und dem Unternehmen, mit der sich der Arbeitnehmer verpflichtet, die Arbeit in einem bestimmten Beruf, einer bestimmten Qualifikation oder Funktion auszuüben und sich der Arbeitsordnung des Unternehmens zu unterwerfen. Das Unternehmen verpflichtet sich, dem Arbeitnehmer Arbeitslohn zu zahlen und die Arbeitsbedingungen zu gewährleisten, die in der Arbeitsgesetzgebung, dem Kollektivvertrag und der Kollektivvereinbarung vorgesehen sind (Art. 15 AGB). 14
Arbeitsverträge werden geschlossen: 15
a) unbefristet;
b) befristet auf höchstens fünf Jahre;
c) für die Zeit der Ausführung einer bestimmten Arbeit (Art. 17 AGB).
Unternehmen mit ausländischen Investitionen haben das Recht, mit allen ihren Beschäftigten *befristete Arbeitsverträge* abzuschließen (vgl. Art. 33 AIG). Sie können auch eine *Probezeit* vereinbaren, um zu prüfen, ob der Beschäftigte für die ihm übertragene Arbeit geeignet ist (Art. 21 AGB). Die Probezeit darf sechs Monate nicht überschreiten (Art. 22 AGB). Bei einem unbefriedigenden Ergebnis der Probezeit kann der Beschäftigte ohne Abstimmung mit dem Gewerkschaftskomitee des Unternehmens und ohne Zahlung einer Abfindung entlassen werden; er kann jedoch gegen die Entlassung Klage erheben (Art. 23 AGB). Die Beweislast für die Nichteignung des Probanden liegt in diesem Falle beim Unternehmen. 16
Der Inhalt des Arbeitsvertrags sieht nach dem **in Unternehmen mit ausländischen Investitionen** üblicherweise verwendeten Muster wie folgt aus: 17
 1) Name bzw. Firmenname der Vertragsparteien;
 2) Arbeitsplatz (mit Nennung der Abteilung, des Bereichs oder des Betriebsteils);

12.

3) Funktion des Beschäftigten, d. h. die genaue Bezeichnung der Arbeit, die er nach Beruf und Qualifikation auszuüben hat;
4) Stellung des Beschäftigten in der Struktur des Unternehmens;
5) Höhe und Form der Entlohnung und anderer Zahlungen, wenn solche vorgesehen sind (in Rubel und ausländischer Währung), Zahlungsfristen, Mechanismus der Regulierung der Lohnhöhe unter Berücksichtigung von Preiserhöhungen und Inflationsrate, Verfahren und Höhe der Lohnsteuerabführung;
6) Dauer des Jahresurlaubs und Bedingungen für seine Gewährung sowie Verfahren und Höhe seiner Bezahlung; Möglichkeiten der Gewährung von zusätzlichem bezahlten und unbezahlten Urlaub; Verfahren der Gewährung anderer arbeitsfreier und Urlaubstage über die durch die russische Gesetzgebung festgelegten Tage hinaus, z. B. Nationalfeiertage ausländischer Beschäftigter, religiöse Feiertage u. a.;
7) Bedingungen der Sozialfürsorge und -versicherung, insbesondere Höhe und Auszahlungsweise des Krankengelds für den Beschäftigten sowie der Unterstützung bei der Pflege erkrankter Kinder und anderer Verwandter des Beschäftigten, Höhe und Verfahren der Gewährung von Renten und anderen Beihilfen;
8) Verfahren und Garantien für die Überlassung von Wohnraum, die Gewährung medizinischer Hilfe, die Bezahlung der Fahrtkosten zum Arbeitsplatz und zurück, die Höhe der Tagegelder und der Umzugsgelder für ausländische und auswärtige Beschäftigte;
9) Rechte und Pflichten des Beschäftigten und der Unternehmensleitung;
10) Datum des Arbeitsbeginns, Bedingungen und Dauer der Probezeit, Zeitdauer, für die der Vertrag geschlossen wurde, Verfahren seiner Beendigung oder Erneuerung;
11) Unterschriften der Vertragsparteien und Datum der Unterzeichnung des Vertrags.

Einstellung

18 *Die Einstellung in* **Unternehmen mit ausländischen Investitionen** *wird im allgemeinen durch deren Personalordnung geregelt. Dabei dürfen die Rechte der Beschäftigten im Vergleich zu den in der Gesetzgebung festgelegten Bedingungen nicht verschlechtert werden.* Unzulässig sind z. B. jede direkte oder indirekte Beschränkung der Rechte oder die Festlegung direkter oder indirekter Vorteile bei der Einstellung in Abhängigkeit von Geschlecht, Rasse, Sprache, sozialer Herkunft, Vermögenslage, Wohnort, Religion, Überzeugung, Zugehörigkeit zu gesellschaftlichen Vereinigungen sowie von anderen, nicht mit der fachlichen Eignung der Beschäftigten verbundenen Umständen (Art. 16 AGB).
Die Bürger haben das Recht auf Wahl des Arbeitsplatzes durch direkte Bewerbung bei den Arbeitgebern oder unentgeltliche Vermittlung durch das Arbeitsamt (Art. 8 Beschäftigungsgesetz; vgl. 12.3).
Die Beschäftigung ausländischer Arbeitskräfte, auch in **Unternehmen mit ausländischen Investitionen,** ist nur auf der Grundlage einer vom Obersten Sowjet der Russischen Föderation auf Vorschlag des Arbeitsamts erteilten Lizenz zulässig (Art. 18 Beschäftigungsgesetz).

12.

Entlassung

Unternehmen mit ausländischen Investitionen sind berechtigt, eigene Regeln für die Entlassung von Beschäftigten in Kollektiv- und Einzelarbeitsverträgen festzulegen (vgl. Art. 33 AIG).
Die Unternehmensleitung hat das Recht auf Kündigung des Arbeitsvertrags aus den in Art. 33 AGB detailliert aufgeführten Gründen. Zugleich *untersagt die Arbeitsgesetzgebung die Entlassung auf Initiative der Unternehmensleitung*:
1) von Beschäftigten während ihrer zeitweiligen Arbeitsunfähigkeit, wenn diese nicht länger als vier aufeinanderfolgende Monate andauert; Beschäftigten, die ihre Arbeitsfähigkeit im Zusammenhang mit einem Arbeitsunfall oder mit Berufskrankheiten verloren haben, bleibt der Arbeitsplatz bis zur Wiederherstellung ihrer Arbeitsfähigkeit bzw. bis zur Feststellung ihrer Invalidität erhalten (Art. 33, Ziff. 5 AGB);
2) von Beschäftigten während ihres Jahres-, Bildungs- oder Schwangerschafts- und Wochenurlaubs, von schwangeren Frauen, stillenden Müttern, Müttern mit Kindern unter drei Jahren (alleinerziehenden Müttern mit Kindern unter 14 Jahren oder behinderten Kindern bis zu 16 Jahren), mit Ausnahme der Fälle vollständiger Liquidation des Unternehmens;
3) von Beschäftigten, die zu militärischen Lehrgängen oder zum Wehrdienst eingezogen wurden, sowie von Beschäftigten unter 18 Jahren (Beschäftigte dieser letzten Kategorie können jedoch in Fällen ihrer offensichtlich mangelnden Eignung zu dieser Arbeit und der Wiedereinstellung von Beschäftigten, die diesen Arbeitsplatz früher eingenommen hatten, entlassen werden; Art. 170 u. 183 AGB), mit Ausnahme der Fälle vollständiger Liquidation des Unternehmens.
Die Kündigung eines Arbeitsvertrags auf Initiative der Unternehmensleitung bedarf grundsätzlich der vorherigen Zustimmung des entsprechenden gewählten Gewerkschaftsorgans. Gegen die Entscheidung der Unternehmensleitung über die Kündigung eines Arbeitsvertrags kann in jedem Falle auf dem Rechtswege Klage erhoben werden.
Spezielle *Garantien* sieht die Arbeitsgesetzgebung bei der Entlassung von Beschäftigten *im Zusammenhang mit der Liquidation* eines Unternehmens, mit *Personalabbau oder Stellenplankürzung* vor. In diesen Fällen sind die Beschäftigten persönlich gegen schriftliche Empfangsbestätigung von der beabsichtigten Entlassung spätestens zwei Monate vorher in Kenntnis zu setzen. Über eine mögliche Massenentlassung von Beschäftigten muß die Unternehmensleitung das entsprechende gewählte Gewerkschaftsorgan spätestens drei Monate vorher informieren. Bei der Entlassung von Beschäftigten in Verbindung mit Personalabbau oder Stellenplankürzung ist der Arbeitsplatz vorrangig Beschäftigten mit einer höheren Arbeitsproduktivität und Qualifikation zu erhalten; außerdem ist die soziale Lage der einzelnen Beschäftigten zu berücksichtigen.
Gleichzeitig mit der Kündigung wegen Personalabbau oder Stellenplankürzung bietet die Unternehmensleitung dem Beschäftigten eine andere Arbeit im selben Unternehmen an.
Die Unternehmensleitung muß dem örtlichen Arbeitsamt spätestens zwei Monate vorher die Entlassung jedes Beschäftigten anzeigen; dessen Beruf, Spezialausbildung, Qualifikation und Lohnhöhe sind anzugeben (Art. 40 Abs. 2 AGB).

12.

Beschäftigte, die im Zusammenhang mit Personalabbau oder Stellenplankürzung entlassen werden, erhalten ein Überbrückungsgeld in Höhe eines monatlichen Durchschnittsverdienstes und andere Beihilfen.

Arbeitszeitregelung

21 Die normale *Wochenarbeitszeit* in der Russischen Föderation darf 40 Stunden nicht überschreiten (vgl. Art. 42 AGB).
Unternehmen mit ausländischen Investitionen können die Wochenarbeitszeit nach Zweckmäßigkeit und entsprechend den Produktionserfordernissen in den Kollektiv- und Einzelarbeitsverträgen regeln. Dabei müssen sie die von der Gesetzgebung festgelegten Garantien für bestimmte Kategorien von Beschäftigten (z. B. Schwangere) und für die Arbeit an bestimmten Tagen (arbeitsfreien Tagen, Feiertagen) oder für Nachtarbeit einhalten.
Die Dauer der *Arbeitspausen* in **Unternehmen mit ausländischen Investitionen** kann ebenfalls in den Kollektiv- und Einzelarbeitsverträgen geregelt werden, jedoch müssen diese Pausen in der Regel vier Stunden nach Arbeitsbeginn gewährt werden (Art. 57 AGB).
Die Dauer der wöchentlichen zusammenhängenden Erholungszeit darf nicht kürzer als 42 Stunden sein (Art. 59 AGB).
In **Unternehmen mit ausländischen Investitionen** können *zusätzliche arbeitsfreie Tage an Nationalfeiertagen und religiösen Feiertagen* der entsprechenden Länder festgelegt werden. Solche arbeitsfreien Tage können sich sowohl auf die Bürger dieser Länder als auch auf die übrigen Beschäftigten der Unternehmen erstrecken.
Unternehmen mit ausländischen Investitionen haben ferner das Recht, die Dauer des *Jahresurlaubs* und von Zusatzurlaub für ihre Beschäftigten in den Kollektiv- und Einzelarbeitsverträgen zu regeln; die Dauer des Jahresurlaubs darf jedoch – bezogen auf die 6-Tage-Arbeitswoche – nicht kürzer als 24 Arbeitstage sein (Art. 67–73 AGB).

Arbeitslöhne und Ausgleichszahlungen

22 Höhe und Formen der Arbeitslöhne liegen gänzlich in der Kompetenz der **Unternehmen mit ausländischen Investitionen** und werden in den Kollektiv- und Einzelarbeitsverträgen geregelt. Dabei ist die *maximale Höhe des Arbeitslohns nicht begrenzt*. Andererseits darf jedoch der Monatslohn eines Beschäftigten, der die Arbeitszeit ausgeschöpft und seine Arbeitspflichten (Arbeitsnormen) voll erfüllt hat, nicht niedriger als der vom Obersten Sowjet der Russischen Föderation festgelegte Mindestlohn sein; der Mindestlohn schließt nicht die Zuschläge und Ausgleichszahlungen sowie Prämien und anderen leistungsstimulierenden Zuzahlungen ein (Art. 78 AGB). Zur Zeit beträgt der *Mindestmonatslohn* in der Russischen Föderation 4 275 Rubel (Stand: 1. 4.1993).
Die Arbeitsgesetzgebung läßt unterschiedliche Systeme für die Lohnzahlung zu (auf der Basis von Tarifsätzen, Gehältern, Zeitlöhnen, Akkordlöhnen oder nach anderen Systemen), die die Unternehmen selbst wählen können (Art. 79–85 AGB).

12.

In **Unternehmen mit ausländischen Investitionen** kann der Lohn für die ausländischen Beschäftigten *sowohl in russischen Rubeln als auch in ausländischer Währung* in dem in den Einzelarbeitsverträgen mit den ausländischen Beschäftigten festgelegten Verhältnis ausgezahlt werden. Der von den ausländischen Beschäftigten in ausländischer Währung erhaltene Lohn kann von ihnen nach Entrichtung der Einkommensteuer ins Ausland transferiert werden (vgl. Art. 33 AIG).

In der Praxis der gemeinsamen Unternehmen sind unterschiedliche Arten von Zuschlags- und Ausgleichszahlungen **für die ausländischen Beschäftigten** weit verbreitet. Eine Form dieser Ausgleichszahlungen ist der Zuschlag für die Arbeit im Ausland, der häufig 25 % des Arbeitslohns beträgt.
Außerdem erhalten sie in der Regel folgende Ausgleichszahlungen:
– die Kosten für die Reise des Beschäftigten und seiner Familienmitglieder zum Arbeitsort im Schnellzugschlafwagen oder in der Touristenklasse bei Flugreisen;
– die Kosten für die Beförderung des Gepäcks (150–400 kg Gepäck für den Beschäftigten und 80–150 kg Gepäck für jedes Familienmitglied);
– Tagegelder nach den in Rußland geltenden Normen;
– Arbeitslohn für jeden Reisetag, einschließlich des Zuschlags für die Arbeit im Ausland;
– Umzugsgelder (eine Hälfte der Summe gewöhnlich in ausländischer Währung und die andere Hälfte in Rubeln).
Die gleichen Ausgleichszahlungen erhalten üblicherweise auch ausländische Beschäftigte, die nach Beendigung der Arbeit an ihren ständigen Wohnsitz zurückkehren.
Es besteht auch die Praxis, Ausgleichszahlungen für die Benutzung eigener Autos bei Dienstreisen zu zahlen.
In den Einzelarbeitsverträgen mit ausländischen Beschäftigten werden gewöhnlich auch deren Lebensbedingungen während ihres Aufenthalts in Rußland vereinbart (Überlassung komfortabler Wohnungen, Versorgung mit in ihren Ländern üblichen Lebensmitteln, Versorgung mit Transportmitteln u. ä.).

Rechtsstellung der Gewerkschaften und der Arbeitskollektive in Unternehmen mit ausländischen Investitionen

Die Gewerkschaften sind in Unternehmen mit ausländischen Investitionen auf der Grundlage der auf dem Territorium der Russischen Föderation geltenden Gesetzgebung tätig (Art. 33 AIG). Diese verbürgt den Gewerkschaften eine starke Stellung in den Unternehmen, insbesondere in Form der Gewerkschaftskomitees, die sie als Partner der Kollektivverträge und durch Mitwirkungsrechte bei der Gestaltung und Beendigung der Arbeitsverhältnisse realisieren.
Die Bildung von Gewerkschaften in Unternehmen ist keine Pflicht, sondern ein Recht der Beschäftigten, das auf Art. 50 der Verfassung der Russischen Föderation beruht, der allen Bürgern das Koalitionsrecht garantiert. Die Arbeitnehmer haben ohne jeglichen Unterschied das Recht, freiwillig nach ihrer Wahl und ohne vorherige Genehmigung Gewerkschaften zu bilden und diesen beizutreten. Die Gewerkschaften wirken in Übereinstimmung mit ihren Statuten und un-

12.

terliegen nicht der Registrierung bei staatlichen Organen. Die staatlichen Organe und die Unternehmen sind verpflichtet, die Tätigkeit der Gewerkschaften zu unterstützen (Art. 225 AGB).
Die Gesetzgebung legt keine Mindestanzahl von Gewerkschaftsmitgliedern für die Bildung einer Gewerkschaftsorganisation in einem Unternehmen fest. Die Gewerkschaftsbewegung in Rußland ist heute durch Pluralismus gekennzeichnet, und in vielen Unternehmen sind mehrere Gewerkschaftsorganisationen tätig. Jede von ihnen legt ihre eigenen Regeln für die Bildung von Gewerkschaftsorganisationen fest. Es ist verbreitete Praxis, daß für die Bildung einer Gewerkschaftsgrundorganisation mindestens fünf Mitglieder dieser Gewerkschaft in dem entsprechenden Unternehmen arbeiten müssen. Bei mindestens 15 Mitgliedern wird ein Gewerkschaftsorganisator gewählt, und bei Gewerkschaftsorganisationen mit 15 bis 150 Mitgliedern wird ein Gewerkschaftskomitee gebildet.
In der Gesetzgebung ist die unter den Bedingungen des Gewerkschaftspluralismus wichtige Frage, welche von den in einem Unternehmen tätigen Gewerkschaften die repräsentativste für den Abschluß des Kollektivvertrags ist, nicht geregelt. In Unternehmen mit ausländischen Investitionen (hauptsächlich gemeinsame Unternehmen) sind das in der Regel Gewerkschaften, die zur Assoziation der Gewerkschaften gemeinsamer Unternehmen gehören.
Die Gewerkschaften vertreten laut Art. 226 AGB die Interessen ihrer Mitglieder in Fragen der Arbeit und anderen sozialökonomischen Fragen. Arbeitsbedingungen und Arbeitslohn werden in den von der Gesetzgebung vorgesehenen Fällen unter Mitwirkung der Gewerkschaften festgelegt und realisiert. Diese Regel ist voll und ganz auf die Unternehmen mit ausländischen Investitionen anzuwenden (vgl. Art. 33 AIG). Die Gewerkschaften üben die Aufsicht und Kontrolle über die Einhaltung der Arbeitsgesetzgebung und der Arbeitsschutzbestimmungen aus, kontrollieren die Wohn- und Lebensverhältnisse der Arbeitnehmer, leiten die Staatliche Versicherung und die ihnen unterstellten Kurheime, prophylaktischen Sanatorien und Erholungsheime, Kultur- und Schulungseinrichtungen, touristischen Einrichtungen und Sportstätten.
Die Rechte des entsprechenden gewählten Gewerkschaftsorgans des Unternehmens und die Garantien für seine Tätigkeit sind in der Gesetzgebung sowie in den Kollektivverträgen und -vereinbarungen festgelegt. Das erlaubt es der Leitung der Unternehmen mit ausländischen Investitionen, für beide Seiten akzeptable Formen der Zusammenarbeit zu suchen, die natürlich nicht die Lage der Beschäftigten des Unternehmens im Vergleich zur geltenden Gesetzgebung verschlechtern dürfen.
Für die gewählten *Gewerkschaftsfunktionäre* und die Mitglieder der Räte der Arbeitskollektive wurden *zusätzliche Garantien* festgelegt (Art. 235 AGB). Gegen die in die Gewerkschaftsorgane gewählten und nicht von der Produktionsarbeit freigestellten Beschäftigten dürfen keine Disziplinarmaßnahmen verhängt werden. Sie dürfen nicht auf einen anderen Arbeitsplatz versetzt oder entlassen werden, ohne daß das Gewerkschaftsorgan, dessen Mitglieder sie sind, dem vorher zugestimmt hat (bei Leitern der Gewerkschaftsorgane in den Struktureinheiten des Unternehmens – das entsprechende Gewerkschaftsorgan des Unternehmens; bei Leitern des Gewerkschaftsorgans des Unternehmens – das entsprechende übergeordnete Gewerkschaftsorgan).

12.

Den infolge ihrer Wahl in Funktionen der Gewerkschaftsorgane von der Produktionstätigkeit freigestellten Beschäftigten ist nach Beendigung ihrer Wahlfunktion die Rückkehr an ihren früheren Arbeitsplatz garantiert. Wenn dieser nicht mehr existiert, erhalten sie eine andere, gleichwertige Arbeit (Stellung) im selben oder – mit Einverständnis des Beschäftigten – in einem anderen Unternehmen. Wenn es nicht möglich ist, ihm eine entsprechende Arbeit (Stellung) am früheren Arbeitsplatz zu verschaffen, muß die Unternehmensleitung (im Falle einer Liquidation des Unternehmens die Gewerkschaft) dem Beschäftigten für die Zeit der Suche nach einem Arbeitsplatz, jedoch nicht länger als sechs Monate (im Falle einer Qualifizierung oder Umschulung bis zu einem Jahr), seinen Durchschnittslohn weiterzahlen.

Eine *Entlassung* von Beschäftigten, die in Gewerkschaftsorgane gewählt wurden, auf Initiative der Unternehmensleitung ist im Verlauf von zwei Jahren nach der Beendigung der Wahlfunktion unzulässig, außer in Fällen einer vollständigen Liquidation des Unternehmens oder wenn der Beschäftigte sich solcher Handlungen schuldig macht, für die in der Gesetzgebung die Möglichkeit der Entlassung vorgesehen ist.

Mitglieder des Rates des Arbeitskollektivs dürfen nicht ohne Zustimmung des Rates des Arbeitskollektivs auf einen anderen Arbeitsplatz versetzt oder Disziplinarmaßnahmen unterworfen werden. Eine Entlassung von Mitgliedern des Rates des Arbeitskollektivs auf Initiative der Unternehmensleitung ist nur zulässig, wenn neben der Einhaltung der allgemeinen Kündigungsbestimmungen auch das Einverständnis des Rates des Arbeitskollektivs vorliegt.

Das *Arbeitskollektiv* des Unternehmens hat *unabhängig von dessen organisatorisch-rechtlicher Form*, d. h. auch in Unternehmen mit ausländischen Investitionen, folgende *Befugnisse*: 24
– Es entscheidet über die Notwendigkeit des Abschlusses eines Kollektivvertrags mit der Unternehmensleitung, es prüft und bestätigt dessen Entwurf.
– Es prüft und entscheidet in Übereinstimmung mit dem Unternehmensstatut Fragen der Selbstverwaltung des Arbeitskollektivs.
– Es legt die Liste und die Ordnung für die Gewährung von sozialen Vergünstigungen aus den Fonds des Arbeitskollektivs für die Beschäftigten des Unternehmens fest.
– Es bestimmt und regelt die Formen und Bedingungen für das Wirken gesellschaftlicher Organisationen im Unternehmen.

Das Arbeitskollektiv eines *staatlichen oder kommunalen Unternehmens sowie eines Unternehmens, an dessen Vermögen der Anteil des Staates oder des örtlichen Sowjets mehr als 50 % beträgt*, hat folgende *zusätzlichen Befugnisse*:
– Es prüft und bestätigt gemeinsam mit dem Gründer des Unternehmens Änderungen und Ergänzungen des Statuts des Unternehmens.
– Es legt gemeinsam mit dem Gründer des Unternehmens die Bedingungen des Arbeitsvertrags bei der Einstellung des Unternehmensleiters fest.
– Es trifft die Entscheidung über die Herauslösung einer oder mehrerer Struktureinheiten aus dem Unternehmen zum Zwecke der Bildung eines neuen Unternehmens.
– Es beteiligt sich an der Entscheidung über eine Änderung der Eigentumsform des Unternehmens in Übereinstimmung mit der Gesetzgebung der Russi-

12.

schen Föderation und der zur Russischen Föderation gehörenden Republiken in den Grenzen, die diese Gesetzgebung vorsieht. In den *staatlichen und kommunalen Unternehmen sowie in Unternehmen, an deren Vermögen der Anteil des Staates oder des örtlichen Sowjets mehr als 50 % beträgt*, übt das Arbeitskollektiv seine Befugnisse durch die *Vollversammlung* bzw. Konferenz oder deren gewähltes Organ – den *Rat des Arbeitskollektivs* – aus.

13. Entscheidung von Wirtschaftsstreitigkeiten

von Dr. sc. Hans Bär

Ständige Schiedsgerichte	211
Ad-hoc-Schiedsgerichte	213
Arbitragegerichte (Wirtschaftsgerichte)	214
Allgemeine Bestimmungen	214
System der Arbitragegerichte, sachliche Zuständigkeit, Gerichtsstand	216
Parteien	216
Prozeßvertretung	217
Prozeßkosten	217
Sicherheitsleistung für die Klage	218
Streitentscheidungsverfahren	218
Berufungsverfahren	219
Revisionsverfahren	219
Neuentscheidung aufgrund neuer Umstände	220
Vollstreckung der Entscheidung	220
Klageverjährung	220

13.

Streitigkeiten, an denen Unternehmen beteiligt sind, können von ordentlichen Gerichten, Arbitragegerichten oder Schiedsgerichten entschieden werden. Da für *Streitigkeiten zwischen Unternehmen* (einschließlich Bürgern, die als Unternehmer tätig sind) die *ausschließliche Zuständigkeit des Arbitragegerichts* festgelegt ist, die durch Parteivereinbarung allerdings zu Gunsten eines Schiedsgerichts abbedungen werden kann, beschränkt sich die Bedeutung der ordentlichen Gerichte im wesentlichen auf Streitigkeiten zwischen Unternehmen und Bürgern. Sie werden deshalb für Wirtschaftsverträge **deutscher Unternehmen** mit russischen Partnern kaum eine Rolle spielen, für **Unternehmen mit ausländischen Investitionen** in Rußland können sie aber durchaus von Bedeutung sein. Selbst in Verträgen zwischen Unternehmen und Bürgern kann aber laut Art. 27 der Zivilprozeßordnung (im weiteren – ZPO) die Zuständigkeit eines Schiedsgerichts begründet werden. 1

Zur ordentlichen Gerichtsbarkeit ist anzumerken, daß **Ausländer über die gleiche Prozeßfähigkeit und die gleichen prozessualen Rechte** verfügen wie **Inländer** (Art. 433 und 434 ZPO). Das gilt auch für Streitigkeiten, an denen **ausländische Investoren** in Rußland beteiligt sind. Geht es aber um den Umfang, die Bedingungen und das Verfahren von Entschädigungen durch den Staat, werden solche Streitigkeiten vom Obersten Gericht der Russischen Föderation oder vom Arbitragegericht entschieden.

Streitigkeiten zwischen ausländischen Investoren und den Unternehmen, an denen sie beteiligt sind, zwischen diesen Investoren und Staatsorganen sowie russischen juristischen Personen wie auch Streitigkeiten zwischen den Beteiligten an einem gemeinsamen Unternehmen und ausländischen Investoren unterliegen der ordentlichen Gerichtsbarkeit der Russischen Föderation. Die Beteiligten können aber – und das wird die Regel sein – die *Zuständigkeit des Arbitragegerichts oder eines Schiedsgerichts vereinbaren.*

Die Zuständigkeit des Arbitragegerichts kann in zwischenstaatlichen Abkommen vorgesehen sein. Der Vertrag zwischen der Bundesrepublik Deutschland und der UdSSR vom 13. 6. 1989 über die Förderung und den gegenseitigen Schutz von Kapitalanlagen (BGBl. II 1990 S. 349) räumt den Investoren auf jeden Fall bei Enteignungen den Schutz durch die Gerichte des jeweiligen Landes ein. Zugleich haben die Betroffenen die Möglichkeit der schiedsgerichtlichen Lösung des Problems. Das Abkommen sieht dazu noch besondere Regelungen auch durch Einschaltung des Internationalen Schiedsgerichts vor. Auch die Hilfe des Vorsitzenden des Schiedsgerichts der Stockholmer Handelskammer bei der Bestimmung der Schiedsrichter und des Vorsitzenden ist vorgesehen.

Es ist zweckmäßig, alle Möglichkeiten der Einigung zwischen den Partnern und des Einsatzes eines Schiedsgerichts zu nutzen.

Ständige Schiedsgerichte

Für die kommerziellen Aktivitäten von **Ausländern** haben die ständigen sowie die ad hoc, d. h. für den Einzelfall berufenen Schiedsgerichte (vgl. Rdn. 5) zweifellos größere Bedeutung als die Arbitragegerichte. 2

Ständige Schiedsgerichte sind das *Schiedsgericht* und die *Seeschiedskommission*, die früher bei der Industrie- und Handelskammer der UdSSR bestanden

13.

und die im Zusammenhang mit der Auflösung dieser Institution ihre Tätigkeit auf der Grundlage eines Beschlusses des Obersten Sowjets der Russischen Föderation *bei der Industrie- und Handelskammer der Russischen Föderation* fortsetzen (vgl. Beschluß Nr. 4323-I vom 20. 1. 1993; VSND RF, Nr. 5/1993, Pos. 159).

Als Rechtsnachfolger der sowjetischen hat die russische Industrie- und Handelskammer gemäß dem genannten Beschluß des Obersten Sowjets gegenüber dem Schiedsgericht und der Seeschiedskommission die Funktionen zu erfüllen, die ursprünglich durch die – weiter geltenden –Schiedsgerichtsordnungen beider Schiedsgerichte der Industrie-und Handelskammer der UdSSR auferlegt worden waren.

Das *Schiedsgericht bei der Industrie- und Handelskammer* der Russischen Föderation soll Streitigkeiten entscheiden, die aus vertraglichen und anderen zivilrechtlichen Verhältnissen entstehen, die sich aus der Außenhandels- und sonstigen wirtschaftlichen und wissenschaftlich-technischen Zusammenarbeit ergeben. Es bedarf dazu einer Vereinbarung der Parteien, die auch schon im Vertrag enthalten sein kann. Die vertragliche Schiedsklausel behält auch ihre Bedeutung, wenn es um die Gültigkeit des Vertrags selbst geht.

Die Schiedsvereinbarung kann auch durch ein entsprechendes Handeln der Partner zustandekommen, nämlich durch die Klage und das Einlassen des Partners auf die Verhandlung zur Sache.

Die Schiedsgerichtsgebühren teilen sich in einen degressiven Prozentsatz von der Klagesumme und in eine Registrationsgebühr auf. Ihre Höhe in ausländischer Währung ergibt sich aus der Umrechnung der Gebühren laut Gebührentabelle zum Tageskurs der Zentralbank Rußlands.

Der Kläger benennt seinen Schiedsrichter aus der Schiedsrichterliste des Schiedsgerichts. In der innerhalb von 30 Tagen nach Erhalt der Klage fälligen Klageerwiderung tut dies auch der Beklagte. Die Auswahl kann auf Ersuchen der Parteien vom Präsidenten des Schiedsgerichts vorgenommen werden. Die Schiedsrichter bestimmen gemeinsam den Vorsitzenden des Schiedsausschusses. Die gewählten Schiedsrichter sind keine Parteienvertreter, sondern unabhängige Schiedsrichter.

3 Die *Schiedsgerichtsordnung* des Schiedsgerichts bei der Industrie- und Handelskammer vom 14. 12. 1987 enthält u. a. folgende Bestimmungen:
– Verhandlungssprache ist Russisch oder eine von den Parteien bestimmte Sprache. Für die Übersetzung sorgt auf Kosten der Parteien das Schiedsgericht. Dokumente sind in der Originalsprache vorzulegen.
– Die äußerste Frist für die Verhandlung sind sechs Monate, von der Wahl der Schiedsrichter an gerechnet.
– Das Schiedsgericht entscheidet nach dem für den Vertrag geltenden Recht und nach den Bedingungen des Vertrags. Herangezogen werden auch Handelsbräuche. Was die Prozeßführung betrifft, so gilt subsidiär zur Schiedsgerichtsordnung das Prozeßrecht der Russischen Föderation, soweit es Bestimmungen zur internationalen Schiedsgerichtsbarkeit enthält.
– Die Parteien werden rechtzeitig, nicht weniger als 30 Tage vorher, über den Termin der Verhandlung benachrichtigt. Die Verhandlung ist nicht öffentlich. Die Parteien können selbst auftreten oder sich entsprechend vertreten lassen. Zur Vertretung sind sowohl Ausländer als auch Russen berechtigt. Unter be-

stimmten Bedingungen ist eine Entscheidung auch in Abwesenheit der Parteien möglich.
– Der Schiedsspruch ist endgültig und kann nicht in einer zweiten Instanz verhandelt werden. Wird er nicht freiwillig befolgt, regelt sich die Vollstreckung nach dem Recht der Russischen Föderation und nach internationalen Abkommen, darunter der New Yorker Konvention von 1958 über die Anerkennung und Vollstreckung ausländischer Schiedssprüche.

Zu den ständigen Schiedsgerichten gehört auch die *Seeschiedskommission*, die sich mit Streitigkeiten aus dem Bereich der vertraglichen und sonstigen zivilrechtlichen Verhältnisse auf dem Gebiet der Seeschiffahrt beschäftigt. Es geht vor allem um die Charter von Schiffen, die Seefracht, um Schlepperdienste und Schiffszusammenstöße. 4

Auch hier ist eine ausdrückliche oder durch entsprechendes Handeln der Parteien zustande gekommene Schiedsgerichtsvereinbarung die Grundlage für das Tätigwerden des Schiedsgerichts, dessen Verfahren auf der Grundlage seiner *Schiedsgerichtsordnung* vom 8. 10. 1980 sich im wesentlichen mit dem des Schiedsgerichts bei der Industrie- und Handelskammer deckt.

Ein Unterschied besteht darin, daß zwei Schiedsrichter – je einer von jeder Partei gewählt – die Sache entscheiden. Nur wenn sie sich nicht einigen können, muß ein Dritter hinzugezogen werden. Ein weiterer Unterschied besteht darin, daß der Schiedsspruch der Seeschiedskommission nicht endgültig ist. Es kann innerhalb eines Monats von jeder Partei Berufung eingelegt werden, und zwar beim Obersten Gericht der Russischen Föderation. In der gleichen Frist können auch der Generalstaatsanwalt der Russischen Föderation und seine Stellvertreter Protest gegen den Schiedsspruch einlegen. Der Zivilrechtssenat des Obersten Gerichts der Russischen Föderation hebt den Schiedsspruch auf und verweist die Sache zur Neuverhandlung, wenn er zu dem Ergebnis kommt, daß das Gesetz verletzt oder nicht richtig angewendet wurde.

Die Vollstreckung des Schiedsspruchs der Seeschiedskommission folgt den gleichen Regeln wie die des Schiedsgerichts bei der Industrie- und Handelskammer.

Ad-hoc-Schiedsgerichte

Im Unterschied zu den ständigen Schiedsgerichten können die Parteien schon entstandene oder mögliche Streitigkeiten durch Vereinbarung einem von ihnen gemeinsam gebildeten Schiedsgericht anvertrauen, dessen Regeln von ihnen selbst festgelegt werden. Für diese Ad-hoc-Schiedsgerichte existiert eine vom Obersten Sowjet der Russischen Föderation am 24. 6. 1992 bestätigte Vorläufige Ordnung über das Schiedsgericht zur Entscheidung von Wirtschaftsstreitigkeiten (vgl. VSND RF, Nr. 30/1992, Pos. 1790), die der Anleitung der Partner dient. 5

Die Vereinbarung der Parteien bedarf der Schriftform. Die Vereinbarung kann auch im voraus in dem entsprechenden Vertrag, z. B. im Kauf- oder Werkvertrag, getroffen werden. Die Vorläufige Ordnung enthält im wesentlichen die Normen aus der ZPO und der Arbitrageprozeßordnung (vgl. Rdn. 6) mit dem Unterschied, daß sie nur dispositiv gelten, d. h. der Parteivereinbarung nachstehen.

Zu den wenigen in der Ordnung enthaltenen zwingenden Normen gehören u. a.

13.

Vorschriften, die die Vollständigkeit der Prozeßunterlagen sichern sollen, sowie Vorschriften zur Sprache, damit die Gleichheit der Parteien gesichert ist.
Das Ad-hoc-Schiedsgericht läßt sich von den geltenden Gesetzen, den Vertragsbedingungen und den Handelsbräuchen leiten. Es hat auch ausländisches Recht anzuwenden, wenn das nationale Recht oder der Vertrag darauf verweisen. Entschieden wird mit Mehrheit, deshalb ist die Anzahl der Schiedsrichter immer ungerade. Der Schiedsspruch wird schriftlich ausgefertigt.
Wird der Schiedsspruch nicht freiwillig befolgt, kann der Kläger die Vollstreckung mit Hilfe des territorial zuständigen Arbitragegerichts erreichen. Die Vollstreckungsentscheidung kann in der nächsten Instanz des Arbitragegerichts angefochten werden. Verweigert das Arbitragegericht die Vollstreckung, da der Schiedsspruch dem Gesetz widerspricht oder das Beweismaterial nicht entsprechend berücksichtigt hat, verweist es die Sache zurück an das entsprechende Ad-hoc-Schiedsgericht. Ist das nicht mehr möglich, können die Parteien im üblichen Verfahren vor dem Arbitragegericht klagen.
Ein einfacherer und in der Praxis der Anwendung von Ad-hoc-Schiedsgerichten vorgezogener Weg besteht darin, im Außenhandelsvertrag die Schiedsgerichtsklausel mit dem direkten Verweis auf das Schiedsgerichtsreglement der UNCITRAL zu verbinden, wie es in der Resolution der Vollversammlung der Vereinten Nationen vom 15. Dezember 1976 enthalten ist.

Arbitragegerichte (Wirtschaftsgerichte)

Die Arbitragegerichte sind für die Entscheidung von Streitigkeiten der Wirtschaftssubjekte zuständig, und zwar sowohl für solche, die sich aus Zivilrechtsverhältnissen, als auch für solche, die sich aus Verwaltungsrechtsverhältnissen ergeben (vgl. AGG Art. 1; 13.1). Im Gesetz werden Streitigkeiten der ersten Art als *Wirtschaftsstreitigkeiten*, der zweiten als *Verwaltungsstreitigkeiten* bezeichnet. An letzteren sind naturgemäß – außer den Wirtschaftssubjekten – Staats- und Verwaltungsorgane beteiligt.
Die Eigentümlichkeit der Arbitragegerichtsbarkeit besteht aufgrund der doppelten Zuständigkeit der Arbitragegerichte darin, daß in ihr unterschiedliche Elemente vereinigt sind. Sie kann für Streitigkeiten zwischen Wirtschaftssubjekten durch eine Schiedsvereinbarung ausgeschlossen werden (nicht jedoch, wenn Staatsorgane beteiligt sind). Andererseits trägt sie aber Züge einer verbindlichen Handelsgerichtsbarkeit oder geht sogar darüber hinaus, indem z. B. der Staatsanwalt beteiligt sein kann oder das Arbitragegericht von sich aus Subjekte als Partei heranziehen kann.
Demgemäß ist die **Arbitrageprozeßordnung** (APO; vgl. 13.2) ein Gemisch von zivilprozessualen Bestimmungen und von Befugnissen des Staatsanwalts und anderen öffentlich-rechtlichen Elementen.

Allgemeine Bestimmungen

6 AGG und APO definieren die Wirtschaftssubjekte, für deren Wirtschafts- und Verwaltungsstreitigkeiten die Arbitragegerichte entscheidungsbefugt sind bzw.

die vor dem Arbitragegericht klagen dürfen, im einzelnen als Unternehmen, Einrichtungen und Organisationen, einschließlich Kolchosen, die den Status juristischer Personen haben, sowie Bürger, die ohne Bildung einer juristischen Person unternehmerische Tätigkeit ausüben (Art. 1 Abs. 2 AGG; Art. 2 Abs. 1 APO). Der Kreis der Staats- und Verwaltungsorgane, die an Verwaltungsstreitigkeiten beteiligt sein können, wird nicht weiter präzisiert. Aus der sprachlichen Diktion kann geschlossen werden, daß es sich sowohl um Vertretungsorgane (Sowjets) als auch um Administrationen der Vertretungsorgane handeln kann.
Streitigkeiten, an denen ausländische Unternehmen, Unternehmen mit ausländischer Beteiligung oder Ausländer beteiligt sind, können – so sieht es das AGG vor – nur vor das Arbitragegericht kommen, wenn eine Vereinbarung der Parteien dazu vorliegt bzw. wenn das im Gesetz oder einem internationalen Abkommen vorgesehen ist (Art. 1 Abs. 3 und Art. 5 Abs. 2 und 3 AGG).
Wie im deutschen Zivilprozeß (§ 279 ZPO) soll das Gericht auf eine gütliche Regelung des Rechtsstreits bedacht sein. Nach der russischen Regelung ist der Güteversuch bei Privaten sogar Voraussetzung, um überhaupt klagen zu können (Art. 2 APO). Für Streitigkeiten von Privaten mit staatlichen Organen läßt das Gesetz davon ausdrücklich Ausnahmen zu; für Verwaltungsstreitigkeiten ist ein vorangehender Güteversuch als Klagevoraussetzung ausgeschlossen.
Die Parteien können das Verfahren vor dem Arbitragegericht vermeiden, wenn sie zu Streitigkeiten, die schon entstanden sind oder möglicherweise entstehen, eine Schiedsvereinbarung treffen, die die Streitigkeit einem Schiedsgericht zuweist (Art. 7 AGG, Art. 21 APO). Nach Art. 7 AGG kann auch ein Schlichter hinzugezogen werden.
Die in Art. 4 AGG aufgeführten Prinzipien – u. a. Gesetzlichkeit, Unabhängigkeit, 7 Kollegialität, Öffentlichkeit – werden in der APO differenziert und ergänzt. Im AGG fällt eine bis ins Detail gehende Regelung der *Unabhängigkeit* des Arbitragegerichts und seiner Richter auf (Art. 23), die nur aus dem Bestreben zu erklären ist, sich von der bisherigen sowjetischen Praxis abzugrenzen.
Aus der Nationalitätenpolitik ergeben sich komplizierte Gerichtssysteme und Sprachenregelungen.
Besondere Bedeutung hat die *Öffentlichkeit* der Verhandlung (Art. 8 APO). Einschränkungen sind zugelassen zum Schutz von Geschäftsgeheimnissen, aber auch von Staatsgeheimnissen.
Spezielle Aufmerksamkeit verdient Art. 11 APO, in dem unter anderem die Gesetzes- und Rechtsanalogie zugelassen wird. Das Gericht erhält damit einen ziemlich weiten Spielraum für seine Entscheidung. Nicht zuletzt deshalb ist die darauffolgende Festlegung des Art. 11 APO wichtig:
Ausländisches Recht (wörtlich „Rechtsnormen anderer Staaten") **wird angewendet, wenn Gesetz oder Vertrag darauf verweisen.** Die verbreitete Praxis, das auf den Vertrag anzuwendende Recht im Vertrag zu bestimmen, kann hier nur nachdrücklich unterstrichen werden.
Zu den Prinzipien oder Garantien, die den Parteien ein ordentliches Verfahren gewährleisten sollen, gehören die Vorschriften der APO über die Ausschließung und Ablehnung von Gerichtspersonen. Während es sich dabei nach der deutschen Zivilprozeßordnung nur um Richter und Urkundsbeamte handeln kann, beziehen sich die Art. 14–19 APO auf Richter, Staatsanwälte, Gutachter und Dol-

13.

metscher, Die gesetzlichen Tatbestände, die eine solche Nichtzulassung begründen, sind festgeschrieben. Die genannten Prozeßbeteiligten sollen ihren Ausschluß selbst erklären, wenn die im Gesetz genannten Tatbestände zutreffen; aber auch die Prozeßparteien können die Ablehnung geltend machen.

System der Arbitragegerichte, sachliche Zuständigkeit, Gerichtsstand

8 Sieht man von den Besonderheiten der föderativen Struktur der Russischen Föderation ab, werden die *Arbitragegerichte nach dem Territorialprinzip* in das Oberste Arbitragegericht der Russischen Föderation sowie in die Regions-, Gebiets- und Stadtarbitragegerichte mit einer entsprechenden hierarchischen Unterordnung eingeteilt (Art. 10 AGG). Das Oberste Arbitragegericht der RSFSR übt die Aufsicht über die Arbitragegerichte aus (Art. 11 AGG).

9 Im AGG nicht vorgesehen, aber in der APO geregelt ist die Tätigkeit von *Einzelarbitragerichtern*, die als Vertreter des jeweiligen Arbitragegerichts Entscheidungen über den Abschluß und die Änderung sowie Aufhebung von Verträgen bis zu einem Vertragswert von 10 Mio. Rubeln und zur Vertragserfüllung bis zu einer Höhe von 250 000 Rubeln treffen dürfen (Art. 13 APO). Ansonsten wird durch Kollegien entschieden, die für das Oberste Arbitragegericht der RSFSR direkt im AGG vorgeschrieben sind und für die übrigen Arbitragegerichte durch die Volksvertretungen bestimmt werden (Art. 12).
Die in Art. 5 und 6 AGG geregelte Zuständigkeit des Arbitragegerichts wird in Art. 20, Art. 22 ff. APO differenziert nach sachlicher Zuständigkeit und Gerichtsstand ausführlich geregelt. **Für die Streitigkeiten aus Verträgen bzw. in Verbindung mit dem Vertragsabschluß zwischen Wirtschaftssubjekten, von denen eins seinen Sitz im Ausland hat, ist das Arbitragegericht dann zuständig, wenn dies in einem zwischenstaatlichen Abkommen, einem internationalen Vertrag oder durch Vereinbarung der Parteien festgelegt ist; für Unternehmen mit ausländischer Beteiligung sind die Arbitragegerichte nur zuständig, wenn dies in zwischenstaatlichen Abkommen oder durch Parteivereinbarung vorgesehen ist** (Art. 20 APO).
Für Wirtschaftsstreitigkeiten aus zwischenstaatlichen Abkommen oder internationalen Verträgen oder Verwaltungsstreitigkeiten aus den in den Abkommen vorgesehenen Fällen ist der Gerichtsstand des Obersten Arbitragegerichts der RSFSR festgelegt (Art. 23 APO).
Der allgemeine Gerichtsstand ist der Sitz des Beklagten (Art. 24 APO). **Wenn eine der Parteien ihren Sitz im Ausland hat**, haben davon **abweichende Festlegungen** in Abkommen, internationalen Verträgen oder Parteivereinbarungen **Vorrang**. Dies unterstreicht die Bedeutung der Parteivereinbarung für den Gerichtsstand.

Parteien

10 Prozeßfähig sind nach Art. 29 APO die schon genannten Organisationen, die als Unternehmer tätigen Bürger und die Staats- und Verwaltungsorgane, die damit auch als Kläger auftreten können. Die Prozeßfähigkeit der Staatsorgane wird da-

hingehend präzisiert, daß sie auf der Grundlage von Gesetzgebungsakten die gesetzlich geschützten Rechte und Interessen zu verteidigen haben, eine Formulierung, die für die Wirtschaftssubjekte wohl als selbstverständlich angenommen wird. Bei dem Status der Organe als Beklagte klingt die Formulierung restriktiver: „In den von Gesetzgebungsakten der Russischen Föderation vorgesehenen Fällen können Staats- und Verwaltungsorgane sowie Organisationen, die keine juristischen Personen sind, Beklagte sein" (Art. 29 APO).
Artikel 31 APO sieht die Streitgenossenschaft wie in der deutschen Zivilprozeßordnung (§§ 59 ff. ZPO) vor, ohne allerdings Anforderungen an den Inhalt der Streitsache zu stellen. Die Beschränkung auf eine „notwendige Streitgenossenschaft" wie in § 62 der deutschen ZPO ist nicht vorgesehen. Damit besteht für das Arbitragegericht eine ziemlich weitgehende Möglichkeit, auf Antrag einer Partei, aber auch aus eigener Initiative, Organisationen oder als Unternehmer tätige Bürger als Prozeßpartei heranzuziehen. Staatsorgane können aber nicht als Streitgenossen herangezogen werden.
Die herangezogenen Parteien sind verpflichtet, vorher einen Versuch der gütlichen Einigung zu unternehmen.
Aus dem speziell dem Staatsanwalt gewidmeten Art. 34 APO ergibt sich, daß dieser nicht nur als Vertreter eines Protestes gegen eine Entscheidung des Arbitragegerichts auftreten kann, sondern auch als Kläger.

Prozeßvertretung

Art. 36 bis 38 APO regeln die Prozeßvertretung. Unter anderem sind die Fragen festgelegt, auf die sich eine Prozeßvollmacht nicht erstreckt, darunter der Verzicht auf den eigenen Anspruch und die Anerkennung des gegnerischen Anspruchs.
Im Unterschied zur deutschen Regelung werden bestimmte Personen ausdrücklich von einer Vertretung ausgeschlossen. Das betrifft Richter, Untersuchungsbeamte, Staatsanwälte und Mitarbeiter der Arbitragegerichte (Art. 38 APO).

Prozeßkosten

Die Prozeßkosten bestehen aus der staatlichen Gebühr und aus den Kosten, die aus vom Arbitragegericht in Auftrag gegebenen Gutachten, aus Zeugenvorladungen, Besichtigungen des Handlungsorts und Dolmetscherleistungen entstehen.
Die staatliche Gebühr für die Klage muß, wenn es um das Einklagen von Devisen geht, in Rubeln zum Marktkurs oder in ausländischer Währung bezahlt werden (Art. 66 APO), d. h., entgegen den festen Sätzen in Art. 69 APO ist bei Devisenstreitigkeiten mit zunehmender Inflation mit höheren Rubelbeträgen zu rechnen.
Die Klagegebühr erhöht sich mit dem Klagewert, wenn er den ursprünglichen überschritt, wird aber umgekehrt bei niedrigerem nicht zurückstattet.
Die Auferlegung oder Aufteilung der gesetzlichen Gebühren ebenso wie der Gerichtskosten (für Gutachten usw.) erfolgt im wesentlichen nach den bekannten

13.

Grundsätzen, nach denen der unterlegene Teil die vollen Kosten zu tragen hat, während bei teilweisem Obsiegen verhältnismäßige Teilung gilt (Art. 72 APO). Im Gegensatz zum deutschen Zivilprozeß enthält die Kostenregelung aber nicht den Grundsatz wie in § 91 ZPO, daß die unterlegene Partei „insbesondere die dem Gegner erwachsenen Kosten zu erstatten (hat), soweit sie zur zweckentsprechenden Rechtsverfolgung oder Rechtsverteidigung notwendig waren". Auch die „Arbitragestrafe" trägt einen etwas anderen Charakter als Ordnungsgeld und Ordnungshaft im deutschen Zivilprozeßrecht. Das Arbitragegericht kann nach Art. 107 APO nicht nur über die geforderte Klagesumme hinausgehen oder andererseits unter den den Klägern zustehenden Geldsanktionen bleiben, es kann auch für nicht fristgerecht eingereichte Unterlagen oder für das Nichtausführen von Handlungen, die das Gericht angefordert bzw. angeordnet hat, eine Geldstrafe bis zu 10 000 Rubeln festsetzen. Als Sanktion gegen die Nichtrealisierung eines Vollstreckungsbefehls kann eine Sanktion bis zu 50 % des zur Vollstreckung anstehenden Betrags verhängt werden (Art. 151 APO). Amtspersonen, die sich der Nichtbefolgung von Entscheidungen des Arbitragegerichts schuldig gemacht haben, können bis zu 2 000 Rubel Strafe zu zahlen haben (auch hier wäre die Entwicklung der Inflation zu bedenken).

Sicherheitsleistung für die Klage

13 Nach der APO soll die Sicherheitsleistung die Gewißheit des Klägers erhöhen, daß ein ihm zugesprochener Titel vollstreckt werden kann. Dazu zählt die Beschlagnahme von Vermögen (Art. 92 APO) oder von Geldmitteln, die dem Beklagten gehören (Art. 92 Ziff. 1 APO).
Dem Beklagten oder anderen Prozeßbeteiligten können auch bestimmte Handlungen untersagt werden (Art. 92 Ziff. 2 und 3 APO). Auch hier findet die „Arbitragestrafe" Anwendung, die bei Verletzung von Art. 92 Ziff. 2 und 3 APO verhängt werden kann, und zwar gegen Organisationen und als Unternehmer tätige Bürger. Dem Kläger steht darüber hinaus noch ein Schadenersatzanspruch zu. Für den Fall, daß die Klage vom Arbitragegericht abgewiesen wird, kann der Beklagte seinerseits den Ersatz des Schadens fordern, der ihm durch eine auferlegte Sicherheitsleistung entstanden ist.
Der Abschnitt Sicherheitsleistung enthält im Unterschied zur deutschen Prozeßordnung **keine besonderen Bestimmungen in bezug auf Ausländer. Die Anwendung der Bestimmungen dieses Abschnitts auf Ausländer darf gerade deshalb nicht unterschätzt werden.**

Streitentscheidungsverfahren

14 Aus dem umfangreichen Kapitel XII „Entscheidung der Streitigkeiten" der APO soll hier nur auf wenige Bestimmungen verwiesen werden, die für **Ausländer** unter Umständen wichtig sein können. So geht Art. 98 mit seiner lakonischen Festlegung, daß der Richter mitteilt, wer als Staatsanwalt, Gutachter und Dolmetscher am Prozeß teilnimmt, offensichtlich davon aus, daß die Teilnahme des Staatsanwalts hier keine Ausnahmeerscheinung ist. Der Staatsanwalt ist Pro-

zeßbeteiligter, wenn er selbst Klage erhebt oder einen Protest gegen eine Entscheidung des Arbitragegerichts eingelegt hat. Man könnte aber aus der APO auch den Schluß ziehen, daß der Staatsanwalt an einem Prozeß teilnehmen kann, in dem er möglicherweise selbst Klage erheben will.
Auf der gleichen Linie liegt es, wenn als Gründe für die Unterbrechung des Prozesses nicht nur die Anforderung eines Gutachtens oder der Eintritt eines Rechtsnachfolgers in das Verfahren u. ä. genannt werden, sondern auch die Übergabe der Materialien an die Untersuchungsorgane nach Art. 103 Ziff. 2 APO.
Uneingeschränkt positiv ist dagegen die Bestimmung zu werten, nach der das Verfahren eingestellt wird, wenn die Parteien die Übergabe des Streites an ein Schiedsgericht vereinbart haben (Art. 104 Ziff. 2 APO).
Nach Art. 107 Ziff. 1 APO ist das Arbitragegericht mit seiner Entscheidung berechtigt, „über die Höhe der Klageforderung hinauszugehen, wenn dies für die Verteidigung der gesetzlich geschützten Rechte und Interessen der Organisationen und als Unternehmer tätigen Bürger notwendig ist". Damit besteht natürlich ein Moment der Unkalkulierbarkeit nicht nur über den Ausgang des Prozesses, was normal wäre, sondern auch in bezug auf die Höhe der Folgen eines negativen Ausgangs.

Berufungsverfahren

Die am Prozeß Beteiligten können gegen eine Entscheidung des Arbitragegerichts Berufung einlegen. Geschieht das nicht innerhalb einer bestimmten Frist, tritt die Entscheidung in Kraft (Art. 110 APO). Diese Berufung wird im Russischen als Kassationsbeschwerde bezeichnet. Interessanterweise kann auch der Staatsanwalt eine Kassationsbeschwerde einlegen, solange die Entscheidung nicht in Kraft getreten ist, und zwar gegen die Entscheidungen, die auf seine Klage hin ergangen sind (Art. 117 APO). Berufungsinstanz für die Arbitragegerichte ist das Oberste Arbitragegericht der Russischen Föderation, wenn die betreffenden Arbitragegerichte keine eigene Berufungsinstanz haben.

Revisionsverfahren

Gegen in Kraft getretene Entscheidungen der Arbitragegerichte kann Revision eingelegt werden. Mit Ausnahme der Entscheidungen des Plenums des Obersten Arbitragegerichts kann der Vorsitzende des Obersten Arbitragegerichts gegen Entscheidungen aller Arbitragegerichte Revision einlegen (Art. 133 APO). Die gleiche Einschränkung gilt für den Generalstaatsanwalt, der ansonsten ebenso gegen die Entscheidung jedes Arbitragegerichts Revision einlegen kann (Art. 133 APO).
Die Prozeßbeteiligten haben die Möglichkeit, Ersuchen auf Revision an das Oberste Arbitragegericht über ihr Arbitragegericht, das die Entscheidung gefällt hat, einzureichen. Dieses Arbitragegericht ist verpflichtet, die Revisionsforderung an das Oberste Arbitragegericht weiterzuleiten. Es kann dazu eine eigene Stellungnahme abgeben (Art. 134 APO).

13.

Neuentscheidung aufgrund neuer Umstände

17 Die Arbitrageprozeßordnung räumt den Arbitragegerichten die Möglichkeit ein, neu zu entscheiden, wenn sich neue Umstände ergeben haben, die dem Kläger zum Zeitpunkt der Anrufung des Arbitragegerichts nicht bekannt waren und nicht bekannt sein konnten (Art. 144 APO). Die Forderung auf Neuverhandlung kann nicht nur von den Streitparteien, sondern auch vom Staatsanwalt erhoben werden (Art. 145 APO).

Vollstreckung der Entscheidung

18 Das entsprechende Kapitel der Arbitrageprozeßordnung (Art. 148 bis 157 APO) enthält Regelungen über die Vollstreckung, einschließlich über den Erlaß von Vollstreckungsbefehlen. Auch die Entscheidung eines Schiedsgerichts kann mit Hilfe des Arbitragegerichts vollstreckt werden (Art. 157 APO). Die Vollstreckung kann nur aus den üblichen Gründen verweigert werden (Nichtvereinbarung des Schiedsgerichts, Verweigerung des rechtlichen Gehörs usw.). Die Vollstreckungsentscheidung unterliegt ebenfalls den Berufungsvorschriften.

Klageverjährung

19 Die ordentlichen Gerichte, die Arbitragegerichte und die Schiedsgerichte haben die russische Zivilgesetzgebung über die Verjährung zu beachten. Es geht im wesentlichen um folgende Bestimmungen:
Die Verjährungsregeln finden keine Anwendung auf spezielle im Gesetz genannte Klagen, insbesondere bezogen auf persönliche immaterielle Rechte, Forderungen des Bankkunden auf Herausgabe seiner Einlage, Klagen aus Zufügung von Schaden an Leben und Gesundheit.
Im Unterschied zum Zivilgesetzbuch, das insofern nicht mehr gilt, gestalten die Zivilrechtsgrundlagen (vgl. 6.1) die Verjährung als *Einrede* aus, d. h., sie wird nur berücksichtigt, wenn sie von einer Partei ausdrücklich im Prozeß erhoben wird.
Die Verjährungsfrist beginnt mit dem Zeitpunkt, zu dem die Partei von der Verletzung ihrer Rechte erfahren hat oder hätte erfahren müssen. Bei Regreßforderungen beginnt die Verjährungsfrist dagegen mit dem Moment der Erfüllung der Hauptverpflichtung.
Die *allgemeine* Verjährungsfrist beträgt drei Jahre, und zwar einheitlich für Klagen der Bürger und juristischen Personen. Die in Art. 78 ZGB vorgesehene einjährige Verjährungsfrist für Klagen der staatlichen Organisationen, Kolchosen und gesellschaftlichen Organisationen wird auf Klagen juristischer Personen nur noch angewandt, wenn diese Frist noch nicht bis zum 3. 8. 1992 abgelaufen war (vgl. Beschluß des Obersten Sowjets der Russischen Föderation Nr. 4604-I vom 3. 3. 1993, VSND RF, Nr. 11/1993, Pos. 393). Andere verkürzte Verjährungsfristen, z. B. die sechsmonatige Verjährungsfrist für Vertragsstrafen (Art. 79 ZGB), werden weiter angewandt.
Das Gericht, das Arbitragegericht oder das Schiedsgericht können trotz Verjäh-

13.

rung entscheiden, wenn es ein begründetes Versäumnis der Verjährungsfrist gibt.
Der Ablauf der Verjährungsfrist ist in den Fällen *gehemmt*, in denen aus Gründen höherer Gewalt oder aufgrund der Erklärung eines Moratoriums durch die Regierung der Russischen Föderation eine Klageerhebung nicht möglich war. Mit dem Wegfall dieser Gründe läuft die Verjährungsfrist weiter.
Eine *Unterbrechung* der Verjährung (d. h. die Verjährungsfrist beginnt danach von neuem) tritt mit der Klageerhebung oder mit dieser oder jener Form des Schuldanerkenntnisses durch den Schuldner ein (z. B. durch eine Zahlung auf die Schuld).
Für die Fälle, an denen **Ausländer** beteiligt sind, ist zu beachten, daß weder die frühere UdSSR noch die Russische Föderation der New Yorker Konvention über die Verjährung beim internationalen Warenkauf von 1974 beigetreten sind.

Sachregister

Die erste, halbfette Ziffer verweist auf den Abschnitt, die zweite Ziffer auf die Randnummer, z. B. **1** 5 – Abschnitt Unternehmensrecht, Randnummer 5)

Aktie
Bodenaktie **3** 1
Namensaktie **1** 26
Vorzugsaktie **1** 26
Aktiengesellschaft **1** 21
Direktorenrat **1** 32
Dividende **1** 28
geschlossene - **1** 22
Gewinnverwendung **1** 28
Gründung **1** 23
Grundkapital **1** 25
Hauptversammlung **1** 31
Jahresabschluß **1** 29
Liquidation **1** 35
offene – **1** 22
Organe **1** 30
Registrierung **1** 24
Reorganisation **1** 34
Typen **1** 22
Umwandlung staatlicher Unternehmen in – **4** 7
Vorstand **1** 33
Akzise (Verbrauchsteuer) **7** 23, 24, 25, 26
Anzahlung **6** 17
Arbeitskollektive in Unternehmen mit ausländischen Investitionen **12** 23, 24
Arbeitslohn **12** 22
Arbeitsrecht
Kollektivvereinbarung **12** 6, 11, 12, 13
Kollektivvertrag **12** 5, 9, 10, 12, 13
Rechtsgrundlagen **12** 1
Arbeitsverhältnisse im Zusammenhang mit der Tätigkeit ausländischer Unternehmer **12** 2, 3
Arbeitsvertrag **12** 14, 15
– mit Unternehmen mit ausländischen Investitionen **12** 16, 17
Arbeitszeit **12** 21
– in Unternehmen mit ausländischen Investitionen **12** 21
Arbitragegericht (Wirtschaftsgericht) **13** 7, 8

Sachregister

Berufungsverfahren **13** 15
Einzelarbitragerichter **13** 9
Gerichtsstand **13** 8
Klageverjährung **13** 19
Neuentscheidung aufgrund neuer Umstände **13** 17
Prozeßkosten **13** 12
Prozeßparteien **13** 10
Prozeßvertretung **13** 11
Revisionsverfahren **13** 16
Sicherheitsleistung für die Klage **13** 13
Streitentscheidungsverfahren **13** 14
Vollstreckung der Entscheidung **13** 18
Zuständigkeit **13** 1, 6, 8
Aufkauf 4 9
Auktion 4 9
Ausgleichszahlung 12 22
ausländische Investoren 9 10
Garantien für – 9 13
Teilnahme an Privatisierung 4 12
ausländische Unternehmer 1 3
ausländisches Recht 6 32
Auslandsinvestitionen 9 8, 9, 12
Auslandskredit 11 25
Außenhandelsbank der Russischen Föderation 8 6
Außenhandelsvertrag
Bartervertrag 6 13
Ex- und Importverträge 6 23
Formvorschriften 6 9
Ausschreibung
kommerzielle 4 9
nichtkommerzielle 4 9

Bankbeziehungen 8 4
Bankeinkommensteuer
Gegenstand 7 32
Sätze 7 32
Verfahren der Entrichtung 7 32
Vergünstigungen 7 32
Banken
System 8 1
Gründung 8 2
Tätigkeit 8 3
Bartervertrag
siehe Außenhandelsvertrag
Boden
-aktie 3 1
-anteil 3 1

224

Sachregister

-eigentümer **3** 18
-eigentum **3** 2, 3
-gebühr siehe Grundsteuer, normativer Bodenpreis
-nutzung **3** 15
-preis siehe normativer Bodenpreis
Börse 8 8
siehe auch Warenbörse, Wertpapierbörse
Bürgschaft 6 16

Devisenausfuhr 11 13
Devisenausländer 11 6
Deviseninländer 11 5
Devisenkonto
– im Ausland **11** 14
– in der Russischen Föderation **11** 11
Devisenkontrolle 11 26
– der Exportgeschäfte **10** 6
Devisenoperation 11 16
Devisenverkauf 10 5; **11** 22
Devisenwert 11 1
Devisenzahlungsverkehr 11 2

Eigentümer 2 1, 5
Eigentum
– mit ausländischem Element **2** 15
Einschränkungen **2** 2
Erwerb **2** 7
Formen **2** 9
Garantien **2** 3
gemeinschaftliches – **2** 6
Schutz **2** 8
siehe auch Bodeneigentum, Grundstückseigentum, Grundstückseigentum juristischer Personen, von Ausländern, von Bürgern, Privateigentum, Staatseigentum
Einkommensteuer der Unternehmen 7 13
Gegenstand **7** 14
Sätze **7** 15
Verfahren der Entrichtung **7** 17
Vergünstigungen **7** 16
Einkommensteuer natürlicher Personen
Gegenstand **7** 35
Sätze **7** 36
Verfahren der Entrichtung **7** 38
Vergünstigungen **7** 37
Einstellung von Beschäftigten in Unternehmen mit ausländischen Investitionen 12 18

225

Sachregister

Einzelarbitragerichter
siehe Arbitragegericht
Enteignung 2 4
Entlassung von Beschäftigten
Garantien bei der – **12** 20
– in Unternehmen mit ausländischen Investitionen **12** 19
Erfüllungsort 6 11
Exportkontrolle 10 10
Exportzolltarif 10 4
Ex- und Import
Lizenzierung **10** 1
Quotierung **10** 1
Ex- und Importverträge 6 23

Föderationssteuern 7 4
Forderungsabtretung 6 17
Freie Wirtschaftszonen 9 15

Gebrauchsmuster 5 9
Gebrauchsmusterbescheinigung 5 10
Gefahrübergang 2 7
Geschmacksmuster
Anmeldung **5** 12
Merkmale **5** 11
Patent **5** 12, 13
Gesellschaft mit beschränkter Haftung (GmbH) 1 21
Gewerkschaften in Unternehmen mit ausländischen Investitionen 12 4, 23
Gewinnsteuer der Unternehmen
Gegenstand **7** 9
– für ausländische juristische Personen **7** 9
Sätze **7** 10
Verfahren der Entrichtung **7** 12
Vergünstigungen **7** 11
Gründungsdokumente 1 18
Grundsteuer
Gegenstand **3** 16; **7** 39
Sätze **7** 39
Verfahren der Entrichtung **7** 39
Vergünstigungen **7** 39
Grundstückseigentum
Anteilseigentum **3** 10
gemeinschaftliches – **3** 10
– bei der Privatisierung **3** 8
– juristischer Personen **3** 7, 8
– von Ausländern **3** 4, 5, 8
– von Bürgern **3** 4, 5, 6, 8

Sachregister

kollektives – **3** 10
Verfahren zur Begründung von – **3** 11
Grundstückserwerb
für Bauernwirtschaften **3** 12
für Garten- und Gemüseanbau **3** 13
für persönliche Nebenwirtschaften **3** 13
für Unternehmen **3** 14
für Viehzucht **3** 13

Importzolltarif **10** 7
Investitionen **9** 2
Investitionsinstitut **8** 11
Investitionstätigkeit
Objekte der – **9** 4
Rechtsgrundlagen **9** 1
staatliche Regulierung **9** 6
Subjekte der – **9** 3
Investoren **9** 5
siehe auch ausländische Investoren
Kaufvertrag **6** 21
Kauf fremder Währung gegen Rubel **11** 20
Kauf von Rubeln gegen fremde Währung **11** 21
Kleinunternehmen **1** 4
Kollektivvereinbarung
siehe Arbeitsrecht
Kollektivvertrag
siehe Arbeitsrecht
Kommerzbank **8** 7; **11** 4
Kommissionsvertrag **6** 24
kommunale Unternehmen **2** 13
Kontoeröffnung **11** 7
Konzession **9** 14

Liefervertrag **6** 22
Lizenz
einmalige **10** 3
generelle **10** 2
Zwangslizenz **5** 7
Lizenzvertrag
über Patente **5** 5
über Warenzeichen **5** 19
„L"-Konto **11** 9

Mehrwertsteuer **7** 18
Gegenstand **7** 19

Sachregister

Sätze **7** 20
Verfahren der Entrichtung **7** 22
Vergünstigungen **7** 21
Namensaktie **1** 26
„N"-Konto **11** 10, 21
normativer Bodenpreis **3** 17

Obligationen **1** 27
örtliche Steuern **7** 4

Pacht **3** 15
Patent **5** 4
Patentinhaber **5** 6, 8
Patentrecht **5** 1, 2, 3
Pfand **6** 15
Privateigentum **2** 14
Privatisierung
Bereiche der – **4** 1
Beschluß über die – **4** 5
Formen **4** 9
– landwirtschaftlicher Flächen **3** 1
Rechtsgrundlagen **4** 2
Rechtsstellung des zu privatisierenden Vermögens **4** 3
Teilnahme ausländischer Investoren an der – **4** 12
Vergünstigungen für die Mitglieder der Arbeitskollektive bei der – **4** 8
– von Wohnraum **4** 14
Privatisierungsobjekte **4** 6
Privatisierungsprogramm **4** 4
Privatisierungsschecks **4** 11
Privatisierungsvertrag **4** 10, 13
Produkthaftung
siehe Verbraucherschutz

Quellen fremder Währung **11** 12

Rubelkurs **11** 17
Russischer Fonds des Föderationsvermögens **4** 3
russische Investitionspartner **9** 11

Schadenersatz **6** 18
Scheck **8** 14
Schiedsgericht **13** 2, 5

Sachregister

Schiedsgericht bei der Industrie- und Handelskammer 13 2, 3
Schuldübernahme 6 17
Seeschiedskommission 13 4
Sicherung der Vertragserfüllung
Anzahlung 6 17
Bürgschaft 6 16
Forderungsabtretung 6 17
Pfand 6 15
Schadenersatz 6 18
Schuldübernahme 6 17
Vertragsstrafe 6 14
„S"-Konto 11 8
staatliche Garantien für die Unternehmenstätigkeit 1 8
staatliche Gebühren
Gegenstand 7 40
Sätze 7 40
Verfahren über die Entrichtung 7 40
Vergünstigungen 7 40
staatliche Investitionsgarantien 9 7
Staatliche Steuerinspektionen 7 3
staatliche Unternehmen 2 13; 4 7
Staatliches Komitee für die Verwaltung des Staatsvermögens 4 3
Staatsbedarf 6 28, 29
Staatseigentum 2 10, 11, 12
Staatskontrakt 6 30, 31
Steuerarten
Föderationssteuern 7 4
örtliche Steuern 7 4
Steuern der Republiken, Regionen, Gebiete, autonomen Gebiete und Bezirke 7 4
Steuerhinterziehung 7 6
Steuerinspektionen
siehe Staatliche Steuerinspektionen
Steuerschuldner 7 5, 7
Steuersystem 7 1, 2, 3
Steuervergünstigung
bei der Bankeinkommensteuer 7 32
bei der Einkommensteuer der Unternehmen 7 16
bei der Einkommensteuer natürlicher Personen 7 37
bei der Gewinnsteuer der Unternehmen 7 11
bei der Grundsteuer 7 39
bei der Mehrwertsteuer 7 21
bei der Vermögensteuer der Unternehmen 7 29
bei der Versicherungssteuer 7 31
bei der Wertpapiergeschäftsteuer 7 34
für Kleinunternehmen 7 8
für Unternehmen mit ausländischen Investitionen 7 8
Steuerzahlungsverzug 7 6

Sachregister

strategisch wichtige Rohstoffe 10 9
Streik 12 7, 8

übrige Steuern und Gebühren 7 41
Unternehmen 1 1
Arbeitsverhältnisse in – 1 14
Außenwirtschaft 1 13
Finanzen 1 12
Form 1 4
Gründung 1 17, 18
Kleinunternehmen 1 4
kommunale – siehe kommunale Unternehmen
Konkurs 1 20a
Leitung 1 15, 16
Liquidation 1 20
Planung 1 10
Preisgestaltung 1 11
Rechtsstellung 1 6
Registrierung 1 19
Reorganisation 1 20
staatliche – siehe staatliche Unternehmen
Tätigkeitsbereiche 1 9
Zusammenschlüsse von – 1 5
Unternehmen mit ausländischen Investitionen 1 36
Arbeitskollektive in – 12 23, 24
Arbeitsverhältnisse mit – 12 2, 3
Arbeitsvertrag mit – 12 16, 17
Bildung 1 37
Einlagen 1 40
Einstellung von Beschäftigten 12 18
Entlassung von Beschäftigten 12 19, 20
Gewerkschaften in – 12 4, 23
Gründungsdokumente 1 39
Registrierung 1 41
Steuervergünstigungen für – 7 8
Tätigkeitsbereiche 1 38
– als Steuerschuldner 7 5
Vergünstigungen 1 42
Unternehmer 1 2, 7
Ursprungsbezeichnung 5 21, 22, 23

Verbraucherschutz (Produkthaftung) 6 25, 26, 27
Verbrauchsteuern
siehe Akzise
Vermögensteuer der Unternehmen
Gegenstand 7 27

Sachregister

Satz **7** 28
Verfahren der Entrichtung **7** 30
Vergünstigungen **7** 29
Verrechnung in fremder Währung **11** 18
Versicherungssteuer
Gegenstand **7** 31
Satz **7** 31
Verfahren der Entrichtung **7** 31
Vergünstigungen **7** 31
Vertrag
Abschluß **6** 5
Auslegung **6** 10
Beendigung **6** 20
Erfüllung **6** 11
Form **6** 7, 8, 9
gegenseitiger **6** 13
nach russischem Recht **6** 4
Vertragspreis **6** 12
Vertragsstrafe **6** 14
Vertragsverletzung **6** 19
Vorvertrag **6** 6
Vorzugsaktie **1** 26

Warenbörse **8** 9
Warenzeichen **5** 14
Benutzungszwang **5** 18
Lizenzvertrag **5** 19
Rechtsschutz **5** 20
Warenzeichenanmeldung **5** 15
internationale − **5** 16
Prüfung **5** 17
Wechsel **8** 13
Wertpapier **8** 12
Emission **8** 16
Registrierung **8** 16
Scheck **8** 14
Wechsel **8** 13
Wertpapierbörse **8** 10
Wertpapiergeschäft **8** 15
Wertpapiergeschäftsteuer
Gegenstand **7** 33
Sätze **7** 34
Verfahren der Entrichtung **7** 34
Vergünstigungen **7** 34
Wirtschaftsgericht
siehe Arbitragegericht
Wirtschaftsstreitigkeiten mit Ausländern **13** 1

Sachregister

Wirtschaftsvertragsbeziehungen
Anwendung von russischem Recht **6** 2
rechtliche Regelung **6** 1
Vertragsgestaltungshilfen **6** 3

Zahlungs- und Verrechnungsbeziehungen der GUS-Staaten **11** 24
Zahlungsverkehr
Ordnung des – im Außenhandel **11** 23
– in fremder Währung **11** 19
– zwischen Deviseninländern und Devisenausländern **1** 15, 18
Zentralbank der Russischen Föderation **8** 5; **11** 3
Zollvergünstigung **10** 8
Zwangslizenz **5** 7

Verzeichnis der in „Markt Rußland. Wirtschaftsgesetzgebung – Textsammlung" veröffentlichten Rechtsakte

1. **Unternehmensrecht**
1.1 Gesetz der RSFSR vom 25. 12. 1990 i. d. F. vom 24. 6. 1992 über Unternehmen und Unternehmenstätigkeit (UG)
1.2 Verordnung des Ministerrates der RSFSR Nr. 406 vom 18. 7. 1991 über Maßnahmen zur Unterstützung und Entwicklung von Kleinunternehmen in der RSFSR – Auszug
1.3 Beschluß des Obersten Sowjets der RSFSR vom 11. 10. 1991 über die Regulierung der Gründung und Tätigkeit von Assoziationen, Konzernen, Korporationen und anderen Unternehmenszusammenschlüssen auf dem Territorium der RSFSR – Auszug
1.4 Ordnung über Aktiengesellschaften (AGO) (bestätigt durch Verordnung des Ministerrates der RSFSR Nr. 601 vom 25. 12. 1990)
1.5 Musterstatut einer Aktiengesellschaft (gebilligt von der Staatlichen Kommission des Ministerrates der UdSSR für die Wirtschaftsreform am 30. 11. 1990)
1.6 Mustervertrag über die Gründung einer Gesellschaft mit beschränkter Haftung (gebilligt von der Staatlichen Kommission des Ministerrates der UdSSR für die Wirtschaftsreform am 30. 11. 1990)
1.7 Musterstatut einer Gesellschaft mit beschränkter Haftung (gebilligt von der Staatlichen Kommission des Ministerrates der UdSSR für die Wirtschaftsreform am 30. 11. 1990)

2. **Eigentumsrecht**
2.1 Gesetz der RSFSR vom 31. 10. 1990 über die Sicherung der ökonomischen Grundlagen der Souveränität der RSFSR – Auszug
2.2 Gesetz der RSFSR vom 24. 12. 1990 i. d. F. vom 24. 6. 1992 über das Eigentum in der RSFSR (Eigentumsgesetz – EG)
2.3 Beschluß des Obersten Sowjets der Russischen Föderation Nr. 3020-1 vom 27. 12. 1991 über die Aufteilung des staatlichen Eigentums in der Russischen Föderation in Föderationseigentum, staatliches Eigentum der zur Russischen Föderation gehörenden Republiken, Regionen, Gebiete, des autonomen Gebiets, der autonomen Bezirke, der Städte Moskau und St. Petersburg und in Kommunaleigentum – Auszug

3. **Bodenrecht**
3.1 Bodengesetzbuch der RSFSR vom 25. 4. 1991 – Auszug

Verzeichnis

3.2 Gesetz der RSFSR vom 23. 11. 1990 i. d. F. vom 20. 11. 1992 über die Bodenreform

3.3 Gesetz der RSFSR vom 22. 11. 1990 i. d. F. vom 24. 6. 1992 über die Bauern- (Farm-) Wirtschaft – Auszug

3.4 Ordnung über den Verkauf von Grundstücken bei der Privatisierung staatlicher und kommunaler Unternehmen und bei der Erweiterung und dem Ausbau dieser Unternehmen sowie über den Verkauf von Grundstücken, die Bürgern und ihren Zusammenschlüssen für eine Unternehmenstätigkeit bereitgestellt wurden (Grundstücksordnung) – Auszug
(bestätigt durch Erlaß des Präsidenten der Russischen Föderation Nr. 631 vom 14. 6. 1992)

3.5 Gesetz der RSFSR vom 10. 11. 1991 i. d. F. vom 14. 2. 1992 über die Bodengebühren – Auszug

3.6 Gesetz der Russischen Föderation vom 23. 12. 1992 über das Recht der Bürger der Russischen Föderation, Grundstücke zur Führung einer persönlichen Hauswirtschaft, zu Erholungszwecken und für den individuellen Hausbau als Eigentum zu erwerben und zu verkaufen

4. Privatisierung

4.1 Gesetz der Russischen Föderation vom 3. 7. 1991 i. d. F. vom 24. 6. 1992 über die Privatisierung staatlicher und kommunaler Unternehmen in der Russischen Föderation (Privatisierungsgesetz) – Auszug

4.2 Anlagen 1–5 zum Erlaß des Präsidenten der Russischen Föderation Nr. 66 vom 29. 1. 1992 über die beschleunigte Privatisierung von staatlichen und kommunalen Unternehmen

5. Wissenschaftlich-technischer Rechtsschutz

5.1 Patentgesetz der Russischen Föderation vom 23. 9. 1992

5.2 Gesetz der Russischen Föderation vom 23. 9. 1992 über Warenzeichen, Dienstleistungsmarken und Ursprungsbezeichnungen (Warenzeichengesetz)

6. Vertragsrecht

6.1 Grundlagen der Zivilgesetzgebung der UdSSR und der Republiken vom 31. 5. 1991 (ZRG) – Auszug

6.2 Zivilgesetzbuch der RSFSR vom 11. 6. 1964 i. d. F. vom 24. 6. 1992 (ZGB) – Auszug

6.3 Gesetz der Russischen Föderation vom 7. 2. 1992 über den Verbraucherschutz – Auszug

6.4 Gesetz der Russischen Föderation vom 28. 5. 1992 über die Lieferung von Erzeugnissen und Waren für den staatlichen Bedarf – Auszug

7. Steuerrecht

7.1 Gesetz der Russischen Föderation vom 27. 12. 1991 i. d. F. vom 22. 12. 1992 über die Grundlagen des Steuersystems in der Russischen Föderation (StSystG)

Verzeichnis

7.2 Gesetz der RSFSR vom 10. 10. 1991 i. d. F. vom 24. 6. 1992 über die Grundlagen der Haushaltsordnung und des Haushaltsprozesses in der RSFSR (HaushOrdG) – Auszug

7.3 Gesetz der RSFSR vom 21. 3. 1991 i. d. F. vom 25. 2. 1993 über den Staatlichen Steuerdienst der RSFSR (StDienstG) – Auszug

7.4 Gesetz der Russischen Föderation vom 27. 12. 1991 i. d. F. vom 22. 12. 1992 über die Gewinnsteuer der Unternehmen und Organisationen (GewinnStG) – Auszug

7.5 Gesetz der RSFSR vom 20. 12. 1991 über die Einkommensteuer der Unternehmen (EinkStUG)

7.6 Gesetz der Russischen Föderation vom 6. 12. 1991 i. d. F. vom 6. 3. 1993 über die Mehrwertsteuer (MWStG) – Auszug

7.7 Gesetz der Russischen Föderation vom 6. 12. 1991 i. d. F. vom 22. 12. 1992 über Akzisen (AkzG)

7.8 Verordnung der Regierung der RSFSR vom 26. 12. 1991 i. d. F. vom 30. 3. 1993 über Akzisensätze für einzelne Warenarten (mit Anlage)

7.9 Gesetz der Russischen Föderation vom 13. 12. 1991 i. d. F. vom 6. 3. 1993 über die Vermögensteuer der Unternehmen (VermögStUG) – Auszug

7.10 Gesetz der Russischen Föderation vom 13. 12. 1991 i. d. F. vom 22. 12. 1992 über die Besteuerung von Einkünften aus Versicherungstätigkeit (VersStG) – Auszug

7.11 Gesetz der Russischen Föderation vom 12. 12. 1991 i. d. F. vom 22. 12. 1992 über die Besteuerung der Einkünfte der Banken (BankStG) – Auszug

7.12 Gesetz der RSFSR vom 12. 12. 1991 über die Steuer für Wertpapiergeschäfte

7.13 Gesetz der Russischen Föderation vom 7. 12. 1991 i. d. F vom 6. 3. 1993 über die Einkommensteuer von natürlichen Personen (EinkStnPG) – Auszug

7.14 Gesetz der Russischen Föderation vom 9. 12. 1991 i. d. F. vom 6. 3. 1993 über die staatliche Gebühr (GebührG) – Auszug

7.15 Gesetz der Russischen Föderation vom 20. 12. 1991 i. d. F. vom 16. 7. 1992 über den Investitionssteuerkredit (InvStKrG)

8. Bank-, Börsen- und Wertpapierrecht

8.1 Gesetz der RSFSR vom 2. 12. 1990 i. d. F. vom 24. 6. 1992 über die Banken und die Banktätigkeit in der RSFSR

8.2 Gesetz der RSFSR vom 2. 12. 1990 i. d. F. vom 24. 6. 1992 über die Zentralbank der RSFSR (Bank Rußlands ; GZB)

8.3 Ordnung über die Emission von Wertpapieren, den Wertpapierverkehr und die Wertpapierbörsen in der RSFSR – Auszug
(bestätigt durch Verordnung der Regierung der RSFSR Nr. 78 vom 28. 12. 1991)

Verzeichnis

9. Investitionsrecht/Auslandsinvestitionen

9.1 Gesetz der RSFSR vom 26. 6. 1991 über die Investitionstätigkeit in der RSFSR (IG)

9.2 Gesetz der RSFSR vom 4. 7. 1991 über Auslandsinvestitionen in der RSFSR (AIG)

9.3 Erlaß des Präsidenten der Russischen Föderation Nr. 548 vom 4. 6. 1992 über einige Maßnahmen zur Entwicklung von freien Wirtschaftszonen (FWZ) auf dem Gebiet der Russischen Föderation – Auszug

9.4 Satzung der freien Wirtschaftszone der Stadt St. Petersburg (bestätigt durch Verordnung des Ministerrates der RSFSR Nr. 328 vom 11. 6. 1991)

9.5 Satzung der freien Wirtschaftszone „Sachalin" (bestätigt durch Verordnung des Ministerrates der RSFSR Nr. 359 vom 26. 6. 1991)

9.6 Satzung der freien Wirtschaftszone im Gebiet Kaliningrad (FWZ „Jantar") (bestätigt durch Verordnung des Ministerrates der RSFSR Nr. 497 vom 25. 9. 1991)

10. Außenwirtschaftsrecht

10.1 Erlaß des Präsidenten der RSFSR Nr. 213 vom 15. 11. 1991 über die Liberalisierung der Außenwirtschaftstätigkeit auf dem Territorium der RSFSR – Auszug

10.2 Verordnung der Regierung der Russischen Föderation Nr. 854 vom 6. 11. 1992 über die Lizenzierung und Quotierung des Ex- und Imports von Waren (Werk- und Dienstleistungen) auf dem Territorium der Russischen Föderation – Auszug

10.3 Verordnung der Regierung der Russischen Föderation Nr. 396 vom 14. 6. 1992 über den Verkauf von Exportquoten, die für den staatlichen Bedarf festgelegt werden – Auszug

10.4 Verordnung der Regierung der Russischen Föderation Nr. 91 vom 31. 12. 1991 i. d. F. vom 2. 4. 1992 über die Einführung des Exportzolltarifs für bestimmte Waren, die vom Territorium der Russischen Föderation ausgeführt werden – Auszug

10.5 Erlaß des Präsidenten der Russischen Föderation Nr. 630 vom 14. 6. 1992 über den provisorischen Importzolltarif der Russischen Föderation – Auszug

10.6 Erlaß des Präsidenten der Russischen Föderation Nr. 825 vom 7. 8. 1992 über die teilweise Veränderung des Verfahrens der Anwendung des provisorischen Importzolltarifs der Russischen Föderation – Auszug

10.7 Erlaß des Präsidenten der Russischen Föderation Nr. 340 vom 15. 3. 1993 über den Importzolltarif der Russischen Föderation – Auszug

10.8 Erlaß des Präsidenten der Russischen Föderation Nr. 628 vom 14. 6. 1992 über das Verfahren des Exports von strategisch wichtigen Rohstoffen – Auszug

Verzeichnis

11. Devisenrecht

11.1 Gesetz der Russischen Föderation vom 9. 10. 1992 über Währungsregulierung und Devisenkontrolle (Devisengesetz)

11.2 Instruktion der Zentralbank der Russischen Föderation Nr. 7 vom 29. 6. 1992 i. d. F. vom 15. 9. 1992 über die Ordnung des obligatorischen Verkaufs eines Teils des Devisenerlöses seitens der Unternehmen, Vereinigungen und Organisationen über die bevollmächtigten Banken und die Durchführung von Operationen auf dem Devisenbinnenmarkt – Auszug

11.3 Instruktion der Zentralbank der Russischen Föderation Nr. 4 vom 16. 4. 1992 über die Ordnung des Verkaufs von Devisen gegen Rubel durch Devisenausländer, die juristische Personen sind, zum Zweck der Unterhaltung ihrer Vertretungen auf dem Gebiet der Russischen Föderation – Auszug

12. Arbeitsrecht

12.1 Arbeitsgesetzbuch der Russischen Föderation vom 9. 12. 1971 i. d. F. vom 25. 9. 1992 (AGB) – Auszug

12.2 Gesetz der Russischen Föderation vom 11. 3. 1992 über Kollektivverträge und Kollektivvereinbarungen (KollG) – Auszug

12.3 Gesetz der RSFSR vom 19. 4. 1991 i. d. F. vom 15. 7. 1992 über die Beschäftigung der Bevölkerung in der RSFSR – Auszug

13. Entscheidung von Wirtschaftsstreitigkeiten

13.1 Gesetz der RSFSR vom 4. 7. 1991 i. d. F. vom 24. 6. 1992 über das Arbitragegericht (AGG) – Auszug

13.2 Arbitrageprozeßordnung der Russischen Föderation vom 5. 3. 1992 (APO) – Auszug